国家社会科学基金一般项目"基于生产网络和商业信用网络耦合的宏观经济波动问题研究"（编号：20BJL016）

基于生产网络的企业债务融资

问题研究

RESEARCH ON CORPORATE DEBT
FINANCING BASED ON PRODUCTION NETWORK

张泽宇 ◎ 著

经济管理出版社
ECONOMY & MANAGEMENT PUBLISHING HOUSE

图书在版编目（CIP）数据

基于生产网络的企业债务融资问题研究/张泽宇著．—北京：经济管理出版社，2024.4
ISBN 978-7-5096-9679-8

Ⅰ．①基⋯　Ⅱ．①张⋯　Ⅲ．①企业债务—企业融资—研究　Ⅳ．①F275.1

中国国家版本馆 CIP 数据核字（2024）第 083851 号

组稿编辑：杜　菲
责任编辑：杜　菲
责任印制：许　艳
责任校对：蔡晓臻

出版发行：经济管理出版社
　　　　　（北京市海淀区北蜂窝 8 号中雅大厦 A 座 11 层　100038）
网　　址：www.E-mp.com.cn
电　　话：（010）51915602
印　　刷：北京晨旭印刷厂
经　　销：新华书店
开　　本：720mm×1000mm/16
印　　张：14.25
字　　数：219 千字
版　　次：2024 年 5 月第 1 版　　2024 年 5 月第 1 次印刷
书　　号：ISBN 978-7-5096-9679-8
定　　价：88.00 元

前　言

近年来，国际形势纷繁复杂，当今世界处于百年未有之大变局，不确定性因素增多，不仅对世界经济社会发展造成巨大冲击，中国经济的发展也面临着深刻变化和严峻挑战。企业经营活动受到严重打击，基于物流的生产链产品交付延期，商业信用信贷中断风险加剧，银行信用面临断贷的趋势，企业融资难、融资贵问题越发突出，企业面临的生存环境更为严峻。党中央明确以经济建设为中心，坚持把发展经济的着力点放在实体经济上，建立金融有效支持实体经济的体制机制。由个体企业和生产贸易关系构成的生产网络既衡量了企业与企业间直接的贸易链接关系，又涵盖了企业作为生产单元在投入产出系统中的整体性关联。利用多维度生产网络因素加大企业商业信用和银行信用的债务融资力度，是当前金融有效支持实体经济的重要抓手。本书运用社会网络分析法构建生产网络，对生产网络的位置特征进行横向与纵向双维度的解构分析，并基于生产网络的视角系统探讨企业商业信用与银行信用债务融资问题。本书在理论上拓展了基于横向与纵向双维度下生产网络与企业债务融资问题的研究范畴，在现实中有助于企业在横向与纵向双维度下生产网络因素的治理与改善，加快形成以国内大循环为主体、国内国际双循环相互促进的新发展格局，推动我国经济高质量发展。

本书的主要结论如下：第一，对生产网络与企业债务融资的属性特征进行分析发现，投入产出生产网络可以划分为横向维度与纵向维度，即"星形"结构和"链形"结构，分别构建生产网络的特征向量中心度与供应链上游度指标，衡量企业在生产网络中横向与纵向维度的位置特征，同时在国有企业和大型企业中，整体上商业信用与银行信用债务融资具有明显优势，呈现出更大的融资规模、更长的融资期限与更低的融资成本。第二，基于横向维度下生产网络对企业债务融资影响的研究发现，随着网络中心度的提高，企业获得的商业信用和银行信用债务融资规模显著增大，融资期限显著延长，融资成本显著降低，并且随着网络中心度的提高，所获得的商业信用与银行信用规模之间的关系由替代性转变为互补性。在异质性分析方面，在国有企业和大型企业中均呈现出随着网络中心度的提高，获得的商业信用融资规模会增大、银行信用融资规模会减小，二者之间呈现出替代性关系。外部融资约束程度与宏观经济环境是网络中心度对企业债务融资影响的调节因素。在绩效分析方面，越靠近生产网络中心的核心企业，通过获得商业信用与银行信用，其资产周转效率越高、产品净利率越高，总体上企业经营绩效越好。研究结果表明，所获得的商业信用和银行信用融资资源向中心度高的核心企业聚集，企业净利润也向核心企业进行分配。第三，基于纵向维度下生产网络对企业债务融资影响的研究发现，随着供应链上游度的提高，企业提供的商业信用融资规模越大、融资期限越长、融资成本越高，同时企业获得的银行信用融资规模越大、融资期限越长、融资成本越低，提供的商业信用与获得的银行信用规模之间的关系呈现互补性。在异质性分析方面，在国有企业和大型企业均呈现出随着供应链上游度的提高，提供的商业信用融资规模会减小、获得的银行信用融资规模会增大，二者之间呈现出替代性关系。企业财务风险与经济政策不确定性是供应链上游度对企业债务融资影响的调节因素。在绩效分析方面，越靠近供应链上游的企业，通过提供商业信用，资产周转效率越高，产品净利率越低，总体上企业经营绩效越差。研究结果表明，提供的商业信用和获得的银行信用融资资源向供应链上游的企业聚集，而企业净利润则向供应链下游的企业分配。

企业的债务融资问题是金融领域多年来亘古不变的话题。本书尝试从投入产出生产网络的视角对此进行阐释，以期为理解企业商业信用与银行信用融资决策提供宏观和微观相结合的分析框架。鉴于学术水平有限，对于书中的错误与不足之处，恳请各位老师和专家批评指正。

目　录

绪 论

一、研究背景和意义

（一）研究背景

近年来，国际形势纷繁复杂，世界处于百年未有之大变局。2020年至今，全球不确定性事件增多，对经济社会发展造成巨大冲击，中国经济发展面临深刻变化和严峻挑战，国际局势呈现出前所未有的复杂格局。根据2020年的《世界经济展望报告》，全球经济萎缩约4.4%，衰退程度远超2007年国际金融危机引发的经济下滑，当年中国经济增速仅为2.35%，相较上年下降3.76个百分点[1]。同时，企业经营活动受到严重打击，基于物流的生产链产品交付延期，商业信用信贷中断风险加剧，银行信用也面临着断贷、信用风险加大的风险。企业融资难、融资贵问题越发突出，实体经济活力大幅度下滑，企业面临的生存环境更为严峻。2020年，北京大学

---

① 数据来源：CSMAR 数据库。

和清华大学联合调研 995 家中小企业的结果显示，约 30% 的企业全年营业收入下降超 50%，60% 的企业下降超 20%；85% 的企业存续时间不超过 3 个月，仅有 10% 的企业能维持 6 个月。

面对外部环境存在的诸多不确定性，党中央明确以经济建设为中心，将发展经济的着力点放在实体经济上。党的十九届五中全会表明，提升产业链供应链现代化水平是我国加快发展现代产业体系、推动经济优化升级的重点任务。2020 年的中央政治局会议提出，充分发挥我国超大规模市场优势和内需潜力，加快形成以国内大循环为主体、国内国际双循环相互促进的新发展格局。2021 年的中国人民银行工作会议提出，着力构建金融有效支持实体经济的体制机制，更加有效支持实体经济的发展。党的二十大报告明确表示，建设现代化产业体系，坚持把发展经济的着力点放在实体经济上，推进新型工业化，加快建设制造强国、质量强国、航天强国、交通强国、网络强国、数字中国。

供应链金融是党中央利用上下游产业链关系支持实体经济发展的重要举措。随着全球产业链竞争的压力持续增加，党中央多次强调治理的思想，要利用供应链金融有效整合上下游企业的信用资源，缓解企业融资约束，供应链建设成为"双循环"与"十四五"规划背景下的重要一环。2020 年，中国人民银行等八部门联合发布《关于规范发展供应链金融 支持供应链产业链稳定循环和优化升级的意见》，坚持金融服务实体经济的宗旨，明确供应链金融是支持供应链产业链稳定升级的国家战略布局。2021 年的《政府工作报告》提出，从体制机制上创新供应链金融服务模式，提高上下游企业融资的可获得性。2022 年，《"十四五"现代流通体系建设规划》指出，规范发展供应链金融，包括加强供应链金融基础设施建设、健全供应链金融运行机制、丰富供应链金融产品、商贸流通企业深度协作等。

商业信用和银行信用是企业债务融资的重要渠道，也是金融有效支持实体经济发展的具体表现形式。商业信用伴随着企业经营活动及商品交易而产生，主要体现为延期付款或延期收款，是一种被广泛应用的非正式短期融资方式，是非金融企业资产负债的重要组成部分（刘民权等，2004；Fabbri 和 Klapper，2016；修宗峰等，2021）[1]-[3]。在我国以间接融资为主导的金融结构下，银行信用在非金融企业融资中发挥着主渠道作用，其与商业信用共同构成经济社会中信用关系的重要组成部分，发挥支持实体经济发展的积极作用。近 20 年来，我国上市公司获得的商业信用和银行信用融资规模整体上呈现逐年增长的态势。在 2009 年以前，银行信用融资规模大于商业信用的融资规模，2008 年我国上市公司应付账款和短期借款余额分别约为 11000 亿元和 13500 亿元。2021 年我国上市公司应付账款和短期借款余额分别约为 118000 亿元和 55100 亿元，分别约占负债总额的25.20%、14.40%，增长速率分别为 20.41%、8.46%①。

企业债务融资方式的影响因素与选择问题是国内外学者研究的重点，作为企业发展中不可或缺的重要一环，相关文献主要从公司微观特征与外部宏观环境的角度进行探讨。从微观企业特征角度来看，主要包括企业资产规模与经营时长（Petersen 和 Rajan，1997）[4]、盈利能力（杨松令和赵西卜，2003）[5]、产权性质（余明桂和潘红波，2010）[6]、市场地位和竞争程度（张新民等，2012；陈正林，2017）[7][8]、管理者能力和专业背景（何威风和刘巍，2018）[9]、公司战略特征（方红星和楚有为，2019）[10]、财务舞弊（修宗峰等，2021）[3] 等；从宏观外部环境角度来看，主要包括金融发展水平（Fisman 和 Love，2003；余明桂和潘红波，2010；王明虎和魏良张，2017）[11]-[13]、国家信贷和货币调控政策（石晓军等，2010；赵胜民和张博超，2019）[14][15]、金融危机突发事件（Love等，2007）[16]、政治关系和制度环境（余明桂和潘红波，2008）[17] 等。综合国内外相关文献发现，关于商业信用与银行信用融资行为影响因素的研究成果颇多，但是现有研究忽视了企业间生产贸易的投入产出关联，尚未考虑横向信贷风险传染与纵向供应链特征等因素对企业债务融资的影响，缺乏从中观行业层面的实证分析，鲜有基于多维度下生产网络的视角

---

① 数据来源：CSMAR 数据库。为了与属于短期负债的商业信用相匹配，银行信用采用短期借款项来表示。

开展商业信用与银行信用影响因素的针对性研究。

通过投入产出贸易链接形成的生产网络是影响企业债务融资中商业信用和银行信用的重要因素。不同结构和维度下的生产贸易勾稽关系决定了企业在生产网络中的位置信息，而生产网络中的位置差异可能对企业商业信用和银行信用的债务融资行为、企业经营绩效等多方面造成不同程度的影响。鉴于以上研究背景，本书以投入产出生产网络为研究对象，对生产网络的位置特征进行横向与纵向双维度的解构分析，系统探讨了如何有效利用企业的生产勾稽关系即生产网络因素，提高生产经营企业的融资规模，降低企业的融资成本，延长企业的融资期限，增强商业信用与银行信用对生产网络中企业的融资支持，探讨商业信用与银行信用债务融资规模之间是替代性还是互补性关系，弥补金融市场发展的不足，进而深化供应链金融服务体系，增强金融对实体经济的支持力度，促进我国经济高质量发展。

（二）研究意义

本书对横向维度与纵向维度下的生产网络进行解构分析、探讨生产网络对企业债务融资相关问题的作用机理和影响效应，不仅可以丰富企业债务融资影响因素相关的理论文献，也可以强调多维度下企业生产贸易关系的重要性，为有效缓解企业债务融资约束、金融支持实体经济发展等提供政策服务。本书的研究具有以下理论意义和现实意义：

1. 理论意义

本书研究拓展了基于生产网络视角下横向与纵向双维度研究的领域范畴。现有研究尚未对投入产出生产网络进行解构分析，也未直接对生产网络的微观影响效应进行阐释。在已有的文献中通常以产品同质性、同行业竞争等企业间直接关联关系为研究对象，忽视了投入产出生产关系形成生产网络后的间接影响。本书在借鉴有关划分横向与纵向维度研究的基础上，通过构建投入产出生产网络，对生产网络的横向与纵向研究范畴进行解构分析，分别从横向维度的网络中心度与纵向维度的供应链上游度探讨其影响效应，丰富了基于生产网络的横向维度与纵向维度的划分依据，扩展了生产网络视角下多维度影响效应的研究范畴。

本书研究丰富了关于企业债务融资规模、融资期限与融资成本影响因素的学术成果。现有研究主要从公司微观特征与外部宏观环境的角度进行企业债务融资相关问题的探讨，忽视了企业间上下游贸易的投入产出关联，鲜有从生产网络的视角开展商业信用与银行信用影响因素的针对性研究。本书以企业债务融资规模、融资期限和融资成本为作用对象，从生产网络的新视角检验对企业债务融资的影响，扩展了企业债务融资影响因素的理论与实证研究，为债务融资行为研究提供了中观的研究角度，同时将宏观经济波动模型与递归道德风险模型等作为影响企业债务融资的理论基础，夯实了生产网络影响企业债务融资的作用机理。

本书研究明确了横向与纵向双维度下生产网络通过企业债务融资渠道所引致的经营绩效结果。现有研究对企业债务作为作用渠道影响企业经营绩效的理论机制尚不清晰，企业债务融资行为作为影响公司财务结构的主要方式之一，对企业经营表现有着直接的影响效应。本书以商业信用融资的市场竞争理论、社会网络理论等为基础，构建了生产网络通过影响企业的商业信用、银行信用融资的方式，进而对企业资产周转、产品净利润、总资产利润率等经营表现产生影响，厘清了生产网络影响企业经营绩效的债务融资渠道，揭示了债务融资资源与营业利润在网络中的分配效应，丰富了在生产网络中企业债务融资行为的绩效分析研究文献。

2. 现实意义

本书研究有助于企业在横向与纵向双维度下生产网络因素的治理与改善，提升金融对实体经济的支持力度。横向维度下生产网络因素意味着企业在生产网络中的核心程度，而纵向维度下生产网络因素则涵盖供应链上下游关系的治理，对企业的生产贸易链接所形成的生产网络进行解构分析，有助于企业认识到自身上下游供应商与客户关系的重要性，通过对横向与纵向双维度下生产网络因素的治理与改善，结合商业信用与银行信用间的互补替代性关系研究，基于生产网络视角提出金融支持实体经济的有效方法，增强企业自身的商业信用与银行信用融资、提高融资效率、改善经营状况，通过异质性和宏微观调节因素的分析，提出在不同的经济情形下，进一步增强实体经济的债务融资支持力度。

本书研究有助于加快形成以国内大循环为主体、国内国际双循环相互促进的新发展格局，推动我国经济高质量发展。党的二十大报告中指出，要坚持以推动高质量发展为主题，把实施扩大内需战略同深化供给侧结构性改革有机结合起来，增强国内大循环内生动力和可靠性。其中以国内大循环为主体，意味着充分利用产业间生产、分配、流通、消费的各个环节，基于企业投入产出贸易关联形成的生产网络研究越发重要。本书基于横向与纵向双维度下生产网络对企业债务融资的影响机理，结合企业债务融资行为的绩效分析，从机制渠道着手提出有效改善企业经营绩效的政策建议，支持我国实体经济稳定发展。中国作为全球规模最大的全产业链、最完备的投入产出市场，基于生产网络的企业债务融资问题研究对增强企业发展实力、深化金融供给侧结构性改革、强化金融服务实体功能、助力形成双循环发展格局、促进经济高质量发展等具有重要的现实意义。

二、国内外文献综述

企业债务融资问题一直是国内外学者研究的重点，商业信用与银行信用作为企业债务融资的重要方式与重要渠道，既是企业发展中不可或缺的重要一环，也是非金融企业资产负债的重要组成部分（刘民权等，2004；Fabbri 和 Klapper，2016；修宗峰等，2021）[1]-[3]。本书对企业债务融资问题的相关研究进行了梳理，同时结合生产网络与金融市场研究领域的文献总结，以期在现有研究的基础上探究影响企业债务融资的新因素、新方法、新角度，从生产网络横向与纵向的新维度理解企业的债务融资行为，从而构建提升企业债务融资的方式方法，加强金融对实体经济的支持力度。

国内外关于生产网络与宏观风险、企业商业信用与银行信用融资的宏微观影响因素等方面的研究成果颇丰，但鲜有将企业的投入产出生产关系与债务融资问题相关联，从投入产出生产网络的多维度视角开展对企业商业信用与银行信用融资的全面系统研究。下面基于本书的研究对象与相关领域，从生产网络、企业商业信用融资、企业银行信用融资、供应链金融四个方面对现有文献进行综述，总结已有学术观点，梳理相关研究脉络，探寻可能的创新性学术贡献。

（一）关于生产网络的研究

现代经济系统是由企业专业化分工与多地方物流生产所组成的复杂网络。在经济系统中的任一家企业，从自身上游公司购买生产运营所需的投入，然后将产出的中间产品销售给下游企业，上下游投入与产出的生产关系交织而形成生产网络。社会学家最早关注到网络的多元关系，20世纪80年代后网络分析的相关方法才逐渐引入经济管理类领域。早期的公司金融研究主要局限于企业内部，以单一的交易成本和盈利行为理解社会经济中的生产关系，直至 Granovetter（1985）[18] 的研究首次将视角扩大至企业与企业之间交易的二维生产关系，指出交易的双方均以效率最大化原则进行贸易合作。Dicken（1986）[19] 以商品流为研究对象，重点分析了公司对中间产品在生产与销售过程中的生产环节与加工流程，明确了整体过程中的各个参与主体，并首次阐述了生产链等相关概念。Francois（2005）[20] 从社会网络理论的视角出发，认为嵌入特定网络中的公司，可根据网络中公司之间的依存关系或联络纽带，为企业自身带来多渠道的社会网络资源，丰富企业的无形资产资源。

投入产出生产网络的概念源自 Sonis 和 Hewings（1998）[21] 的研究，他们运用严密的数学推理阐释了将社会网络分析法与投入产出矩阵表相结合进行研究的系列算法，并将投入产出生产网络简称为生产网络，指出了经济冲击通过投入产出网络矩阵在经济系统中进行传导的作用渠道。随着 2008 年全球金融危机的发生，通过构建生产网络进而研究金融风险的扩大与传染逐渐成为学者关注的热点，生产网络与宏观经济波动理论逐渐发展成熟。最为经典的是以 Acemoglu 为代表的宏观经济学者通过对社会网络理论的分析推导，将生产网络纳入宏观经济风险扩大与传染的分析框架中，精确刻画了微观冲击在生产网络中通过企业之间的关联进行放大与传染的作用渠道。

生产网络与宏观经济的联动是生产网络影响研究的重要分支。Acemoglu 等（2012）[22] 以部门间投入产出贸易流量构成的生产网络为研究对象，首次诠释了引起宏观经济波动的微观网络来源，研究表明生产网络的非对称性中心度结构会加大微观冲击的作用力度，导致整体生产网络的不稳定以及宏观经济的剧烈波动。Acemoglu 等（2014）[23] 构建了基于生产网络的一致性框架，并纳入了部门之间的博弈过程、宏观经济风险模型及金融互动模型，从动态交互的视角较为全面地阐述了生产网络在宏观经济波动过程中发挥的作用。Grilli 等（2015）[24] 将经济作为复杂的、交互的系统来分析其发展动态，表明个体之间的联系不仅使参与者之间分担风险，还增加了通过网络扩散金融危机的可能性，进而对宏观经济产生影响。Acemoglu 等（2015）[25] 研究发现，当负面冲击大于某一阈值时，网络的连通性与密集性就会传播负面冲击，放大影响范围，造成整体金融系统的不稳定。而在中国具有非对称性的网络供给结构下，生产网络结构对宏观产出波动的作用范围要低于美国（相雪梅等，2016）[26]。Carvalho 和 Tahbaz-Salehi（2019）[27] 阐述了投入产出联系在传播微观经济冲击中所起的作用，并系统全面地为微观经济冲击转化为宏观经济波动的机制渠道奠定了理论基础。叶初升和任兆柯（2019）[28] 对生产网络视角下宏观波动的微观来源研究进展进行了系统性总结与综述，概括出生产网络引致宏观经济波动的重要结构性特征。李金玮和韦倩（2021）[29] 通过构建行业间投入产出生产网络，发现紧缩性货币政策所引致的负面效应会通过生产网络进行传导，将货币政策冲击对公司价值的负向影响进行多维度扩大，行业在网络中的投入占比越大，受到的货币政策冲击越大。杨先明和侯威（2021）[30] 在社会网络分析范式下探讨了需求冲击和供给冲击的网络扩大与传染过程，研究发现高端制造部门、政府服务部门、卫星产业部门等在网络结构中的不同表现特征，进而对风险传染产生了相应影响。

　　关于生产网络对微观企业行为的影响研究则相对较少，这主要涉及企业的创新能力、信用融资、公司股本回报、企业间并购行为等方面。曾庆辉和王国顺（2014）[31] 使用关系维度和结构维度对生产网络进行不同维度的衡量，同时利用网络的不同类型作为调节变量，研究发现不同维度下的生产网络能够有效提升企业创新能力。McConnell 等（2019）[32] 使用投入产出数据构建两种生产网络，研究其对企业间商业信用提供和享有的行为。董志勇等（2019）[33] 使用投入产出数据构建供给网络和消费网络，从生产网络角度找到了企业并购的驱动因素及异质性证据。张翼等（2021）[34] 利用投入产出表数据研究发现，代表国内大循环的生产网络能够有效缓解生产单元之间的信息不对称，进而显著提升了分析师盈余预测的准确性，这种信息溢出效应由分析师跟踪的中心部门溢出至边缘部门。文嫣和陈诗语（2021）[35] 通过构建国有与民营的电影制片企业的生产网络，运用社会网络分析法研究了国有网络与民营网络的位置信息对制片企业票房的提升作用。陈胜蓝和刘晓玲（2021）[36] 通过准自然实验情景探究了生产网络中沿供应链条的创新溢出效应，研究发现，当企业自身的第一大客户所在地获得国家级高新区建设政策后，在生产网络中上游企业的销售收入显著增加了。Grant 和 Yung（2022）[37] 使用投入产出数据构建上下游风险暴露网络，研究其对公司股本回报的影响，发现研究上游风险敞口和股权回报网络之间的相关性很大，而下游风险敞口网络的相关性较低。

　　除了企业或行业部门间的生产网络研究，企业和银行部门之间的信用网络研究近年来逐渐增多。学者试图通过构建银企之间的信用勾稽关系，搭建网络视角下宏观金融研究的整体性框架。Gatti 等（2006）[38] 基于异构金融脆弱代理模型，构建了企业与银行之间的经济网络，企业之间通过生产贸易关系相连，而银行和企业之间通过信用贷款相连。Masi 和 Gallegati（2007）[39] 以意大利为研究对象，使用社会网络与图论的方法将银行与公司之间的整体系统划分为一个信用网络。Lux（2017）[40] 基于 Acemoglu 的研究思路，进一步提出了金融机构与非金融行业部门之间的双边信贷网络，分析表明，规模较大企业的信贷违约所造成的风险冲击相对金融同业拆借所造成的金融风险传染程度大。Poledna 等（2018）[41] 以奥地利银行系统为研究对象，构建并分析了银行间的金融系统网络与银企间的信用网络，研究发现，信贷冲击可能造成的企业系统性风险比金融机构的系统性金融风险大。

现有学者基于投入产出表的相关研究为生产网络视角下的影响效应提供了研究思路与方法借鉴。利果和王铮（2008）[42] 以上海投入产出表为研究对象，基于投入产出分析方法对上海各个产业部门的联通性进行了测度。史贞和许佛平（2018）[43] 以山西省投入产出表为研究对象，计算了各产业部门的影响力和感应系数，实证研究了不同部门对山西省经济发展的贡献程度。胡剑波等（2021）[44] 使用 2002～2017 年我国投入产出表，结合碳排放量的计算方式，构建投入产出 DEA 模型，测算出各产业部门的总体隐含碳排放，为绿色低碳发展研究提供了新的方式方法。倪红福（2021）[45] 构建了纳入减税降费效应的 149 个部门投入产出网络一般均衡模型，通过参数模拟发现，随着替代弹性系数与生产网络复杂程度的增加，税收扭曲和福利损失幅度更大，而减税降费的福利效应则与生产网络结构的复杂程度呈现显著正向关系。袁强等（2022）[46] 基于中国投入产出表的复杂网络视角，通过计算各部门在网络中的关联入度、关联出度等中心度指标，定量分析表明网络中心度越高的行业对整体网络的风险影响程度更深，在资本市场中所造成的系统性风险更大。

（二）关于企业商业信用融资的研究

关于影响公司商业信用融资因素的学术成果颇丰，一部分学术文献通过检验企业内部的微观特征对商业信用融资能力与意愿的影响，考察个体特征存在差异的不同企业的融资表现；另一部分学术文献从宏观政策背景与企业经营环境的视角出发，研究不同货币政策情景、基础设施环境等外部因素对企业商业信用融资决策的影响；还有一部分学术文献围绕公司商业信用融资相较银行信用的比较优势，诠释了商业信用作为企业债务融资的重要形式之一，其存在的合理性与必要性。

商业信用融资是企业基于自身信用条件，在供应链上下游商品交易的过程中，通过延期付款获得上游企业的信用支持或者采用延期收款的形式为下游企业注入流动性的借贷关系，具体表现形式包括应付债券、预收账款等。早期有关商业信用融资的理论主要围绕企业开展商业信用活动的原因和自身优势，形成了替代性融资理论和经营性动机理论。Meltzer（1960）[47] 首次在研究中提出信贷配给的概念，由于金融市场的不完善，规模较大的企业相较小企业具有多方面的比较优势，金融机构更愿意为其提供信贷支持。Stiglitz 和 Weiss（1981）[48] 进一步引入信息不对称性，表明企业与金融机构之间的信息不对称导致金融市场的资金配置效率大大降低，市场中信贷配给现象广泛存在，难以通过银行贷款获得资金的企业可能会以商业信用形式进行融资，替代银行信用以满足企业资金需求。而经营性动机理论是从商业信用融资在产品市场中的表现出发，研究表明商业信用融资具有多方面的比较优势：一是供应商与客户通过签订商业信用合同可以约定支付货款的时间，形成长期合作关系，降低企业交易成本（Ferris，1981；Fabbri 和 Menichini，2010）[49][50]；二是商业信用融资在供应商与客户之间起到了产品质量担保的作用，积极的赊购赊销行为也能够向金融机构和外部投资者传递积极信号，有效缓解信息不对称的问题（Smith，1987；Deloof 和 Jegers，1999）[51][52]；三是处于产品市场中的企业为了扩大销售额、抢先占领市场份额、参与市场竞争等，企业有动机充分实施赊购赊销行为，提前达成商业信用合同，扩大商业信用债务融资份额（余明桂和潘洪波，2010；张新民等，2012）[12][7]。

学者对影响企业商业信用融资的因素展开多方面研究，主要可分为微观层面与宏观层面。在企业的微观经营特征影响因素方面，现有文献主要集中于企业属性、财务特征、治理结构等对公司商业信用债务融资的影响。早期最为经典的是 Petersen 和 Rajan（1997）[4] 的研究，他们对商业信用债务融资行为作出了全面系统的阐释，发现公司规模、年龄、现金流及与金融机构的关联是影响企业商业信用融资的基本因素。随后商业信用债务融资行为逐渐引起学者的关注，在 21 世纪大量基于 Petersen 和 Rajan（1997）[4] 研究的理论与实证分析开始出现。Burkart 和 Ellingsen（2004）[53] 研究发现，企业财务会计信息与商业信用融资行为呈现显著正向的关系。余明桂和潘洪波（2010）[6]、袁卫秋（2015）[54] 研究表明，商业信用融资行为在民营企业和国有企业中的表现有差异性，民营企业因为在自身实力与声誉方面的劣势，通常将所提供的商业信用作为市场竞争的手段，因此其商业信用规模更大。Costello 和 Moerman（2011）[55] 研究指出，企业内部控制作为公司治理的手段之一，可以有效加强供应商与客户之间的合作关系，增强长期合作的意愿，为企业带来更多的商业信用融资。Attig 等（2013）[56]、张勇（2013）[57] 研究表明，企业积极履行社会责任可以提高自身的声誉和名望，有效增强上下游企业之间的长期合作意愿，从而获得更多的商业信用融资。胡泽等（2013）[58] 以全球金融危机为研究背景，研究了资产流动性对商业信用供给的影响，发现财务状况良好的流动性特征有效减缓了金融危机带来的商业信用融资降低。王营和曹廷求（2014）[59] 以构建董事网络为出发点，以社会网络的资源获取能力为研究基础，发现企业嵌入董事网络增强了企业获取社会资源的能力，并显著增加了企业商业信用融资的规模。Fabbri 和 Klapper（2016）[2] 发现，企业知名度越低，为了增强自身的市场竞争力、扩大市场份额，同时积极利用商业信用的信号传递功能，为下游企业提供商业信用融资的意愿越强，同时在中小企业和新设立的公司中提供商业信用的动机也更强烈。唐松等（2017）[60] 研究发现，企业高质量的可抵押资产状况可以增强与上下游企业的合作关系，同时企业高管的社会网络可以为商业信用融资带来多渠道的资源，可抵押资产和社会网络均可促进企业获得商业信用融资。王竹泉等（2017）[61] 表明，企业经营风险是影响信贷配给的重要因素，也是引起信用风险传染的微观因子。经营风险越高的企业，通常面临着更高的融资约束，在融资选择方面更加倾向于选择风险较低的营运资本融资，同时避免短期性高风险的融资渠道。张会丽和邹至伟（2020）[62]基于代理冲突理论，研究表明，大股东股权质押行为与商业信用之间具有正向关联，商业信用在这个过程中起到了维持市场利润与传递积极信号的作用，并且在不同的企业中存在影响的差异性。楚有为（2021）[63]从公司战略角度出发，研究表明激进的进攻型公司对下游厂商以应收账款形式提供了更多的商业信用，提高了自身资产周转效率，增加了市场所占份额，改善了企业经营表现。胡悦和吴文锋（2022）[64]研究发现，2008年以来我国具有隐性担保的国有企业获得了大量的商业信用融资，平均资产负债率明显增加，然而国有企业自身经营绩效却没有显著提升。

在宏观政策背景的影响因素方面，现有学者主要从国家货币政策、宏观经济政策的不确定性及国家制度的角度出发进行探究。最早关注国家政策影响的文献是 Meltzer（1960）[47]的研究，作者考察了在货币政策紧缩与扩张时期企业在债务融资行为上的不同表现，具体地，货币政策紧缩时期推高了银行贷款的资金成本，造成了企业资产的流动性紧张，企业融资约束程度加大，在这种情况下企业倾向于转向上下游合作厂商寻求商业融资支持。同时在货币政策紧缩时期，资金流动性较强的企业倾向于为自身下游客户提供商业信用，从而缓解下游企业的融资约束（陆正飞和杨德明，2011；黄兴李等，2016）[65][66]。陈胜蓝和刘晓玲（2018）[67]、Jory 等（2020）[68]分别使用中国和美国企业数据，通过实证发现经济政策不确定性的增加显著缩小了所提供的商业信用融资规模，同时显著缩短了信用供给的期限。

除经济政策及国家制度因素外，部分学者从市场地位、银行竞争环境、文化氛围等多角度探讨了外部经营环境对公司商业信用融资的影响。余明桂和潘洪波（2010）[12]研究发现，公司所处行业的市场环境对商业信用供给具有重要影响，具体而言，公司所在行业的竞争者越多，市场环境越激烈，企业为了维持销售份额，提升市场竞争能力，将通过主动提供商业信用融资的形式占领市场份额。陈胜蓝和刘晓玲（2019）[69] 以城际高铁开通政策为研究背景，研究发现，城际高铁的开通有效降低了中间商品的运输成本与运输时间，增强了供应商与客户的合作意愿，有效缓解了企业双方的信息不对称问题，削弱了商业信用提供所承担的质量担保作用，减少了为对方企业提供商业信用的动机。白俊等（2020）[70] 发现金融机构竞争度的提升缓解了企业融资约束，增强了企业资金的流动性，从而企业更加有能力为下游厂商提供商业信用，同时对于中小企业、地处发达城市的企业这种效应更加显著。Wan 等（2020）[71] 着眼于诚信文化，以诚信文化内在的价值规范作用为研究逻辑，表明诚信文化增强了企业之间的信任程度，承担着信用担保作用，使企业之间的赊购赊销行为更加频繁。

除了上述关于商业信用行为的选择及影响商业信用融资因素的研究，一些学者则关注商业信用债务融资形式对公司运作与经营绩效的影响。Aktas 等（2012）[72] 研究表明，使用商业信用融资为外部投资者提供了有价值的信息，商业信用融资与企业投资质量之间呈显著正相关关系，并且显著提高了企业的经营业绩。Jacobson 和 Von Schedvin（2015）[73] 量化研究了商业信用融资对企业破产风险及风险传染的影响，结果表明，商业信用交易的任一方信用破产均会引致对手增加破产风险，并且在多方的交易中传染和放大。Abuhommous（2017）[74] 研究了提供商业信用融资对企业盈利能力的作用结果，研究发现，应收账款融资额对企业盈利能力具有显著正向的影响，进一步提高了公司价值。杨勇等（2009）[75]、石晓军和张顺明（2010）[76]、Agostino 和 Trivieri（2018）[77] 的研究均发现企业商业信用融资能够提高资产的周转效率，提升公司资金的流动效率，改善企业的治理结构，提高企业运作效率。唐炳南等（2018）[78] 研究发现，商业信用债务融资行为具有公司治理效应，表现为商业信用能够有效减少公司过度投资，同时随着地区市场化程度的提高，这种治理效应越发显著。马述忠和张洪胜（2017）[79] 从地区集群的角度出发，发现商业信用能够显著提高企业的进出口贸易往来。梅丹和程明（2021）[80] 检验了企业商业信用对研发投入的影响，研究发现，商业信用融资带来了更多技术与资金的投入，而在供应链关系中客户集中度较高的企业中，这种正向效应更加显著。王京滨等（2022）[81] 从规模与周期双角度出发进行探究，发现商业信用融资提高了资产周转效率，商业信用规模对企业自身风险具有非线性的作用，而对于商业信用周期角度，商业信用融资周期越长，企业风险则显著越低。

（三）关于企业银行信用融资的研究

现阶段我国采用以间接金融为主导的金融体系结构，企业通过银行贷款的方式缓解自身融资约束、补充流动性需求是其重要的运作方式，银行信用也是企业资金来源的重要渠道（王彦超和林斌，2008）[82]。现有研究对影响企业银行信用融资的因素同样从微观与宏观的视角下展开分析，微观角度主要集中于公司内部特征因素方面，详细探讨了公司特征对银行债务融资规模、成本、期限等方面的影响。Barclay 和 Smith（1996）[83] 发现公司成熟度和公司规模对债务融资的期限结构有显著影响。处于成长期的企业相较成熟企业的债务杠杆更低，随着企业资产的扩张，企业呈现出更高的资产负债率，债务期限也更长。Bharath 等（2008）[84]、张金鑫和王逸（2013）[85] 研究均发现借款人的会计信息质量对债务融资选择具有重要影响，会计质量较好的公司更有能力获得银行贷款。肖作平和廖理（2008）[86] 研究了公司治理程度与债务期限之间的关系，发现公司治理程度对债务融资期限具有显著正向的影响。同时，公司内部治理水平越高，在向金融机构贷款时信贷成本更低，信用融资额越大、限制性条款越少（Ge 等，2012）[87]。Francis 等（2009）[88]、Fields 等（2012）[89] 研究发现，企业内部董事会的质量和独立性越强，成立时间越长，董事经验越丰富，治理水平越高，对公司自身的监督管理能力越强，银行信贷成本则越低。Lin 等（2014）[90] 进一步研究了公司结构对银行信贷的影响，发现当企业两权分离度越低、董事的信誉越高时，企业获得银行信用的利率更低、信贷期限更长、信贷金额更大。江伟等（2017）[91] 从供应商与客户的关系出发，实证检验了客户集中度与银行信用之间的作用关系，研究发现，客户集中度与银行信用之间呈现非线性的关系，随着客户集中度的提高，企业银行信用呈现出先增加后减少的发展趋势。

外部环境方面的实证文献不在少数，主要集中在地区金融发展水平、机构投资者持股、国家环境等方面，并且影响企业银行信用融资的宏观因素与商业信用行为也有着密切关联，为本书探究基于生产网络的商业信用与银行信用融资的共同影响因子提供了参考。江伟和李斌（2006）[92] 研究发现，地区金融发展水平与企业债务期限呈显著负向的关系。Qian 和 Strahan（2007）[93] 研究表明，在法律制度较为完备及债权人保护政策翔实的国家，企业获得的银行信用支持更多，信用期限更长，银行信贷的成本也更低。王彦超和林斌（2008）[82] 研究了银行信用与商业信用的资金使用效率问题，指出由于我国金融体制改革相对滞后，金融机构对有效资金的使用效率不高，对实体经济的资金支持力度也有所欠缺。Fan 等（2008）[94] 以独特的样本数据研究发现，如果企业在成立以来发生过贿赂或财务造假等恶性事件，将极大地提高银企之间的信息不对称性问题，企业债务融资的财务杠杆率会更低，相应的债务期限也更短。朱凯和陈信元（2009）[95] 研究了社会环境中的企业外部审计对企业债务融资的影响，结果表明，在金融发展水平较高环境中的上市公司，被外部审计出具非标准审计意见显著加大了公司获取债务融资的难度，而处于金融发展水平较低环境中的上市公司，其审计意见差异与企业获取债务融资没有显著关联。马文超和胡思玥（2012）[96] 研究发现，在货币政策紧缩时期，财务不受约束企业在财务杠杆率上变化较小，而财务受约束企业的杠杆率则与货币政策的实施呈现显著正向关联。国家的发展状况也会影响企业的债务融资情况，在发达国家中金融自由化程度较高，金融发展水平较为完善，金融机构与其他财富中介机构得到了充分的发展，促使银行所处的金融行业竞争较为激烈（Casolaro 等，2006）[97]，金融对实体经济的支持力度相应提高，资金供给也相对充裕，企业在这样的环境下对银行贷款的申请审批流程相对更加简化，资金审批的效率也得到了提高（高明和胡聪慧，2022）[98]。

（四）关于供应链金融的研究

基于投入产出的生产网络本质上是上下游企业的贸易往来所形成的多维度复杂生产关系，供应商与客户的供应链关系是生产网络勾稽的核心组成部分，探究在生产网络因素下企业商业信用、银行信用债务融资的影响因子与作用机制是本书的核心内容，因此本书的研究所涉及的领域还包括供应链金融的相关范畴，接下来就近年来供应链金融的相关概念内涵与研究发展作出综述。供应链概念的提出最早来自彼得·德鲁克所述的"经济链"的定义，后来经过迈克尔·波特对内在价值的挖掘逐步成为"价值链"，最终进一步刻画为"供应链"。从供应链的整体来看，它是将供应商、制造商、分销商、零售商直到最终用户连成一个整体的功能网链模式（李维安等，2016）[99]。这样的构成特征与本书的研究对象即纵向维度下的生产网络组成部分一致，供应链金融的相关研究为纵向维度下生产网络影响因子的深入解析提供了研究角度与方法借鉴。

随着供应链生产模式的迅速发展，从供应链视角探究企业债务融资影响因素的研究逐渐兴起，供应链金融研究领域进入学者的学术范畴。李维安等（2016）[99] 从供应链治理的角度出发，表明供应链治理是产业演进与组织变迁的象征性反映，作者结合经济学、管理学、社会学等分析理论，建立了有关治理目标、治理机制等多方面的宏观供应链治理体系框架。宋华等（2017）[100] 通过案例分析供应链中企业业务运作的具体流程、信用获取的方式方法等，发现供应链金融相较传统银行信用方式，在获取交易信息和缓解信息不对称上具有比较优势，可以显著提升中小企业的债务可获得性。宋华和杨璇（2018）[101] 研究了供应链金融中网络嵌入性对企业融资的影响，发现核心企业相较中小企业的网络嵌入性较高，可有效扩大核心企业的债务融资规模。孙昌玲等（2021）[102] 研究发现，企业的核心竞争力与商业信用融资的提供之间呈现正向显著的关系，中介机制正是通过其改变上下游企业之间的合作黏性。孙辉和张仁寿（2021）[103] 从供应链协同创新的视角出发，研究表明，企业的技术创新绩效具有信号传递的功能，创新绩效越好表明企业的市场地位越高，企业获得上游厂商提供的商业信用越高。王鲁昱和李科（2022）[104] 研究发现，资产专用性的提升可以提高交易双方的信任程度，稳定长期的合作关系，有效扩大企业债务融资规模。于辉和王霜（2022）[105] 研究发现，核心企业在参与供应链金融行为上具有不同的表现特征，当企业倾向于参与供应链金融时，核心企业更愿意使用减少预付款融资的方式增加自身商业信用融资，进而提升资金周转效率；当企业对参与供应链金融意愿较弱时，核心企业倾向于通过增加应收账款形式为对方提供商业信用。

上下游供应链关系作为供应链金融研究的重要分支，稳定的供应链关系可以显著改善企业间的信息不对称问题，强化上下游企业之间的长期合作关系，对企业债务融资行为具有重要影响。但受限于企业之间的供应链关系的直接数据缺失，已有研究多从上下游企业集中度、企业自身特征等方面进行探讨。王迪等（2016）[106] 的研究表明，供应商和客户所处行业的竞争程度是影响企业信用融资的重要因素，上下游企业的供应链关系越紧密，企业获得的银行信用融资越多。李任斯和刘红霞（2016）[107] 研究发现，在中间企业与供应商、中间企业与客户的二元关系中，逆向道德风险问题更加突出，企业集中度与商业信用融资间呈现显著负向的关系，而在供应商、中间企业、客户的三元关系中，供应链中上下游企业的合作意愿增强，当供应商与客户的集中度提升时，中间企业获得的商业信用融资规模显著提高。李欢等（2018）[108] 研究表明，稳定的客户关系可以增大金融机构对民营企业的支持力度，缓解民营企业的融资约束。修宗峰等（2021）[3] 系统地研究了在客户或供应商集中度较高的供应链关系情形下，企业发生财务舞弊对商业信用债务融资的影响作用。卞泽阳等（2021）[109] 以国家级开发区政策为研究背景，运用双重差分模型检验了外生冲击对企业债务融资的影响，研究表明，对产业政策的正向冲击通过上下游供应链关系显著促进了金融对实体经济的支持力度，缓解了开发区内部供应链企业的融资约束问题。修宗峰和刘然（2022）[110] 从供应链关系视角研究发现，传递负面信息的财务重述行为损害了供应链上下游企业间的合作关系，导致信息不对称问题加剧，显著降低了企业的商业信用融资，并且这种负面效应对供应链中的上游企业更加剧烈。

此外，供应链特征与供应链金融活动对企业的经营表现等方面也有着直接或间接的影响，积极稳定的供应链关系可以显著改善企业的经营表现，提升公司的经营业绩和市场价值。Shahrur（2005）[111] 从企业并购行为的角度出发，指出企业对自身上下游厂商的并购行为有利于企业并购绩效的提升，在并购行为完成之后，供应链中的供应商与客户的企业价值也得到了显著提升。Patatoukas（2012）[112] 以市场中客户集中程度代表供应链关系，发现客户集中度与企业的市场价值呈现显著正向的统计关系。Dass 等（2014）[113] 以供应链高管从业背景为分析对象，表明企业高管拥有供应链金融从事背景可以增加企业信息的获取渠道，优化企业行为决策，增加企业的市场价值。陈正林和王彧（2014）[114] 构建了综合度量企业参与上下游集成度的指标，检验发现，供应链集成程度越高，显著降低了企业的经营成本，提高了资产的周转效率，对企业财务绩效具有正向显著的影响。李艳平（2017）[115] 从资产运作效率角度出发，研究表明，供应链关系可以显著提升企业资产周转率，改善企业的经营绩效。另外，稳定的供应链关系还有利于减小企业经营风险，缓解企业融资约束，改善公司治理水平等（Chang 等，2015）[116]。贾军和魏雅青（2019）[117] 从结构和过程双角度出发，指出提供商业信用可以显著提升企业创新能力，在供应链中的专用化资产投资显著降低了企业创新绩效，同时在不同的市场地位和行业竞争程度中具有差异化的影响作用。李健和张金林（2019）[118] 重点关注了供应链上企业的信用风险状况，以汽车产业作为研究对象，深入探究了企业信用风险传染的供应链上下游因素，表明供应链中的信用风险具有链上传染的表现，并构建了基于供应链风险传染的预警模型，为维护供应链金融的稳定作出贡献。

（五）现有研究不足与研究趋势

综上所述，本书对有关生产网络与宏观经济波动、影响企业商业信用与银行信用融资的宏微观因素、供应链金融与企业债务融资等方面的研究进行了梳理总结，学者对关于企业债务融资相关问题进行了诸多探索，涉及研究层面较为广泛，学术创新成果较为丰硕，研究方法与范式较为全面，为本书的研究提供了学理支撑与思路借鉴。尽管已有文献已经作出大量学术探讨，但是经过对生产网络与企业债务融资问题相关的文献梳理，该领域研究仍然具有以下不足之处：第一，关于企业债务融资问题的影响研究主要从微观企业特征与宏观制度环境的视角进行分析，与中观角度投入产出贸易链接形成的生产网络相衔接的内容较少。国内外多研究企业自身或企业间供应链直接关系对债务融资的影响，而投入产出生产网络既衡量了企业之间直接的贸易关联，又涵盖了企业作为生产单元在投入产出系统中的整体性作用关系，现有对基于复杂生产网络因素对企业债务融资问题的影响研究较少涉及。第二，近年来国内外关于投入产出生产网络的探究逐渐引起学者的重视，相关文献还较为零星，已有研究重点关注生产网络中产业的变迁与生产效率等，尚未对我国的投入产出生产网络进行解构和深入分析，尚未从横向维度和纵向维度下的生产网络特征对企业债务融资问题进行探讨，忽视了企业在整体上下游生产供应关系系统中的位置信息，缺乏基于横向维度和纵向维度下的生产网络对企业债务融资问题研究的实证分析。第三，针对供应链金融与企业债务融资行为的绩效分析方面，现有文献主要集中于对企业财务绩效和信用风险等方面的直接影响，企业通过债务融资行为进而影响经营表现等问题的机制渠道研究缺乏系统性，尚未明确横向维度和纵向维度下的生产网络特征通过债务融资行为进而影响企业经营绩效的作用机理，忽视了商业信用融资行为作为企业市场竞争手段之一，对企业经营表现具有直接作用，同时也缺乏横向维度和纵向维度下的生产网络对企业经营绩效的直接与间接影响的机理分析。

因此，未来的研究要在上述不足的基础上重点把握以下三点：第一，在现有研究方法与范式的基础上积极探讨影响企业债务融资的生产网络因素。本书尝试使用社会学中的网络分析和图论的相关方法，基于中国投入产出表构建生产网络，在涵盖企业与企业间直接的贸易链接关系和投入产出系统中的整体性关联基础上，从中观网络视角探究影响企业债务融资问题的生产网络因素。第二，在现有投入产出生产网络研究的基础上解构分析生产网络与企业债务融资问题的作用机理。本书尝试将生产网络进行横向维度与纵向维度的划分，并对横向与纵向双维度下的生产网络和企业债务融资规模、期限、成本进行特征刻画，将宏观经济波动模型、递归道德风险模型等纳入理论分析框架中，系统阐释横向与纵向双维度下生产网络对企业债务融资的影响机理。第三，在现有企业债务融资行为所导致的经济绩效相关文献的基础上，构建生产网络通过影响债务融资行为进而作用于企业经营表现的传导框架。本书尝试结合企业商业信用融资的经营性动机理论、社会网络理论，以及对企业经营绩效进行杜邦分析等，分别基于横向维度与纵向维度下生产网络视角探究影响企业经营绩效的债务融资渠道。

三、研究内容与方法

（一）研究内容

本书基于投入产出生产网络的研究视角，对生产网络进行横向维度与纵向维度的维度划分，分别基于横向与纵向双维度深入探讨生产网络对企业债务融资的影响，并分析异质性和宏微观影响因素对企业债务融资影响的调节效应，进一步明确了基于双维度的生产网络作用于企业经营绩效的债务融资渠道。具体而言，本书在相关理论模型和已有学术研究的基础上，主要进行了如下四方面的研究：

1. 对生产网络与企业债务融资的属性特征进行分析

首先，在现有研究的基础上针对生产网络进行界定，阐述基于投入产出表构建生产网络的方式方法，厘清将生产网络解构为横向维度和纵向维度的分析思路，明确横向与纵向双维度下生产网络位置属性的衡量指标，进一步分别基于横向维度与纵向维度对生产网络的网络中心度特征和供应链上游度特征进行分析。其次，选取合适的指标定量计算 2002～2021年我国上市公司商业信用和银行信用的融资规模、融资期限及融资成本，同时根据上市公司的产权性质与规模性质，从时间维度对不同性质的上市公司债务融资特征的变化趋势进行分析。

2. 对生产网络影响企业债务融资的理论基础进行阐释

本书分别从横向维度和纵向维度出发，对有关生产网络、企业债务融资问题相关的模型与理论进行了梳理归纳，横向维度下具体包含宏观经济波动模型、社会网络理论、利益相关者理论，纵向维度下具体包含递归道德风险模型、商业信用经营性与融资性动机理论、供应链治理理论。主要基于宏观经济波动模型和递归道德风险模型，分别构建了网络中心度和供应链上游度对商业信用与银行信用影响的理论模型，运用模型与理论相结合推演生产网络与企业债务融资的相关关系，从多种理论角度分析基于横向与纵向双维度下生产网络的企业债务融资问题。

3. 分别从横向维度和纵向维度下生产网络对企业债务融资的影响进行实证分析

一方面，在横向维度下构建了生产网络的特征向量中心度指标，将宏观经济波动模型等作为网络中心度对企业债务融资影响的理论基础，检验了网络中心度对企业商业信用和银行信用的规模、期限、成本及信用规模间关系的影响，并进行了稳健性检验，进而对该种影响进行产权、规模异质性的分析，选取了融资约束与宏观经济情况作为调节因素进行实证研究。另一方面，在纵向维度下构建生产网络的供应链上游度指标，将供应链上游度对商业信用和银行信用的影响进行实证分析与异质性检验，针对递归道德风险模型的理论机制，探讨了财务风险与经济政策不确定性的调节效应。

4. 对生产网络通过债务融资渠道进而影响企业经营绩效进行实证分析

在生产网络对企业债务融资影响分析的基础上，通过商业信用与银行信用的债务融资行为，进而作用于企业的经营表现。进一步探究了横向与纵向双维度下生产网络对企业经营绩效的影响，通过对净资产收益率进行杜邦分析，以社会网络理论、商业信用融资的经营性动机理论等为基础，分别检验了网络中心度和网络上游度对企业资产周转率、营业净利率以及净资产收益率的影响作用，采用标准三段式计量方程验证了商业信用与银行信用的债务融资渠道，揭示了企业营业利润在生产网络横向与纵向双维度下的分配效应。

（二）研究方法

1. 文献分析与归纳总结法

第一章通过对投入产出生产网络、企业商业信用融资、企业银行信用融资、供应链金融等相关研究文献进行梳理和分析，归纳总结已有研究的分析思路、研究不足与发展趋势，发掘本书的创新之处。第二章运用线性统计方法分别对投入产出生产网络属性、企业债务融资的规模、期限、成本特征进行分析，结合历年来经验数据总结和量化特征发展的规律，从线性时间维度发现事物发展的现实特征。第三章结合有关文献与书籍，集中阐述宏观经济波动模型、递归道德风险模型等，为后文构建生产网络与企业债务融资之间的作用机制奠定理论基础。

2. 社会网络分析与图论法

第三章和第四章综合运用金融学理论、经济学理论、社会学理论等探讨基于生产网络视角下的企业债务融资问题，使用社会学的网络分析和图论的相关方法构建生产网络作为研究视角，以横向维度和纵向维度下生产网络的解构与剖析为出发点，综合运用 Pajek、Gephi、Ucinet 等社会网络分析工具，分别基于横向维度生产网络基础上构建特征向量中心度指标，在纵向维度生产网络基础上构建供应链上游度指标，进而对企业债务融资问题中规模、成本、期限等进行多角度、多方面的综合分析。

3. 规范分析与实证研究法

第四章和第五章在分别对横向维度和纵向维度下生产网络影响企业债务融资的理论分析基础上，综合运用 Stata、Python 等软件，采用 OLS、

IV、PSM 等计量方法进行实证检验，同时在横向维度下引入融资约束和宏观经济变量同生产网络的交互项，在纵向维度下引入财务风险与经济政策不确定性同生产网络的交互项，深入探讨在不同经济情形下的影响效应。第六章进一步分析了生产网络对企业经营表现的作用机理，明确了横向与纵向双维度下生产网络影响企业经营绩效的债务融资渠道。理论分析与实证研究相结合的研究方法可以多方位地对企业债务融资问题进行探究。

四、主要工作与创新

本书基于投入产出生产网络的研究视角，通过对生产网络进行横向与纵向双维度的解构分析，分别从横向维度与纵向维度系统探讨企业债务融资相关问题。首先，对横向维度与纵向维度下生产网络和企业债务融资的属性特征进行分析，对本书研究对象的发展特征进行整体把握，阐述时间维度上的统计性规律。其次，综合运用生产网络和企业融资的相关模型与理论，通过实证研究分别探讨横向维度与纵向维度下生产网络对企业债务融资规模、期限、成本等相关问题的影响，并进一步研究了生产网络通过影响企业债务融资，最终作用于企业经营绩效的机制渠道。最后，总结研究结论，从企业债务融资的影响因素、异质性检验、宏微观调节因素、绩效分析等角度提出多方面的政策启示。本书的研究不仅丰富了有关企业债务融资的影响因素与绩效分析的理论文献，也为增强金融对实体经济的支持力度、深化供应链金融方式方法、加快形成以国内大循环为主体的发展格局提供了政策建议。

本书的创新主要体现在以下三方面：

（1）基于横向维度与纵向维度下生产网络的新视角对企业债务融资问题进行研究。本书基于生产网络的研究视角，通过对横向维度与纵向维度的生产网络进行解构分析，分别从横向维度的网络中心度与纵向维度的供应链上游度探讨其影响效应，系统阐释了影响企业商业信用与银行信用债务融资的生产网络因素，为影响企业债务融资行为的研究提供了中观层面的研究角度，拓展了基于生产网络视角下横向与纵向双维度研究的领域范畴。

（2）使用社会学中的网络分析和图论的相关方法研究企业债务融资行为。本书在构建投入产出生产网络的基础上形成核心变量，将宏观经济波动模型与递归道德风险模型等作为影响企业债务融资的理论基础，既衡量了企业与企业间直接的贸易链接关系，又涵盖了企业作为生产单元在投入产出系统中的整体性关联，将多维度网络解构分析方法纳入企业债务融资行为的分析框架，并进一步明确了生产网络通过企业债务融资渠道所引致的经济绩效结果，诠释了企业债务融资资源与营业利润在生产网络中的聚集与分配效应。

（3）由投入产出贸易链接形成的生产网络是企业商业信用与银行信用债务融资的重要影响因素。本书表明通过改善横向维度与纵向维度下的企业生产贸易关系，可有效扩大企业债务融资规模，降低债务融资成本，延长债务融资期限，并通过利用信用之间的互补替代关系，充分缓解企业融资约束，改善企业经营绩效，进而增强金融对实体经济的支持力度，促使实体经济稳定发展，助力形成双循环发展格局，实现我国经济高质量发展。

五、基本结构与技术路线

（一）基本结构

本书一共有七章，各章的主要内容如下：

第一章：绪论。主要阐述了基于生产网络视角对企业债务融资问题进行研究的背景和意义，通过梳理有关生产网络、商业信用融资、银行信用融资及供应链金融等相关文献，提出本书的研究内容、研究方法及创新点，同时对本书的基本结构与技术路线进行总论。

第二章：生产网络与企业债务融资的属性特征分析。对生产网络和企业债务融资的属性特征进行描述分析，生产网络特征重点阐述生产网络的界定与衡量、横向和纵向生产网络的维度划分、基于横向维度下的网络中心度特征、基于纵向维度下的供应链上游度特征，企业债务融资特征包含商业信用和银行信用的融资规模、融资期限及融资成本的特征分析。

第三章：生产网络对企业债务融资影响的理论基础。对有关生产网络、企业债务融资问题相关的理论与模型进行了梳理总结，横向维度下包含宏观经济波动模型、社会网络理论、利益相关者理论，纵向维度下包含递归道德风险模型、商业信用经营性与融资性动机理论、供应链治理理论，并在传统理论模型的基础上进行扩展，且对生产网络与企业债务融资的作用关系进行推导，为后文的实证研究作出理论铺垫。

第四章：横向维度下生产网络对企业债务融资影响的实证分析。以投入产出生产网络为基础，从横向维度构建生产网络的特征向量中心度指标，阐述横向维度下生产网络对企业债务融资影响的理论基础，将网络中心度对企业商业信用与银行信用融资的规模、期限、成本及信用间关系进行实证分析，并进行稳健性检验，同时对该种影响进行产权、规模方面的异质性分析，针对理论机制选取了融资约束与宏观经济情况作为调节因素进行实证研究。

第五章：纵向维度下生产网络对企业债务融资影响的实证分析。以投入产出生产网络为基础，从纵向维度构建生产网络的供应链上游度指标，将供应链上游度与企业商业信用和银行信用的规模、期限、成本及信用间关系进行实证分析与稳健性检验，接着分析了供应链上游度对企业债务融资的产权和规模异质性影响，针对递归道德风险模型的理论机制，最后探讨了财务风险与经济政策不确定性对企业债务融资影响的调节效应。

第六章：生产网络对企业债务融资影响的绩效分析。在生产网络与企业债务融资分析的基础上，生产网络通过影响企业的债务融资，最终会作用于企业的经营表现。具体地，企业的商业信用融资变化通过改变资产周转效率与产品净利率，企业的银行信用融资变化通过改变权益乘数，最终共同影响企业的资产净利润，对企业的经营绩效产生影响。本章基于商业信用的经营性动机理论、社会网络理论、杜邦分析理论等，检验了在横向和纵向双维度下生产网络通过影响企业的债务融资，最终作用于企业经营绩效的传导机制。

第七章：研究结论与政策启示。在前文理论模型与实证分析的基础上，结合生产网络横向和纵向维度下对企业债务融资的影响效应、异质性检验及宏微观调节因素等，总结研究的结论，提出相应的政策启示，最后指出研究的不足之处和未来的研究方向。

（二）技术路线

本书遵循以投入产出贸易流量形成的生产网络为起点，通过对横向维度和纵向维度的生产网络进行解构剖析，深入探讨基于生产网络视角的企业债务融资相关问题。首先，通过对研究背景和研究问题进行阐述，结合现有文献的学术成果，明确从投入产出生产网络的横向维度和纵向维度两个方面，对企业债务融资中的商业信用与银行信用进行研究的主要思路，提出本书的研究方法与创新点。其次，在实证研究之前，通过对生产网络和企业债务融资的属性特征进行分析，阐述主要研究对象，对横向与纵向维度的生产网络、债务融资规模、期限及成本的发展规律进行整体把握。再次，综合运用生产网络和企业债务融资的相关模型与理论，建立与本书相适应的变量间勾稽关系，通过模型推导与理论阐释为后文实证研究提供支撑。又次，将统计数据与计量软件相结合展开实证分析，基于横向与纵向双维度下检验生产网络对企业债务融资的影响，在基础回归后分析企业的产权异质性与规模异质性影响等，同时选取合适的调节变量进行机制检验，明晰影响统计学与经济学的含义。最后，总结研究结论，结合企业债务融资的影响因素、异质性检验、宏微观调节因素等，从企业、银行、政府三方面阐明政策启示。本书研究的技术路线如图1-1所示。

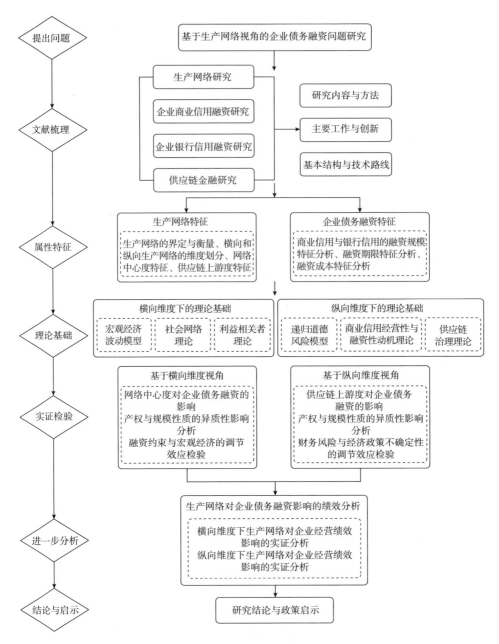

图 1-1　本书研究技术路线

第二章

生产网络与企业债务融资的属性特征分析

首先，本章对投入产出生产网络的基本概念进行界定，明确研究的基本对象和研究视角；其次，借鉴横向与纵向维度划分的相关文献和拓扑学原理，阐述对横向与纵向双维度下生产网络划分的基本原则，通过生产网络简略示意图直观地把握维度划分的依据和区别；再次，以 2002 年、2007 年、2012 年、2017 年投入产出表为基础，分别基于横向维度与纵向维度对生产网络特征变量进行构建，从横向与纵向双维度下对生产网络的位置属性进行分析；又次，从融资规模、融资期限、融资成本三个方面选取债务融资对应的衡量指标，对 2002~2021 年上市公司的商业信用与银行信用融资特征进行刻画；最后，进行本章小结。

一、基于横向维度和纵向维度的生产网络特征

（一）生产网络的界定与衡量

在整体经济系统中，每个生产单元从上游处获得生产所需的投入，其产出又供应给下游，上下游投入产出关系相互交织而构成生产网络（Acemoglu 等，2012；Acemoglu 等，2015；Baqaee 和 Farhi，2018；叶初升和任兆柯，2019)[22][25][119][28]。因此，投入产出生产网络简称为生产网络，它由专业化生产单元所构成，主要用于刻画部门间投入产出生产贸易流量的关联和互动。Acemoglu 等 (2012)[22] 首次明确了投入产出生产网络的概念，并构建了生产网络对宏观经济波动影响的作用模型；他认为生产网络包含三大要素：一是网络的节点，经济系统中的每一个部门对应着网络中的每一个节点；二是网络的有向边，部门之间的投入产出生产贸易关系形成了网络中节点之间的勾稽关系，即节点与节点之间的有向连线，边的方向代表了生产投入或产出销售的货物流向；三是网络有向边的赋值权重，贸易流量的大小均赋值在对应有向边的权重上。叶初升和任兆柯 (2019)[28] 在探究宏观经济波动的微观来源时，在国内首次明确了投入产出生产关联即为生产网络的定义，并进一步阐述了网络中各部门之间的作用关系。在用生产网络衡量的整体国民经济系统中，各生产单元之间存在互相勾稽的复杂经济关联，这些经济关联不仅共同构成了有序进行的宏观社会生活，而且对微观主体的经济行为产生重要影响。

在生产网络的具体构建上，对于企业间上下游贸易往来流量的详细且完整的数据尚未公布，现有数据库中仅包含了上市公司前五大供应商与客户的采购、供应信息，基于此构建的企业间生产网络并不能涵盖经济系统中生产贸易关系的全部信息，同时，上市公司在年报中对供应链企业的数据披露过程中，可能涉及企业自身的核心利益，为公司竞争对手的竞争行为提供机会，不利于公司的长期发展，尤其对竞争力较弱的小公司更是如此。因此，基于数据披露的缺失、自愿性和数据质量等方面问题，企业间投入产出贸易数据构建的生产网络是不完整的，企业间的生产网络可能存在选择性偏差的问题（余典范等，2022)[120]。

为了探究影响微观企业行为的生产网络因素，现有研究多从投入产出表中构建微观个体所处行业的生产网络，基于行业间生产网络的视角进行深入探讨（Cortes 和 Rocha，2021)[121]。例如，Acemoglu 等 (2012)[22] 从网络结构角度研究宏观经济波动，着眼于国家行业间投入产出表所构成的生产网络，研究表明各行业中心度的不对称性显著增强了微观冲击的影响程度，进而引起了宏观经济的波动。McConnell 等（2019）[32] 使用投入产出数据构建行业间生产网络，研究网络特征对企业间商业信用融资的影响。董志勇等（2019）[33] 使用投入产出数据构建行业间供给网络和消费网络，研究其对企业并购行为的影响。因此，尽管也有部分研究仅以上市公司的前五位厂商信息构建企业生产网络，但更多的生产网络相关实证研究是基于行业层面的投入产出生产关系进行构建的。本书从投入产出表中行业间生产网络的视角出发，鉴于我国投入产出表每 5 年公布一次，以 2002 年、2007 年、2012 年、2017 年中国投入产出表为基础，检验行业间生产网络对企业债务融资行为的影响。

经济系统中部门间的投入与产出数量关系编制成矩形表格即为投入产出表，它反映的是经济体内部各行业间投入与产出生产活动关系的交互与依存。在中国投入产出表中，用 $1, 2, \cdots, n$ 表示国民经济的 n 个组成产品的行业部门，$X_{ij}(i = 1, 2, \cdots, n; j = 1, 2, \cdots, n)$ 表示第 i 行业分配给第 j 行业的产品，被称为部门间流量或中间产品，其中 $X_{ii}(i = 1, 2, \cdots, n)$ 表示第 i 部门的生产产品中留作自用的部分产品价值。行业 $1, 2, \cdots, n$ 中各行业的总产出与总投入相等。以上各投入与产出贸易量可编制如表 2-1 所示的投入产出表。

表 2-1　中国行业间投入产出表示例

指标		中间使用						最终产品				进口	总产出
		1	2	$\cdots$	j	$\cdots$	n	合计	消费支出	资本形成	出口	合计		
中间投入	1	X_{11}	X_{12}	$\cdots$	X_{1j}	$\cdots$	X_{1n}					Z_1		Y_1
	2	X_{21}	X_{22}	$\cdots$	X_{2j}	$\cdots$	X_{2n}					Z_2		Y_2
	$\vdots$	$\vdots$	$\vdots$	（Ⅰ）	$\vdots$	$\vdots$	$\vdots$		（Ⅱ）			$\vdots$		$\vdots$
	i	X_{i1}	X_{i2}	$\cdots$	X_{ij}		X_{in}					Z_i		Y_i
	$\vdots$	$\vdots$	$\vdots$	$\vdots$	$\vdots$	$\vdots$	$\vdots$					$\vdots$		$\vdots$
	n	X_{n1}	X_{n2}	$\cdots$	X_{nj}	$\cdots$	X_{nn}					Z_n		Y_n
	合计													

续表

指标		中间使用							最终产品				进口	总产出
		1	2	…	j	…	n	合计	消费支出	资本形成	出口	合计		
增加值	劳动报酬													
	生产税额				(Ⅲ)					(Ⅳ)				
	资产折旧													
	营业盈余													
	合计	M_1	M_2	…	M_j	…	M_n							
总投入		Y_1	Y_2	…	Y_j	…	Y_n							

资料来源：根据投入产出表数据格式绘制。

投入产出表共由四个象限内容组成。第Ⅰ象限是由 n 个行业相互之间的投入产出流量矩阵所形成的 $n \times n$ 矩阵，也是构建投入产出生产网络的最基本贸易流量矩阵。其中行和列是对应的行业生产部门，矩阵中的元素反映了国民经济各行业之间生产与分配的关系，即投入产出关联。第Ⅱ象限是对第Ⅰ象限在水平方向上的延伸，新增了消费支出、资本形成、出口等方面的价值量，反映各行业的总产出中可供社会最终消费使用的最终产品。第Ⅲ象限是对第Ⅰ象限在垂直方向的延伸，新增了有关劳动报酬、生产税额、资产折旧、营业盈余等方面的价值表示，反映了各行业部门中新创造的价值增量。第Ⅳ象限在投入产出表中为空白区域。

本书以 2017 年投入产出表为例构建生产网络进行网络可视化，从网络整体上进行直观把握。每个节点表示所对应的行业，节点之间的有向连线表示行业之间进行的贸易往来，其中包括行业自身所进行的贸易自流动，节点及边的勾稽关系形成生产网络，基础矩阵即为投入产出表中第Ⅰ象限的流量矩阵，具体如图 2-1 所示。部分行业间联系疏远不存在明显的贸易关系，而部分行业间的投入产出活动则较为密切，如非金属矿物制品行业与建筑行业、农林牧渔产品和服务行业与食品和烟草行业、金属冶炼和压延加工品行业与建筑行业之间的贸易联系。然后，以该行业间投入产出生产网络为基础，进一步进行横向维度与纵向维度的网络划分，并分别计算不同研究维度下的生产网络指标变量。

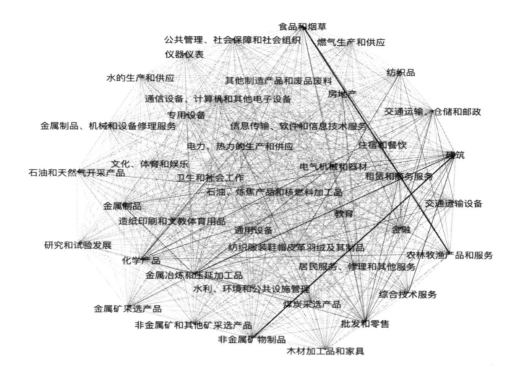

图 2-1 以 2017 年投入产出表为例构建的生产网络

资料来源：根据国家统计局数据由 Gephi 软件绘制。

（二）横向和纵向生产网络的维度划分

现有研究中对不同维度的分类探讨为本书中相互独立的横和纵向维度划分提供了先行依据。Grassi 和 Sauvagnat（2019）[122] 研究表明，网络结构通常可以划分为水平形、环形和星形三种。其中，星形结构表现为由中心向四周的放射状，为本书横向维度生产网络提供了借鉴思路；水平形结构表现为由始点至终点的线条形，为纵向维度生产网络的划分提供了研究角度；而环形结构表现为首尾相连的封闭性，这在投入产出生产网络中没有对应结构。Cortes 和 Rocha（2021）[121] 将上下游供应商与客户之间的垂直作用关系表示为纵向生产网络，在纵向关系上深入探讨了上下游财务约束对经济负面冲击的反应程度。还有一些研究从侧面角度为生产网络结构的划分提供了学理支撑。例如，郭晓玲和李凯（2019）[123] 将产品市场分为横向市场竞争和纵向产业链竞争，认为企业的创新研发不仅受横向组织结构特征的影响，还受产业链纵向关系特征的制约。孙辉和张仁寿（2021）[103] 从纵向供应链协同创新的视角出发，探讨了技术创新绩效的影响效应。综上所述，横向结构的研究角度主要突出了中心企业与四周边缘企业之间的作用关联，整体呈现放射状，而纵向结构的研究角度则重点关注于产业链、上下游供应链的垂直特征，整体呈现线条形，这为本书对横向维度与纵向维度的生产网络划分奠定了重要的理论基础。

基于横向维度的生产网络视角来看，横向维度突出强调中心节点与四周边缘节点之间的关联程度与作用关系，主要表现为由生产网络中核心企业向边缘企业发散的"星形"结构。本书在横向维度下聚焦于在生产网络中处于不同中心位置的企业：由于企业生产贸易勾稽关系的复杂程度不同，企业在横向生产网络中具有不同的网络中心度特征。基于横向维度的生产网络简略示意如图 2-2 所示。网络中的各个企业由少数核心企业进行串联，通过与核心企业产生贸易关系而连接至生产网络中。示意图中的 B 企业相较 A 企业、C 企业而言，由于具有更加复杂的生产贸易关系，处于简略网络的中心位置，是该网络中的核心企业，具有更高的网络中心度特

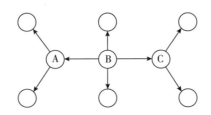

图 2-2　基于横向维度的生产网络简略示意

征，而 A 企业、C 企业相较 B 企业则处于网络的次要位置，网络中心度特
征相对较低。总体来说，核心企业 B 由于处于整体网络的中心位置，相较
于 A 企业、C 企业对整体网络的影响程度与影响范围更加深远和广泛。

　　基于纵向维度的生产网络视角来看，纵向维度重点关注从起始节点至
最终节点之间的运动轨迹，即上下游生产供应关系和供应链完整链条，主
要表现为从产品生产起点直至产品销售终端所形成的链形结构。本书在纵
向维度下聚焦于从生产链的源头供应商开始，至最终产品销售端的客户为
止，在这样的完整生产链条中，由于企业在产品生产中所承担的环节不
同，企业在纵向生产网络中具有不同的供应链上游度，即在供应链纵向位
置上的特征信息。基于纵向维度的生产网络简略示意如图 2-3 所示。在生
产网络中的企业通过上下游生产供应关系嵌入生产网络中，基于纵向维度
下各个企业均具有自身所处供应链条中的纵向位置特征。简略网络图中相
较处于供应链产品销售终端的 D 企业，作为原料供应商的企业 A 在纵向维
度下越靠近供应链的上游，具有更高的供应链上游度特征，在简略图中
A、B、C、D 各企业所处的供应链上游度分别为 4、3、2、1。总体而
言，上游企业 A 相较 B 企业、C 企业、D 企业具有更高的供应链上游
度，从纵向维度下对企业所处生产网络的位置属性进行刻画。

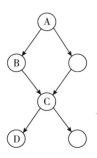

图 2-3　基于纵向维度的生产网络简略示意

　　在网络的拓扑结构研究中，横向与纵向维度的划分也有着对应且独立

的结构类型。网络拓扑结构是指采用网络中的基本元素节点和边，抽象地表征网络系统中各个单位相互链接的形式与布局。本书中横向维度在网络拓扑结构中对应着星型结构，主要是指由中央节点与周围边缘节点相连而组成的网络结构，该拓扑结构表示所有网络信息均通过中央节点进行通信，周围的节点将信息传输给中央节点，中央节点再将接收的信息进行加工处理进而传输给其他的节点。在横向维度生产网络中，企业之间的生产链接和信息交互是通过核心企业进行串联的。纵向维度在网络拓扑结构中对应着树型结构，主要指各个节点进行分层连接，具有多个分支节点，整体呈现一枝枝树枝的形状，其中处在的位置越高的节点可靠性就越强。树型结构中不同层次节点的地位不一样，树根部位是主干网，中间节点表示大局域网，叶节点所对应的就是最低的小局域网。在纵向维度生产网络中，上下游企业通过供应链的投入产出生产关系进行串联，最终消费端的企业对应着树型结构的叶节点，而处于最上游端的供应商企业对应着树型结构的树根节点。

（三）横向维度下的网络中心度特征分析

表 2-2 列示了部分行业在 2002 年、2007 年、2012 年、2017 年的特征向量中心度的测算结果。特征向量中心度衡量了网络中节点对于整体网络的影响力程度大小，也表示了节点在网络中位置的中心程度。特征向量中心度值越大，表明该节点越处于生产网络中的中心位置，对整体网络所造成的影响程度越大。2017 年特征向量中心度排名前五的行业分别是化学产品业、水的生产和供应业、非金属矿物制品业、批发和零售业、造纸印刷和文教体育用品业，表明 2017 年这些行业在我国生产网络中占据着比较重要的位置，是我国经济系统中的核心行业，尤其是化学产品业，其涉及农药、肥料、合成材料、专用及日用化学产品制造等方面，在 2002~2017 年一直具有较高的网络中心度特征。而农林牧渔产品和服务业，食品和烟草业，石油和天然气开采产品业，金属矿采选产品、石油炼焦产品和核燃料加工品业等的网络中心度特征则呈现逐年减少的趋势；房地产业在 2002

年、2007 年仍然具有较高的特征向量中心度特征，而随着时间的推移，在 2012 年、2017 年其特征向量中心度特征出现了快速下滑的趋势。总体而言，在网络中特征向量中心度较高的行业均处在国民经济系统中举足轻重的核心领域，而在生产网络中处于边缘地带的行业则特征向量中心度较低。指标的具体计算方式参见第四章。

表 2-2 部分行业部门在生产网络中的特征向量中心度测算结果

部门	特征向量中心度			
	2002 年	2007 年	2012 年	2017 年
农林牧渔产品和服务	0.966	0.894	0.658	0.586
煤炭采选产品	0.842	0.909	0.836	0.513
石油和天然气开采产品	0.829	0.773	0.640	0.299
金属矿采选产品	0.849	0.835	0.806	0.502
非金属矿和其他矿采选产品	0.767	0.810	0.703	0.481
食品和烟草	0.962	0.946	0.839	0.756
纺织品	0.910	0.891	0.668	0.519
纺织服装鞋帽皮革羽绒及其制品	0.913	0.891	0.667	0.525
木材加工品和家具	0.827	0.868	0.742	0.591
造纸印刷和文教体育用品	0.910	0.920	0.838	0.762
石油、炼焦产品和核燃料加工品	0.828	0.810	0.755	0.347
化学产品	0.988	1.000	0.968	1.000
非金属矿物制品	0.929	0.945	0.973	0.845
金属冶炼和压延加工品	0.929	0.917	0.954	0.708
金属制品	0.929	0.943	0.949	0.741
通用设备	0.929	0.972	1.000	0.714
专用设备	0.929	0.972	0.918	0.683
交通运输设备	0.887	0.972	0.943	0.729
电气机械和器材	0.913	0.894	0.883	0.729
通信设备计算机和其他电子设备	0.771	0.778	0.823	0.674

部门	特征向量中心度			
	2002 年	2007 年	2012 年	2017 年
仪器仪表	0.881	0.865	0.566	0.463
水的生产和供应	1.000	0.996	0.239	0.924
批发和零售	0.810	0.747	0.714	0.788
房地产	0.839	0.803	0.660	0.695

资料来源：根据国家统计局数据绘制。

（四）纵向维度下的供应链上游度特征分析

表 2-3 列示了部分行业在 2002 年、2007 年、2012 年、2017 年的供应链上游度的测算结果。供应链上游度衡量了处于网络中的企业距离最终产品销售端的纵向距离，代表了中间产品生产完成后直至最终产品组装销售所需的时间长度，也重点表示了企业在供应链中的位置信息。供应链上游度值越大，表明该节点越靠近供应链上下游中的上游位置，距离最终销售端的纵向距离更远。2017 年供应链上游度最大为 4 的行业分别是金属矿采选产品业、非金属和其他矿采选产品业、非金属矿物制品业、通用设备业、专用设备业、废品废料业，表明 2017 年这些行业在我国经济系统中是比较靠近供应链上游的行业，属于原材料开采与供应方面的上游行业，特别是金属矿采选产品业和非金属矿物制品业，在 2002~2017 年一直拥有较高的供应链上游度特征，处于生产网络中更加靠近供应链上游的位置。表中的食品和烟草业、纺织服装鞋帽皮革羽绒及其制品业、造纸印刷和文教体育用品业、交通运输设备业、通信设备计算机和其他电子设备业被定义为最终产品销售行业，其供应链上游度赋值为 0，表示这些行业是生产网络中纵向供应链条中的最靠近下游的行业。总体而言，在国民经济系统中进行原材料开采与简单加工的行业具有较高的供应链上游度值，而主要负责最终产品组装与销售的行业则供应链上游度值较低。指标的具体计算方式参见第五章。

表 2-3　部分行业部门在生产网络中的供应链上游度测算结果

部门	供应链上游度			
	2002 年	2007 年	2012 年	2017 年
农林牧渔产品和服务	2	3	3	3
煤炭采选产品	3	3	4	3
石油和天然气开采产品	3	3	4	3
金属矿采选产品	4	5	4	4
非金属矿和其他矿采选产品	3	4	4	4
食品和烟草	0	0	0	0
纺织品	3	1	3	3
纺织服装鞋帽皮革羽绒及其制品	0	0	0	0
木材加工品和家具	4	3	4	3
造纸印刷和文教体育用品	0	0	0	0
石油炼焦产品和核燃料加工品	3	3	3	3
化学产品	2	3	3	2
非金属矿物制品	3	5	4	4
金属冶炼和压延加工品	3	4	3	3
金属制品	3	4	3	3
通用设备	3	3	3	4
专用设备	3	3	4	3
交通运输设备	0	0	0	0
电气机械和器材	3	4	3	3
通信设备计算机和其他电子设备	0	0	0	0
仪器仪表	3	3	4	3
废品废料	3	3	3	4

资料来源：根据国家统计局数据绘制。

二、企业债务融资特征

本节首先选取应付/应收账款、短期借款作为商业信用与银行信用融资规模的衡量指标，对 2002~2021 年中国上市公司的债务融资规模特征进行了直观刻画，分析了在此期间债务融资规模的变化趋势和主要特征，进一步以产权性质和资产规模为划分依据，分别描述了国有企业与非国有企业、大型企业与小型企业的债务融资规模特征。其次选取一年以上的应付/应收账款所占比例、长期借款所占比例分别衡量企业商业信用与银行信用融资的期限，刻画上市公司债务融资期限的变化情况，进一步对异质性企业进行分别阐述。最后选取应付票据与应收票据所占比例、应付利息占比来衡量企业债务融资成本，同样对整体上市公司 2002~2021 年融资成本的变化情况进行分析，同时对国有企业与非国有企业、大型企业与小型企业的融资成本情况进行直观描述。

（一）商业信用与银行信用的融资规模特征分析

企业商业信用融资可分为需求端和供给端，获得的商业信用指企业从上游供应商处得到的延期支付货款形式，在财务上主要表现为应付账款的形式，提供的商业信用指企业对下游客户的延期收款形式，主要表现为应收账款的形式（王竹泉等，2017）[61]。企业的银行信用指企业在金融机构获得的银行贷款规模，主要体现为短期借款与长期借款的形式，本书为了与属于短期负债的商业信用相匹配，将银行信用采用短期借款项来表示。为了与后文中生产网络对企业债务融资的实证分析时间保持一致，本章将时间范围限定在 2002~2021 年。

图 2-4 报告了我国上市公司商业信用与银行信用融资规模变化情况。

近20年来，我国上市公司获得的商业信用和银行信用融资规模整体呈现逐年增长的态势。2009年以前，银行信用融资规模大于商业信用需求的融资规模，2008年我国上市公司应付账款和短期借款余额分别约为11800亿元和13600亿元。随后，商业信用需求的融资规模超过银行信用融资规模，呈快速增长趋势。2021年我国上市公司应付账款和短期借款余额分别达到了118000亿元和55100亿元的峰值，商业信用需求的融资规模增长速度相较银行信用更加快速。而商业信用供给的融资规模从2002年开始呈现逐年增长的趋势，至2017年上市公司应收账款余额达到峰值的151000亿元，随后两年出现了大幅下降，降至了51600亿元。这可能与2018年监管部门密集出台金融监管举措，"一行两会一局"联合发布资管新规等，导致企业信用债大规模违约有密切关联。2021年上市公司应收账款余额有小幅攀升，增长至69900亿元。

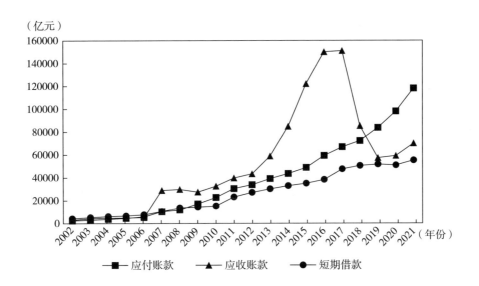

图2-4 我国上市公司商业信用与银行信用融资规模变化

资料来源：根据CSMAR数据绘制。

根据企业的实际控制性质判断，上市公司可分类为国有企业和非国有企业。实际控制人若有多个，只要其中之一是国有企业，则整体归类为国有企业（步晓宁等，2020）[124]。国有企业和非国有企业在商业信用与银行信用融资表现上具有较大的差异。国有企业相较非国有企业具有较大的资产规模，往往具有政府的资产信用，在商业信用融资中具有更强的议价能力，同时国有企业在获取金融机构的贷款时也具有较强的比较优势，在银行授信时企业蕴含的信用风险通常较低。

图 2-5 报告了我国上市公司中国有企业和非国有企业的商业信用与银行信用融资规模变化情况。国有企业和非国有企业获得的商业信用融资规模整体上呈现逐年增长的态势，并且非国有企业中获得的商业信用融资规模显著小于国有企业融资规模，2021 年国有企业获得的商业信用融资规模（81100 亿元）比非国有企业融资规模（35000 亿元）高出 46100 亿元，差值为近 20 年来的峰值，并且具有持续增长的趋势，表明非国有企业在商业信用需求端存在较为明显的融资歧视现象。在商业信用供给端二者之间的差距并不明显，2015 年以前国有企业应收账款的水平高于非国有企业，随后的 2016 年非国有企业应收账款的水平超过了国有企业，在 2017 年

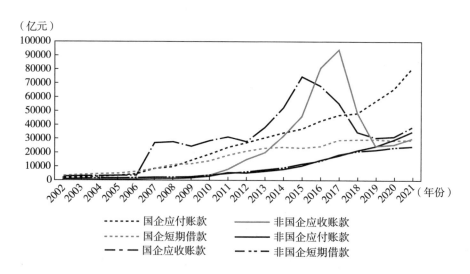

图 2-5 国有企业和非国有企业的商业信用与银行信用融资规模变化

资料来源：根据 CSMAR 数据绘制。

达到了峰值 94200 亿元，2016~2018 年非国有企业对外提供的商业信用融资额大于国有企业。在银行信用方面，近 20 年来国有企业获得的短期借款总额显著高于非国有企业，2013 年国有企业获得的短期借款总额（23200 亿元）比非国有企业（7580 亿元）高出 15620 亿元，差值是近 20 年来的峰值，随后国有企业与非国有企业在短期借款方面的差距有所缩小，但是在 2021 年国有企业获得的短期借款总额（29100 亿元）比非国有企业（24300 亿元）仍然高出 4800 亿元，表明国有企业在获取银行信贷方面相较非国有企业具有更强的比较优势。

参考现有研究文献中有关大型企业与小型企业的划分依据，本书进一步以企业的总资产作为企业规模的衡量标准，将大于企业资产规模中位数的上市公司划分为大型企业，小于此中位数的上市公司划分为小型企业。大型企业与小型企业在债务融资方面具有较强的差异性，特别是小型企业在获取商业信用与银行信用融资方面的能力较差，往往体现出更强的融资约束与现金流短缺问题。

图 2-6 报告了我国上市公司中大型企业和小型企业的商业信用与银行信用融资规模变化情况。从图中可以看出，大型企业和小型企业在债务融资方面的差异性没有国有企业与非国有企业间差异显著，图中的主要差异体现在商业信用融资的需求端与供给端。大型企业在商业信用的获取与提供方面显然更加活跃，大型企业应付账款在 2010 年之后显著快速提高，2021 年，大型企业应付账款超出小型企业应付账款 55000 亿元，差值达到了近 20 年的最大值。在应收账款方面，大型企业的应收账款规模变化与总体上市公司变化一致，近 20 年来呈现先增加后减少的趋势，2007~2018 年大型企业应收账款余额显著大于小型企业的应收账款，表明大型企业在上游供应商处获得了商业信用融资的同时也在对自身下游厂商提供较多的商业信用。在银行信用方面，大型企业和小型企业的短期借款余额近年来缓慢增加，两者在规模上并不存在较大的差异性。

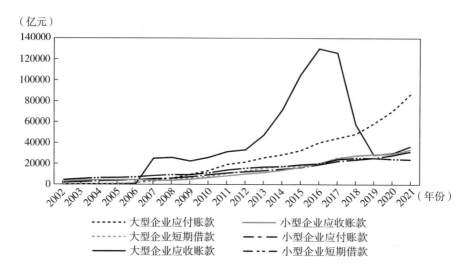

（亿元）

图 2-6　大型企业和小型企业的商业信用与银行信用融资规模变化

资料来源：根据 CSMAR 数据绘制。

（二）　商业信用与银行信用的融资期限特征分析

参考 Wu 等（2014）[125]、陈胜蓝和刘晓玲（2018）[67] 的研究中对商业信用期限的处理方法，本书将公司的应付账款与应收账款按照期限长短划分为一年以内和超过一年两部分，对企业获得的银行信用划分为长期借款与短期借款，进而对企业债务融资的期限特征进行刻画①。具体地，本书以"一年以上的应付账款/（一年以上的应付账款＋一年以下的应付账款）"衡量企业获得的商业信用融资期限；以"一年以上的应收账款/（一年以上的应收账款＋一年以下的应收账款）"衡量企业提供的商业信用融资期限；以"长期借款/（长期借款＋短期借款）"衡量企业获得的银行信用融资期限。

---

① 部分上市公司未披露一年以上应付账款的具体还贷时限，这里使用期限一年作为划分标准，对超过一年的应付账款余额进行加总求和，存在导致衡量商业信用融资期限偏误的可能性。但是鉴于数据的可获得性，目前并没有更加精确的测量方式（陈胜蓝和刘晓玲，2018）[67]。

图 2-7 报告了我国上市公司商业信用与银行信用融资期限变化情况。近 20 年来，上市公司银行信用中的长期借款占比整体上呈现上升趋势，从 2002 年的 40.73% 增加到 2021 年的 63.63%，20 年来增长了 22.90 个百分点，表明在我国上市公司中长期借款在银行信用中的比例越来越大。在商业信用方面，整体上一年以上应付账款占比和一年以上应收账款占比差别不显著，二者比例均在 30% 以下，2002~2021 年一年以上应付账款占比平均为 10.48%，一年以上应收账款占比平均为 9.55%，表明在上市公司的商业信用融资中，主要使用的是短期的商业信用债务融资形式。在 2010 年之前，一年以上应收账款占比均大于一年以上应付账款的占比，而在 2010 年之后，一年以上应收账款的占比就降至了 10% 以下，该比例小于一年以上应付账款的占比。

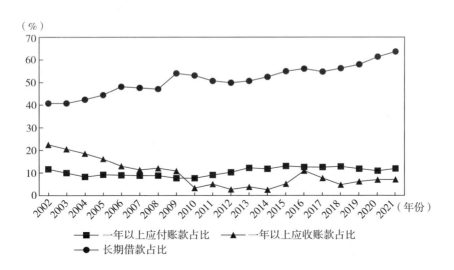

图 2-7　我国上市公司商业信用与银行信用融资期限变化

资料来源：根据 CSMAR、Wind 数据绘制。

图 2-8 报告了我国上市公司中国有企业与非国有企业的商业信用与银行信用融资期限变化情况。国有企业与非国有企业的划分标准同前一节。从图中可以看出，国有企业与非国有企业的长期借款占比整体上呈现上升

趋势，但是国有企业的长期银行信用占比远远高于非国有企业，2021年国有企业的长期借款占比高于非国有企业18.93个百分点，表明国有企业相较非国有企业在获取长期银行借款方面具有更强的比较优势，自身的长期借款比例也更高。在商业信用融资方面，国有企业与非国有企业的期限差异并不显著，在一年以上应收账款占比方面国有企业与非国有企业呈现出基本一致的变化特征，而一年以上应付账款占比在2012年之前非国有企业中更高，之后逐渐减少，2021年国有企业一年以上应付账款占比高于非国有企业5.81个百分点，表明近年来国有企业在获得长期的商业信用融资方面也具有较大的优势。

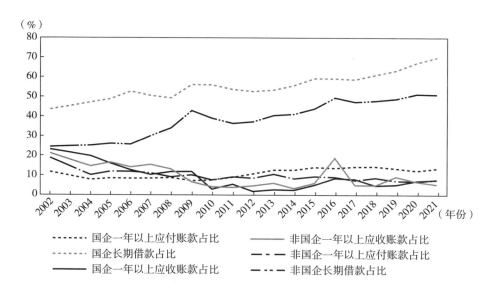

图2-8 国有企业和非国有企业的商业信用与银行信用融资期限变化

资料来源：根据CSMAR、Wind数据绘制。

图2-9报告了我国上市公司中大型企业与小型企业的商业信用与银行信用融资期限变化情况。大型企业与小型企业的划分标准同前一节。从图中可以看出，大型企业与小型企业的长期借款占比整体上变化趋势不大，但是大型企业的长期银行信用占比远远高于小型企业，长期借款占比

的差异平均为 26.58 个百分点，2021 年大型企业的长期借款占比为 71.26%，高出小型企业占比（44.44%）达 26.82 个百分点，表明大型企业相较小型企业在获取长期银行借款方面具有更强的比较优势，自身的长期借款比例也更高。在一年以上应付账款与应收账款占比方面，大型企业与小型企业的期限差异较小，近年来一年以上应付账款占比均在 10% 左右上下波动，波动幅度较小。而一年以上应收账款占比则基本在 10% 以下进行波动，大型企业与小型企业的差异较小。

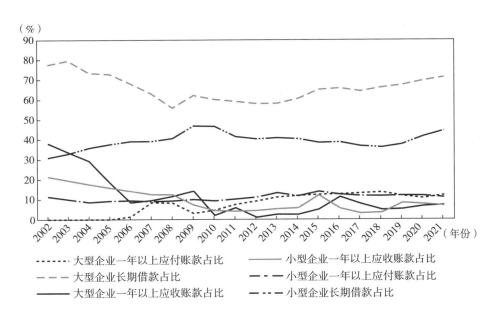

图 2-9　大型企业和小型企业的商业信用与银行信用融资期限变化

资料来源：根据 CSMAR、Wind 数据绘制。

（三）商业信用与银行信用的融资成本特征分析

在企业商业信用债务融资的成本方面，现有财务数据并未对商业信用的债务成本进行直接披露，参考刘凤委等（2009）[126] 的研究，通常采用商业信用模式中的应付票据占比来相对衡量企业使用高成本商业信用的比例，该指标值越高，表明企业较多地使用了成本相对较高的商业信用模式；在商业信用融资模式的供给端，可以使用应收票据占比来相对衡量对外提供高成本债务的比例。在银行贷款成本方面，参考刘仁伍和盛文军（2011）[127]、赖黎等（2016）[128] 的研究，使用公司当年的利息支出占比度量银行信用的债务成本。具体地，采用"应付票据/（应付票据+应付账款）"衡量企业获得的商业信用融资成本，采用"应收票据/（应收票据+应收账款）"衡量企业向外提供的商业信用融资成本，采用"利息支出/总负债"衡量企业获得银行信用融资的债务成本。

图 2-10 报告了我国上市公司商业信用与银行信用融资成本变化情况。从图中可以看出，应付票据占比和应收票据占比呈现出相似的整体变化特征，这可能是因为两者均为商业信用的高成本融资模式，票据融资的模式可能受到宏观政策与环境等因素的共同影响，同时应付票据占比显著大于应收票据的占比，2021 年应付票据占比为 27.01%，高出应收票据占比（14.40%）12.61 个百分点，表明在商业信用需求端的融资成本显著大于商业信用供给端。在银行信用融资方面，利息支出占比在近 20 年来波动幅度较小，利息支出占比平均为 4.65%，银行信用的融资成本较为稳定。

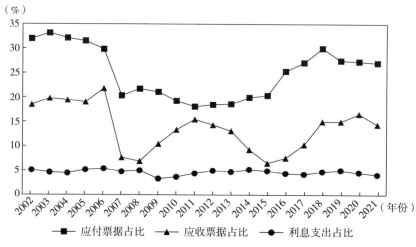

图 2-10　我国上市公司商业信用与银行信用融资成本变化

资料来源：根据 CSMAR、Wind 数据绘制。

图 2-11 报告了我国上市公司中国有企业与非国有企业的商业信用与银行信用融资成本变化情况。国有企业与非国有企业的划分标准同前一节。从图中可以看出，国有企业的应付票据占比显著小于非国有企业的应付票据占比，2021 年国有企业的应付票据占比为 15.96%，低于非国有企业的应付票据占比（27.08%）达 11.12 个百分点，表明我国国有企业在获得商业信用融资方面，相较非国有企业具有更低的商业信用融资成本，突出了国有企业的融资成本优势。在商业信用的供给端，国有企业与非国有企业呈现出相类似的变化趋势，两者之间的融资成本差异并不显著，整体上呈现出融资成本下降的趋势。在银行信用成本方面，国有企业与非国有企业在利息支出占比方面波动幅度较低，平均利息支出占比分别为 5.30%、4.94%，国有企业的银行信用利息支出占比较非国有企业高 0.36 个百分点，这可能是由于国有企业的财务杠杆普遍较高，较高的债务压力使国有企业必须支付更高的银行利息。

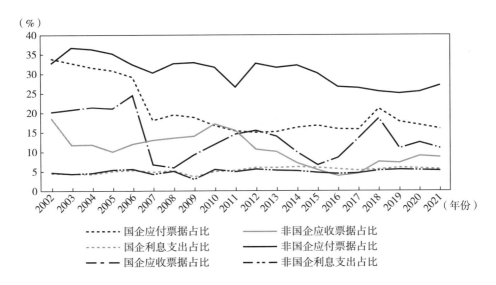

图 2-11　国有企业和非国有企业的商业信用与银行信用融资成本变化

资料来源：根据 CSMAR、Wind 数据绘制。

图 2-12 报告了我国上市公司中大型企业与小型企业的商业信用与银行信用融资成本变化情况。从图中可以看出，大型企业的应付票据占比显著小于小型企业的应付票据占比，2021 年大型企业的应付票据占比为16.09%，低于小型企业的应付票据占比（28.51%）12.42 个百分点，表明大型企业在获得商业信用融资时相较小型企业具有相对更低的融资成本优势。在应收票据占比方面，大型企业的应收票据占比显著小于小型企业的票据占比，2008 年，大型企业应收票据占比仅为1.54%，较小型企业的应收票据占比（31.19%）低 29.65 个百分点，表明大型企业在商业信用的供给端也具有相对更低的商业信用融资成本特征。在银行信用融资方面，大型企业与小型企业在利息支出占比方面差异并不显著，平均利息支出占比分别为 5.20%、5.34%，大型企业的利息支出占比略小于小型企业，两者近 20 年来的波动幅度也较小，占比均在 10% 以下，表明大型企业在银行信用的融资成本上占据微弱优势。

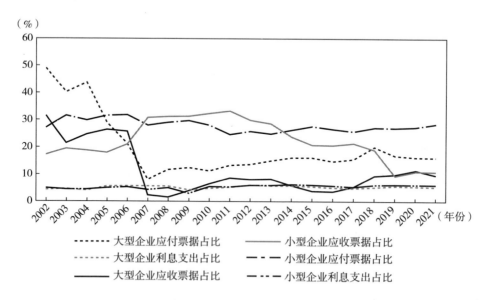

图 2-12　大型企业和小型企业的商业信用与银行信用融资成本变化

资料来源：根据 CSMAR、Wind 数据绘制。

三、本章小结

本章重点对基于横向维度和纵向维度的生产网络与企业债务融资的属性特征进行分析。首先，借鉴现有研究理论对投入产出生产网络的概念进行了界定与衡量，对相关投入产出表的基本概念作了详细阐述，同时在此基础上，通过对横向维度与纵向维度划分的标准进行分类总结，提炼出横向和纵向生产网络的维度划分依据，对横向和纵向维度生产网络的基本含义作了直观解释，基于生产网络的界定、维度划分的准则，分别从横向维度下构建了网络中心度指标，纵向维度下构建了供应链上游度指标，阐述了生产网络在横向与纵向双维度下的属性特征，为从不同的维度下生产网络影响企业债务融资奠定分析框架。其次，围绕2002~2021年我国上市公司的商业信用与银行信用债务融资的规模、期限、成本三方面属性特征，分别刻画了近20年来债务融资的变化情况，同时对企业进行产权性质和资产规模的类型划分，分别从国有企业与非国有企业、大型企业与小型企业的角度分析了企业债务融资的规模、期限、成本，重点突出了国有企业、大型企业在企业债务融资方面具有更强的比较优势，为后文异质性实证分析作出铺垫。本章也是全书逻辑分析的基础与起点。

第三章
生产网络对企业债务融资影响的理论基础

本章从生产网络对企业债务融资的影响机理出发，主要构建包含生产与家庭部门的宏观经济波动模型、供应链上下游的递归道德风险模型等，在横向维度下具体阐述宏观经济波动模型、社会网络理论、利益相关者理论，在纵向维度下具体阐述递归道德风险模型、商业信用经营性与融资性动机理论、供应链治理理论；推导横向维度下生产网络的特征向量中心度影响企业商业信用与银行信用的理论模型，推导纵向维度下生产网络的供应链上游度作用于商业信用与银行信用的理论模型；深入分析生产网络对企业债务融资影响的理论基础，梳理生产网络同商业信用、银行信用之间关联的底层逻辑，为后文从双维度下生产网络影响企业债务融资的实证研究搭建分析框架。

一、横向维度下生产网络对企业债务 融资影响的理论基础

（一）宏观经济波动模型

投入产出生产网络引致的宏观经济波动问题最早起源于 Acemoglu 等

（2012）[22]、Carvalho（2014）[129] 的研究，认为在产业部门之间投入产出内在联系的经济体中，投入产出矩阵的结构决定了经济体的稳定程度，生产网络是经济总体波动的微观来源。随后在 Acemoglu 等（2014）[23]、Acemoglu 等（2015）[25] 的研究中将生产网络基本模型进一步丰富。本书基于 Carvalho（2014）[129]、Acemoglu 等（2015）[25] 的理论模型，建立生产网络中心度影响宏观经济波动的模型框架，并拓展至企业商业信用与银行信用融资方面，为横向维度下生产网络影响企业债务融资提供理论机理。模型基于一个由 N 个生产部门所组成的经济体，经济体中的生产部门通过投入产出贸易链接构成相互勾稽的关系。其中，生产企业部门通过雇佣劳动力制造中间产品，一部分销售给客户企业作为中间投入，另一部分销售给家庭部门作为最终消费品，各部门与总体经济的函数关系如下。

1. 生产部门

对于任意的部门 i，$i \in \{1, 2, \cdots, N\}$，部门生产函数定义如下：

$$Y_i = \lambda_i A_i L_i^{\alpha_i} \left(\prod_{j=1}^{N} X_{ij}^{W_{ij}} \right)^{(1-\alpha_i)} \tag{3-1}$$

$$\lambda_i = \alpha_i^{-\alpha_i} \sum_{j=1}^{n} \alpha_{ij}^{-\alpha_{ij}} \tag{3-2}$$

其中，λ_i 为模型参数的标准化常量，A_i 为 i 行业受到的技术性冲击，L_i 为 i 行业雇佣的劳动力，α_i 为生产技术所需的劳动份额，X_{ij} 为行业 i 生产中使用的行业 j 的中间产品数量，W_{ij} 为行业 i 生产函数中对行业 j 的中间产品份额。

各部门 i 以利润最大化作为目标函数：

$$\max_{\{L_i, X_{ij}\}} \pi_i = P_i Y_i - \omega L_i - \sum_{j=1}^{N} P_j X_{ij} \tag{3-3}$$

其中，P_i 为生产产品的市场价格，ω 为劳动力工资，由于假设中包含劳动力自由流动，因此模型中 ω 为常量。代表性家庭是企业的最终股东，企业所得利润全部分红给家庭。

在此过程中部门 i 的总成本如下：

$$C_i = \omega L_i + \sum_{j=1}^{N} P_j X_{ij} \tag{3-4}$$

通过对式（3-3）的目标函数求解一阶条件，可得中间产品要素 X_{ij} 和

企业劳动力 L_i 满足以下式子：

$$X_{ij} = (1-\alpha_i)\frac{W_{ij}C_i}{P_j} \tag{3-5}$$

$$L_i = \alpha_i\frac{C_i}{\omega} \tag{3-6}$$

2. 代表性家庭

代表性家庭的效用偏好可以表示如下：

$$U(C_1, C_2, \cdots, C_n) = \sum_{i=1}^{n}\beta_i\log\frac{C_i}{\beta_i} \tag{3-7}$$

其中，C_i 为产品 i 的最终消费量，β_i 为产品 i 在效用函数中所占的份额，β_i 满足 $\sum_{i=1}^{n}\beta_i = 1$。

代表性家庭基于偏好的效用最大化函数如下：

$$\max_{\{C_i, L_i\}} U = \frac{(\prod_{i=1}^{N}C_i^{\theta_i})^{1-\gamma}}{1-\gamma} - \frac{L^{1+\eta}}{1+\eta} \tag{3-8}$$

其中，L 为劳动力总供给，θ_i 为产品 i 的替代弹性。

代表性家庭满足如下的预算约束：

$$\sum_{i=1}^{N}P_iC_i \leqslant \omega L + \sum_{j=1}^{N}\pi_j \tag{3-9}$$

令 $C = \prod_{i=1}^{N}C_i^{\theta_i}$，可看作是代表性家庭对于 N 个消费品的 Cobb-Douglas 消费效用函数。

对效用最大化函数式（3-8）求解一阶条件可得：

$$\frac{C^{-\gamma}}{L^\eta} = \frac{\prod_{i=1}^{N}(P_i/\theta_i)^{\theta_i}}{\omega} \tag{3-10}$$

$$P_iC_i = \theta_i\omega L + \sum_{j=1}^{N}\theta_i\pi_j \tag{3-11}$$

3. 一般均衡与经济波动

产品市场出清满足：

$$Y_i = C_i + \sum_{j=1}^{N}X_{ji} \tag{3-12}$$

劳动力市场出清满足：

$$L = \sum_{i=1}^{N} L_i \tag{3-13}$$

联合生产部门和代表性家庭的最优决策，在市场出清的条件下，进一步推导出经济达到一般均衡时产品价格如下：

$$\log P = -\left[I - (I-\alpha) W' \right]^{-1} (\log S + K) \tag{3-14}$$

其中，P 为产品市场价格所组成的列向量，I 为单位矩阵，α 为劳动份额，W 为投入产出系数矩阵，S 为部门中技术性冲击所组成的列向量，K 为各部门常量所组成的列向量，具体表示如下：

$$P = \begin{pmatrix} P_1 \\ P_2 \\ \vdots \\ P_N \end{pmatrix}, \quad S = \begin{pmatrix} S_1 \\ S_2 \\ \vdots \\ S_N \end{pmatrix}, \quad K = \begin{pmatrix} k_1 \\ k_2 \\ \vdots \\ k_N \end{pmatrix} \tag{3-15}$$

$$k_i = \log\lambda_i + \alpha_i\log\alpha_i + (1 - \alpha_i)\left[\log(1 - \alpha_i) + \sum_{j=1}^{N} W_{ij}\log W_{ij} \right] \tag{3-16}$$

将工资标准化为单位值，价格水平可以看作是对于工资的相对价格水平，整个经济体的实际 GDP 如下：

$$\log GDP = \frac{1+\eta}{\gamma+\eta} \Theta^T \varphi_{ij} \log S + \frac{1+\eta}{\gamma+\eta} \Theta^T (\varphi_{ij} K + \log\Theta) \tag{3-17}$$

其中，$\Theta = \begin{pmatrix} \theta_1 \\ \theta_2 \\ \vdots \\ \theta_N \end{pmatrix}$，$\varphi_{ij} = \left[I - (I-\alpha) W' \right]^{-1}$，$\varphi_{ij}$ 被称为 Leontief 逆矩阵，Leontief 逆矩阵是投入产出系数矩阵的进一步演化，表示部门 j 作为部门 i 的直接或间接供应商的重要程度。涵盖投入产出生产系数的宏观经济表达式，表明了任一部门受到冲击，将沿着部门间投入产出生产关系进行传染与放大，对其余不同部门造成直接和间接打击，从而引起宏观经济总量的变化。

$$logGDP = \frac{1+\eta}{\gamma+\eta} \sum_{i=1}^{N} \sum_{j=1}^{N} \theta_i \varphi_{ij} logS_j + z \qquad (3-18)$$

为进一步理解冲击对宏观经济总产出的影响，对行业 j 受到的冲击求偏导，可得：

$$\frac{\partial logGDP}{\partial logS_j} = \frac{1+\eta}{\gamma+\eta} \sum_{i=1}^{N} \theta_i \varphi_{ij} \qquad (3-19)$$

从式（3-19）可以看出，冲击对整体宏观经济的影响取决于产品 i 的消费替代弹性以及 Leontief 逆矩阵。

假设 $\theta_i = \theta$，进一步揭示生产网络的网络结构对于经济总量波动的传导作用如下：

$$\frac{\partial logGDP}{\partial logS_j} = \frac{(1+\eta)\theta}{\gamma+\eta} \sum_{i=1}^{N} \varphi_{ij} = \frac{(1+\eta)\theta}{\gamma+\eta} d_j \qquad (3-20)$$

其中，$d_j = \sum_{i=1}^{N} \varphi_{ij}$。同时，$d_j$ 可以使用横向维度下生产网络的特征向量中心度（EC）来表示，即

$$d_j = EC(j) = c \sum_{j=i}^{n} a_{ij} x_j \qquad (3-21)$$

其中，c 为常数项，n 为生产网络中的节点总数，a_{ij} 为中间投入 j 占行业 i 总投入的份额。特征向量中心度的计算是通过多次迭代运算从而达到稳态的结果，记 $x = [x_1, x_2, \cdots, x_n]^T$，可表示如下：

$$x = cAx \qquad (3-22)$$

此时，x 是矩阵 A 的特征值 c^{-1} 对应的特征向量，即

$$Ax = \lambda x \qquad (3-23)$$

特征向量中心度衡量了网络中一个节点对整体网络中其他节点影响的程度，直观表示为该节点如果与其他重要的节点均连接，则该节点具有较高的特征向量中心度。在投入产出生产网络中，行业部门的特征向量中心度代表了该行业在整个生产经济系统中的中心化程度，特征向量中心度属性较高在一定程度上反映了该企业即为经济系统中的核心企业，代表了该企业对经济总产出的影响力。由以上模型推导可得，基于横向维度的网络特征向量中心度对宏观经济波动具有直接作用。进一步地，对于企业的债

务融资问题而言，作为整个经济系统中的核心企业，为了避免发生信贷冲击时在生产网络中进一步被传染和放大，对宏观经济系统造成更大的打击，企业生产合作的贸易伙伴和金融机构均会同时给予核心企业更大的信贷融资支持，即

$$\log(TRADE_j+BANK_j) = \alpha+\beta\times CENTRALITY_j+\epsilon_j \tag{3-24}$$

其中，j 代表公司，ϵ_j 代表白噪声，$TRADE$ 代表企业获得的商业信用，$BANK$ 代表企业获得的银行信用，$CENTRALITY$ 代表特征向量中心度。

本书基于横向维度下生产网络的视角，以宏观经济波动模型为建模基准，构建了生产网络的特征向量中心度对企业债务融资中商业信用与银行信用影响的理论模型，为后文基于横向维度下生产网络对企业债务融资的实证研究奠定理论基础。现有研究也从侧面为本书债务融资问题提供了学理支撑。例如，Gao（2021）[130] 研究表明，生产网络中的中心企业更加容易传播信贷冲击，处于网络中心位置的核心企业出于预防性动机，更加倾向于持有更多的现金，从而减弱冲击的传播与扩散。Cortes 和 Rocha（2021）[121] 的研究结果表明，债务融资约束不仅加剧了经济冲击的负面影响，而且促进冲击通过网络进行下游传播，研究强调为了缓解供应链上下游中断，上游企业为下游企业提供流动性支持的重要程度。

（二）社会网络理论

社会网络的概念首次提出于社会学研究领域，主要是指个体及个体之间相关联的种种关系的一个集合（Kilduff 和 Tsai，2003）[131]。社会学认为，个体是处于一个整体社会网络系统中的单元，单元与单元之间由各种可能的社会关系、生产关系、经济关联等相互交织，个体单元的变化既可以决定整体网络的结构，又受网络系统变化的影响。在社会学研究中，基于网络的资源交换与分配是重要的理论基础。社会网络本质上是一种资源互换关系的系统，系统中的社会成员相互交换社交信息、生产产品、经济利益或者情感服务等。社会网络分析是以社会关联所形成的高维系统为研究对象，对社会系统的组织结构、密集程度、单元属性等进行量化剖析的

研究方法，研究的核心问题是基于整体网络系统维度下的个体间社会关联关系及单元属性。社会网络理论的基本内容能够为本书中生产网络对企业债务融资的影响效应提供理论机理。

社会网络嵌入性理论是社会网络理论的核心内容，于 1985 年在 Granovetter（1985）[18] 的研究中明确提出，随后在社会学研究中得到了广泛应用。该理论认为个体间信任是社会网络形成的基础，成员间交互是网络嵌入的形成机制，社会中的任何公司都是处于社会网络之中的，其研究强调了社会网络属性和结构对网络中单元的经济影响，表明社会网络因素是重要的影响因子。McEvily 和 Zaheer（1999）[132] 研究表明，嵌入至社会网络中的企业显著具有更强的竞争能力，更强的业绩表现，网络嵌入性理论是企业市场表现差异的重要解释机理。Granovetter（2018）[133] 研究认为，社会网络主要通过三大机制对企业的行为决策产生作用，分别是社会网络改变企业间信息传递的速度和质量、社会网络改变企业间信任的程度、社会网络改变事件的影响范围。

社会网络具有信息传递与资源配置的效应。现有研究已经表明企业高管的社会网络可以帮助企业获取优势信息，社会网络涉及校友关系、任职经历、社会背景等多方面，在我国现有人情文化的基础上，人脉关系可以积极地促进交易的达成、改善企业经营环境等（庄贵军和席酉民，2003）[134]，社会网络成为企业获得信息资源的重要途径。另外，社会网络相较单一的企业间关联，具有更高维度的社会属性。企业可以通过直接或间接的社会联系打通资源配置的渠道，利用多类型的社会网络帮助自身企业发展，更高维度的社会网络同时可以形成规模效应或品牌效应，利用企业与市场的整体关系改善企业经营决策，增加企业对外投资的机会。因此，社会网络可以帮助企业更便捷地获取信息资源，优化行为决策，以多层次、多维度的网络形式获取资源（Dahl 和 Pedersen，2005）[135]。

本书以社会网络分析法解析生产网络的多维度影响效应，社会网络理论为本书生产网络对企业债务融资的作用机理奠定了理论基础。企业之间错综复杂的社会关系构成了一张庞大的网络，而网络节点之间的连接会产生网络资源（刘冰等，2011）[136]。因此，对于嵌入在生产网络中的企业而言，供应商和客户间投入产出生产关系有利于企业更好地获取并积累资源，在生产关系的基础上提升信任水平并缓解企业间的信息不对称，具体表现可分为以下三类：第一，处于生产网络中的核心企业与其他企业之间存在众多业务往来，拥有多重信息获取的渠道与桥梁，有利于企业快速便捷地获取重要且有价值的信息，减少了企业搜索信息的成本，为金融机构对企业的授信增添了便利，同时企业的生产决策可以从多渠道的生产贸易关系中进行优化，进一步提升了企业的经营表现。第二，生产网络中企业基于投入产出生产关联的知识交换，使核心企业能够更加有效地降低运营成本，建立协作信任，获取资源的种类更加丰富，使企业产品差异化的表现更加出色，进而改善企业的经营状况，提升产品市场竞争力。第三，企业个体之间的信任是社会网络形成的基础，基于生产的贸易关系可以显著增强企业之间的信任程度，缓解网络中企业之间的信息不对称性，更加有利于企业之间商业信用贸易合同的达成，同时也为金融机构传递出良好经营的积极信号。

（三）利益相关者理论

利益相关者理论（Stakeholder Theory）产生于20世纪60年代，核心思想是企业的利益相关者对企业决策具有显著影响。Ansoff（1965）[137]把企业中签订劳动合同的员工、管理层股东等对象纳入利益相关者的范围，认为企业的决策行为是多方利益相关者协调的结果。Cochran和Wartick（1988）[138]将利益相关者理论与公司治理相结合，认为公司董事会、股东、高管及相关利益者在企业目标上存在偏差，公司治理需要权衡各方的利益做出综合评价。Metcalfe（1998）[139]较为全面地对利益相关者进行了分类，主要包括社会性利益相关者、次要的社会利益相关者、主要的非社会利益相关者以及次要的非社会利益相关者。

投入产出生产网络中的供应商和客户在利益相关者理论中一直都是十分重要的利益相关者。在生产网络中心位置的企业提供着大多数投入品，这些企业受到的冲击会通过借款者的资产负债效应、信贷紧缩效应等在整个经济系统内进行传导与放大（方平，2010；Ahern 和 Harford，2014；叶初升和任兆柯，2019）[140][141][28]。因此，生产网络内的企业其实是利益共享和风险分担的关联体。供应商和客户的生产贸易关系对公司行为决策与风险承担具有重要作用。作为利益相关者，生产贸易合作关系的稳定性越高，企业之间的信任程度也就越高，信息不对称水平则越低（Farndale 等，2010）[142]，网络中心度越低的企业更加愿意通过产品赊销、折扣等方式为网络中的核心企业提供商业信用信贷支持，从而进一步提高供应链水平上的协同合作与信息交流，降低企业冲击与市场变化可能造成的不确定性程度（Kinney 和 Wempe，2002）[143]。同时，处于生产网络中心位置的企业具有多渠道的供应链合作贸易往来，企业可以从多方供应商与客户的融资资源中优化自身融资决策，通过信息与资源的协调配合，充分发挥供应链协同效应，进一步缓解信贷冲击可能造成的负面影响。

另外，生产网络中的企业与金融机构同时也是利益共享、风险共担的利益相关者。企业与金融机构本身在资产负债表中具有密集的金融勾稽关系，企业的借贷是金融机构重要的收益来源，银行信用也是企业补充资金流动性的重要方式。企业受到的信贷冲击会通过对金融机构的挤兑效应、信用传染效应等在生产网络中进行传染和放大，从单个部门遇到的信贷冲击演变为系统性的信贷冲击，从而对金融机构造成打击（叶初升和任兆柯，2019；Boissay 等，2013）[28][144]。因此，生产网络中的企业与金融机构同时也是利益相关的关联体。当生产网络中处于中心位置的企业发生信贷冲击时，风险将通过核心企业密集的生产贸易关联在生产网络中进行传染与放大，并通过挤兑等效应引起金融机构的连锁反应，相较处于生产网络中次要位置的企业所造成的影响更为严重。鉴于此，金融机构可能会给予作为利益相关者的核心企业更强的金融支持力度，补充核心企业的资金流动性，避免冲击与风险在生产网络中的扩散与放大。

因此，在生产网络中投入产出关联的供应商与客户、金融机构之间是利益相关者，为了防止信贷冲击与风险在生产网络中传染和蔓延，进而引致宏观经济波动，利益相关者之间会通过商业信用与银行信用融资的方式在生产网络中给予信贷支持。本书从生产网络中个体间的利益相关者角度出发，诠释了基于横向维度下生产网络对企业债务融资的影响机理，进一步拓展了利益相关者理论在企业债务融资行为与公司治理领域的应用范畴。

二、纵向维度下生产网络对企业债务融资影响的理论基础

（一）递归道德风险模型

递归道德风险模型建立在信息不对称理论框架下，供应链上游企业出于逆向选择与道德风险问题，容易在生产链的中间产品生产中进行机会主义行为。信息不对称理论的具体表现可分为三类：一是市场主体掌握信息的渠道具有非对称性，企业内部员工可根据日常的生产运作情况收集产品信息等，相较企业外部人员掌握着更多的信息来源渠道，由此内部人员往往处于优势地位。二是企业内部在信息数量和质量方面具有比较优势，作为企业内部人员的雇员、股东、高管等对企业的运营情况和产品质量方面了解更加清晰，掌握的信息数量更多，相较而言更加处于优势的地位。三是市场主体的信息及时性和有效性存在差异，若企业发生重大变故或战略转向，首先获取有效信息的是企业内部雇员及经理等，而作为外部信息获得者的上下游企业，会面临道德风险等问题，处于市场劣势地位。产品市场中的信息不对称现象是客观存在的，信息不对称性可能导致逆向选择和道德风险问题。道德风险是指事后发生的信息不对称现象，表现为买卖双方在签订销售合同后，信息优势方在产品的后续生产、履行的义务等方面

刻意隐瞒行为，发生损害劣势方的不道德行为。在供应链上下游中的递归道德风险主要体现为在签订产品生产销售合同后，由于上游企业距离最终产品销售端的纵向距离较远，越靠近供应链上游的企业更可能从自身利益出发，降低中间产品的质量，从而发生侵害下游销售端企业利益的机会主义行为。

本书基于 Kim 和 Shin（2012）[145] 的理论模型研究，将供应链上下游道德风险的影响效应拓展至企业商业信用与银行信用融资方面，构建基于纵向维度下生产网络的供应链上下游层面的基准模型，形成供应链上游度作用于商业信用与银行信用融资的回归模型，为纵向维度下生产网络对企业债务融资的影响提供理论支撑。模型假设一个经济体中含有 $N+1$ 个公司在一条供应链中生产运作，公司 $i+1$ 向前一家公司 i 提供中间产品，其中生产中间产品需要一段时间。公司 i 产生的工资成本为 w_i。最终销售的商品在中间生产的每一阶段产生的收益为 q，但中间生产阶段存在由于产品最终销售失败而停止现金流的可能性。如果所有公司在中间生产阶段中均付出较高的劳动，最终产品失败的概率为 π^H。如果一个或多个中间生产厂商由于信息不对称而付出的劳动水平较低，则最终销售产品失败的概率上升为 π^L，其中 $\pi^L > \pi^H$。

假设供应链只受盈亏平衡分析的一般约束条件为，供应链内不存在任何生产激励的问题。从 0 期开始，供应链工资成本的期望现值如下：

$$\frac{w_N}{\pi^H} + \cdots + (1-\pi^H)^N \frac{w_0}{\pi^H} \qquad (3-25)$$

供应链的预期收益可以表示如下：

$$(1-\pi^H)^{N+1} \frac{q}{\pi^H} \qquad (3-26)$$

供应链盈亏平衡条件是实现净现值非负，根据成本收益推导可得：

$$(1-\pi^H)q \geqslant \sum_{k=0}^{N} \frac{w_k}{(1-\pi^H)^k} \qquad (3-27)$$

递归道德风险模型的最终结果为企业在生产过程中或者付出高劳

动，或者付出低劳动。低劳动会给予企业自身额外的生产利润，但是不利于最终产品销售的成功。公司 i 每段时间从公司 $i-1$ 获得 p_i 的中间产品，并为公司 $i+1$ 投入中间产品 p_{i+1}。低劳动给公司 i 带来的私人利润为 bw_i，其中对任意公司而言，$b>0$，并且假设 $b>\pi^L-\pi^H$。如果公司 i 实施低劳动策略，产品失败的概率将增加到 π^L。当公司 i 在过去的每个时期均付出了很高的劳动，则未来预期收益如下：

$$(p_i - p_{i+1} - w_i) \sum_{\tau=0}^{\infty} (1-\pi^H)^{\tau} \qquad (3-28)$$

对企业 i 避免低劳动生产选择的激励相容约束如下：

$$p_i \geq p_{i+1} + (1+b_i)w_i \qquad (3-29)$$

其中，$b_i \equiv b \cdot \dfrac{\pi^H}{(\pi^L-\pi^H)(1-\pi^H)^i}$。

式（3-29）描述了递归道德风险模型的核心，即在上下游供应链条中公司 i 获得的利润额必须足够大，以确保公司在自身中间产品的生产中不逃避，即保证付出较高的劳动完成产品生产过程。b_i 表示递归道德风险的概率量化，b 表示企业在付出低劳动时获得的私人利益，假设该参数对链上的所有公司都是一致的。

在激励相容约束和所有供应链上游公司参与约束的条件下，公司 i 对于公司 $i+1$ 是委托人，而对于公司 $i-1$ 是代理人，根据最优契约理论得出使企业期望利润最大化的价格为 p_i。在激励相容约束条件下，支付 p_i 使公司的期望利润最大化，p_i 可以表示如下：

$$p_i = \sum_{k=i}^{N} (1+b_k)w_k \qquad (3-30)$$

其中，价格 p_i 高于生产链中的生产成本，反映了所有上游公司的劳动力成本。由于递归道德风险和中间产品价格的上涨，期望收入不足以满足链上租金的成本，生产链难以维持较长时间。

商业信用的赊购和赊销行为可以通过建立相互关联的索赔义务来缓解生产链中的激励问题。假设公司 $i-1$ 通过分期偿还的形式延迟支付公司 i 的货款，即固定支付 $a_i p_i$ 的永续年金。对于分期支付，激励相容约束如下：

$$p_i \geqslant \frac{1}{1+a_i} \sum_{k=i}^{N} (1+b_k) w_k \qquad (3-31)$$

在上游企业的激励相容约束和参与性约束下，最优契约解 p_i 和 a_i 使企业的利润最大化。因此，对于任何技术上可行的生产链都包含商业信用融资的存在，应收账款和应付账款契约降低了生产链上的总租金，使整体生产链中生产过程是可持续的。而银行债务则是企业在生产经营过程中缓解资金紧张、保证现金流动性的重要手段，银行信用通过影响企业财务杠杆的形式作用于企业的净利润，具有放大倍数的功能。

因此，应收账款、银行借款及公司在供应链中的上游度之间的均衡关系可以表示如下：

$$a_i p_i - a_{i+1} p_{i+1} + \beta_i \times (p_i - p_{i+1} - w_i) = b_i w_i \qquad (3-32)$$

其中，$b_i \equiv b \times \dfrac{\pi^H}{(\pi^L - \pi^H)(1-\pi^H)^i}$。$a_i p_i$ 为公司 i 的应收账款余额，$a_{i+1} p_{i+1}$ 为公司 i 的应付账款余额，β_i 为公司 i 的权益乘数，p_i 为公司 i 的收入，p_{i+1} 为公司 i 向其供应商公司 $i+1$ 支付的成本，w_i 为公司 i 的生产成本。递归道德风险模型的含义是，式（3-32）中净应收账款 $a_i p_i - a_{i+1} p_{i+1}$ 和净利润 $\beta_i \times (p_i - p_{i+1} - w_i)$ 需要足够大，以确保公司可以决定付出较高的劳动，而不是通过逃避劳动去选择降低产品质量，相当于获得 $b_i w_i$ 的私人利益。公司 i 的中间产出作为最终产品的一部分在 i 个周期内出售，并且每个公司需要一段时间来生产中间产品。如果企业发生低劳动逃避后的 i 个周期，可能造成最终产品销售的失败和上下游供应链的中断，这个成本嵌入在式（3-30）中的 $(1-\pi^H)^i$ 项中，是通过类似复利贴现方法计算的。

进一步地，通过模型运算可得到：

$$\frac{a_i p_i - a_{i+1} p_{i+1} + \beta_i \times (p_i - p_{i+1} - w_i)}{w_i} = b \times \frac{\pi^H}{(\pi^L - \pi^H)(1-\pi^H)^i} \qquad (3-33)$$

式中涵盖了公司的标准化激励水平即商业信用、银行信用融资及企业净利润水平，将其与公司在供应链上下游中的纵向位置相联系。

对等式（3-33）两边取对数可得到：

$$\log \frac{a_ip_i-a_{i+1}p_{i+1}+\beta_i\times(p_i-p_{i+1}-w_i)}{w_i}=\log\frac{b\pi^H}{\pi^L-\pi^H}-\log(1-\pi^H)i \quad (3-34)$$

因此，可以用本书重点关注的变量即企业提供的商业信用 *TRADE*、获得的银行信用 *BANK* 以及供应链上游度 *UPSTREAM* 进行变量替换，可进一步表示如下：

$$\log\frac{TRADE_j+BANK_j\times PROFIT_j}{COST_j}=\alpha+\beta\times UPSTREAM_j+\epsilon_j \quad (3-35)$$

其中，*j* 代表公司，ϵ_j 代表白噪声。

本书基于纵向维度下生产网络的角度入手，以递归道德风险模型为建模基准，构建了供应链上游度对企业债务融资中商业信用与银行信用影响的理论模型，为后文基于纵向维度下生产网络对企业债务融资的实证研究提供理论依据。由于供应链上下游供应商与客户之间存在信息不对称现象，越靠近供应链上游的企业越容易发生机会主义行为，而商业信用融资的提供可以通过激励约束的方式有效减少企业的自利行为，有助于供应链上下游长期的合作共赢，银行信用融资则可以通过增加财务杠杆的形式提高企业生产利润，增加了企业发生机会主义行为的成本，有效避免了道德风险问题。

（二）商业信用经营性与融资性动机理论

1. 商业信用的经营性动机理论

商业信用融资相较银行信用具有多方面的比较优势，现阶段在企业的债务融资中二者均为重要的融资形式。假设供应商以商业信用的形式向客户提供融资，同时金融机构也向客户企业发放银行贷款。在此模型中，A_i 表示银行或供应商对贷款实施的可能性，即银行或供应商提供债务融资的意愿，S_i 表示债务融资合同的交易量，T_i 表示债务融资的交易成本，L_i 表示提供贷款的机会成本，*i* 表示债权人是银行（*b*）或者供应商（*s*），即银行信用或者商业信用融资。当债务人有能力偿还债务时，*D* 表示债务人需要偿还的金额。为了便于商业信用与银行信用进行比较，假设 $D_b = D_s = D$。当债务人申请破产时，债权人有权收回价值为 C 的资产或产品。

若金融机构发放贷款的机会成本率为 r_1，则银行信用的机会成本如下：

$$L_b = (1 + r_1)L \tag{3-36}$$

若供应商发放贷款的机会成本率为 r_2，则商业信用的机会成本如下：

$$L_s = (1 + r_2)L \tag{3-37}$$

因此，债权人发放贷款的预期利润 $E[\pi]$ 可以表示如下：

$$E[\pi] = A_i D(S_i) + (1 - A_i)C_i - T_i - L_i \tag{3-38}$$

商业信用的经营性动机理论认为，商业信用融资相较银行信用具有降低信息收集成本、拥有天然的资产抵押物、减少产品交易成本、作为市场竞争手段、传递产品质量信息等方面的优势，具体如下：

（1）商业信用的信息优势理论。供应链上下游的供应商与客户之间由于频繁的贸易与资金往来，供应商相较金融机构能够获得更为全面的企业运营信息，即 $A_s > A_b$。供应商与客户通过建立长期的生产供应关系，供应商可以从客户的日常生产链运作中快速、全面地获取企业的经营信息，供应商更愿意向客户提供商业信用融资。而金融机构只能依据企业公开的财务报表等信息评估债务人的信用状况，依靠第三方监督机构进行事后监督，信息收集与监督行为的成本相较商业信用更高。同时由于信息不对称性，金融机构面临着逆向选择的风险，因此金融机构的贷款意愿相较商业信用更小。

（2）商业信用的资产抵押理论。在企业申请破产的情况下，商业信用抵押物的变现能力较银行信用更强，即 $C_s > C_b$。在债务人无力偿还信用贷款的极端情况下，上游供应商可以收回商业信用合同中规定的产品或抵押物，对商品进行直接出售或转售给其他渠道的客户，从而抵消商业信用贷款的损失，同时供应商与客户处于同一供应链条，供应商对于中间产品可以快速地找到销售渠道，最大化贷款抵押物的剩余价值（Longhofer 和 Santos，2003）[146]。金融机构面对此类极端情况，如果贷款合同中没有抵押资产，银行只能计提贷款损失，而针对具有抵押物的贷款合同，银行进行市场销售，相较于商业信用抵押物的变现更加复杂，因此，资产抵押理论表明，供应商提供的商业信用融资具有比较优势。

（3）商业信用的交易成本动机理论。商业信用交易合同的达成可以批量进行产品的交付或资金的结算，从而有效降低企业的交易成本，即 $T_s <$ T_b。供应商与客户通过签订商业信用合同可以约定支付货款的时间，通过定期偿还债务融资的方式，减少预防性现金流的储备，提高资金的利用效率，促进贸易合作关系走向长期，进而降低企业的交易成本（Ferris，1981；Fabbri 和 Menichini，2010）[49][50]。同时，Emery（1984）[147] 研究表明，企业生产销售的商品具有生产周期性，通过对商品的生产周期进行管理，可以精确化运营企业的产品库存，有效降低企业的库存成本。Murfin 和 Njoroge（2015）[148] 通过实证研究发现，商业信用中延期一个月再支付货款可以显著减少交易成本约 1.2 个百分点。

（4）商业信用的市场竞争动机理论。商业信用常常被供应商视作参与市场竞争的手段，通过提前与客户达成赊销合同，提高自身产品的销售量，即 $S_s > S_b$。处于产品市场中的企业为了扩大销售额，抢先占领市场份额、参与市场竞争等，供应商有动机提前达成商业信用合同，充分实施赊销行为，延长客户的付款期限，扩大商业信用债务融资份额（余明桂和潘洪波，2010；Niskanen 和 Niskanen，2000）[12][149]。Bougheas 等（2009）[150] 研究表明，当企业所处环境的不确定性增加时，企业会通过提供商业信用融资进行产品促销，从而尽快回收现金，提高现金储备。Uchida 等（2013）[151] 研究发现，当企业所处产品市场环境更加激烈时，供应商更加倾向于为客户提供商业信用融资，以增加产品销售份额的方式扩大企业的比较优势。

（5）商业信用的传递产品质量信息理论。商业信用融资还具有积极地向市场传递信号的功能。基于赊购赊销达成商业信用合同后，若客户发现产品质量存在问题，可以在一定时间内拒绝支付货款，最大限度地保护自身利益。因此，商业信用融资在供应商与客户之间起到了产品质量担保的作用，积极的赊购赊销行为也能够向金融机构和外部投资者传递积极信号，有效缓解信息不对称的问题（Smith，1987；Deloof 和 Jegers，1999）[51][52]。江伟和曾业勤（2013）[152]研究表明，上下游企业间商业信用融资具有信号传递的功能，所提供的商业信用融资越多，企业获得的银行贷款也越多，对缓解中小企业融资困境具有重要意义。

2. 商业信用的融资性动机理论

关于企业进行上下游商业信用融资的动机，学者主要提出了替代性融资理论和互补性融资理论。替代性融资理论表明，企业与金融机构之间存在逆向选择与道德风险问题，而基于上下游产品交易产生的商业信用融资能够透明化彼此的财务状况，通过交易信息时刻掌握企业的经营状况，缓解信息不对称问题，从而商业信用在一定程度上能够替代银行贷款，解决信贷配给问题，因此商业信用是银行信用的替代性融资方式（王彦超和林斌，2008；张新民等，2012；Hermes 等，2015；Carbo－Valverde 等，2016）[82][7][153][154]。还有部分学者从融资需求与信号理论的角度出发，提出了互补性融资理论，发现商业信用与银行信用融资之间的关系呈现互补性。与金融中介保持长期债务关系的企业对商业信用有较少的需求，而在金融中介不发达的国家与城市中，企业通常面临银行预算软约束，自身对商业信用会有较多的需求，商业信用作为补充企业信贷融资的重要渠道，与银行信用共同满足企业的融资需求。同时，商业信用行为也能够向金融机构和外部投资者传递积极信号，有效缓解信息不对称的问题，从而使商业信用与银行信用之间体现为互补关系（Petersen 和 Rajan，1997；Fisman 和 Love，2003；Giannetti 等，2011；高 明 和 胡 聪 慧，2022）[4][11][155][98]。

（三）供应链治理理论

随着全球产业链供应链竞争压力的持续增加，党中央多次强调治理的思想，要利用供应链金融有效整合上下游企业的信用资源，增强链上企业的融资能力，供应链治理与建设研究成为国内外双循环与"十四五"规划背景下的重要问题。供应链治理理论融合了公司治理、社会关系和上下游链条等理论，强调将供应链上下游中相关利益主体视为一个整体，建立对供应链条的特征与结构进行治理的系统性思维框架（李维安等，2016）[99]。

供应链上下游企业出于个体利益最大化与信息不对称问题，供应链成员在分散决策时极易导致管理者短视化和机会主义行为，做出短期内侵害供应链中其他主体的决策，长期可能导致供应链风险加大与上下游合作关系断裂。正是由于这样的原因，供应链治理理论表明，供应链发展应以上下游合作关系的长期与稳定为目标，借助供应链特征结构与制度安排，协调各成员之间的目标冲突，对供应链上下游企业进行约束与治理。Gereffi等（2005）[156] 提出，供应链治理本质上是对供应链的结构进行高维度管理，通过对治理结构的维度划分明确了供应链治理的切入点。Richey 等（2010）[157] 认为，供应链治理涵盖了对产业链体系结构与公司内部利益进行治理的双层主旨思想，具有供应链体系建设和战略管理的治理框架。李维安等（2016）[99] 表明，供应链治理涉及对上下游交易合作关系所设计的制度结构，包括对企业间信任的良好营商环境的设计、政策制度的提出等，从而长期促进供应链成员之间的良性互动。

供应链治理理论的作用机理主要包含四大方面，分别为信任机制、声誉机制、关系机制和信息机制。具体而言，信任机制指上下游企业基于合作贸易关系产生信任的基础，在签订贸易合同的同时相信对方能够保质保量地生产商品和支付货款。同时供应商为了参与市场竞争、传递产品质量信息等，积极向客户企业提供商业信用融资，能够有效缓解信息不对称性，避免道德风险问题，从而进一步加强了供应链条的长期稳定性。声誉机制指在供应链上下游企业所组成的生产网络与社会网络中，公司信用交易行为、社会责任等多方面会形成网络品牌效应，其他利益相关者也会对企业进行声誉监督，有效提升了供应链成员之间合作共赢的可能性。关系机制指供应链上下游成员在长期的协同合作关系下，增强了企业之间的依赖信任程度，供应链上下游企业越发成为紧密交织的产业共同体，有利于充分发挥供应链协同效应。信息机制指供应链上下游中的企业作为生产至销售环节中的一个节点，可以获取或传递关于上下游个体的信息。供应链治理理论的四大作用机理为本书纵向维度下生产网络的供应链上游度影响效应研究提供了理论支撑与思维角度。

在纵向维度下生产网络的供应链条中，上下游企业是组成生产网络的单元节点，企业在供应链中距离最终消费端的纵向距离是供应链的基本特征之一。本书基于供应链治理理论探讨供应链上游度对企业债务融资的影响，进一步分析融资资源与企业利润在纵向供应链上的倾斜与分配效应。供应链治理理论也能够为纵向双维度下生产网络相关的政策设计提供切入点，在协调供应链上下游各方利益的同时，更加合理分配供应链融资资源和企业利润，以供应链治理的思想促进实体经济快速稳定发展。

三、本章小结

本章围绕生产网络对企业债务融资影响的理论基础，在横向维度方面具体阐述了宏观经济波动模型、社会网络理论、利益相关者理论，在纵向维度方面具体阐述了递归道德风险模型、商业信用经营性与融资性动机理论、供应链治理理论，为后文基于横向维度与纵向维度下生产网络对企业债务融资问题的实证研究提供了坚实的理论依据。具体地，首先构建了包含生产部门和代表性家庭的宏观经济波动模型，结合社会网络嵌入性理论中网络成员之间信息不对称性的缓解，以及利益相关者理论表明网络中供应商与客户、企业与金融机构之间是利益相关者，利益相关者之间会通过商业信用与银行信用融资的方式给予核心企业信贷支持，由此筑牢了横向维度下生产网络对企业债务融资影响的理论逻辑。其次以递归道德风险模型为基准，推导出基于纵向维度下生产网络中供应链上游度对商业信用与银行信用的作用范式，结合商业信用在供应链上下游中能够起到产品质量担保与信号传递功能，以及供应链上游度是供应链治理理论的重要结构特征，表明在供应链上下游中纵向位置特征的不同将引致企业商业信用与银行信用融资的差异性行为，进而夯实了纵向维度下生产网络对企业债务融资的影响机理。

第四章

横向维度下生产网络对企业债务融资影响的实证分析

　　本章主要从三个方面对横向维度下生产网络对企业债务融资影响进行实证检验：一是基于横向维度下生产网络对企业债务融资进行基础检验，通过对网络中心度与企业债务融资规模、期限、成本的理论分析，提出相关研究假设，检验网络中心度对企业商业信用与银行信用的规模、期限、成本以及信用规模之间互补替代关系的影响。二是通过引入企业产权性质与网络中心度、企业规模性质与网络中心度的交互项，选择以企业债务融资规模为主要研究对象，考察横向维度下生产网络对企业债务融资的产权异质性和规模异质性的影响。三是从宏微观调节因素的角度入手，选取微观企业外部融资约束程度与宏观经济情况作为调节变量，引入宏微观调节因子与网络中心度的交互项，进一步检验企业外部融资约束与宏观经济情况对企业债务融资规模的调节效应。最后进行本章小结。

一、网络中心度对企业债务融资的影响

（一）理论分析与研究假设

在第三章基于横向维度下生产网络对企业债务融资影响的理论基础上，本书详细证明了涵盖投入产出生产系数的宏观经济表达式，表明任一部门受到经济与信贷冲击，将沿着部门间投入产出生产网络进行传染与放大，对其余不同部门造成直接和间接打击，从而引起宏观经济总量的变化。

$$\log GDP = \frac{1+\eta}{\gamma+\eta} \sum_{i=1}^{N} \sum_{j=1}^{N} \theta_i \varphi_{ij} \log S_j + z \qquad (3-18)$$

其中，φ_{ij} 为 Leontief 逆矩阵，表示部门 j 作为部门 i 的直接或间接供应商的重要程度，即投入产出系数矩阵。为进一步理解冲击对宏观经济总产出的影响，对行业 j 受到的冲击求偏导：

$$\frac{\partial \log GDP}{\partial \log S_j} = \frac{(1+\eta)\theta}{\gamma+\eta} \sum_{i=1}^{N} \varphi_{ij} = \frac{(1+\eta)\theta}{\gamma+\eta} d_j \qquad (3-20)$$

其中，$d_j = \sum_{i=1}^{N} \varphi_{ij}$。$d_j$ 可以使用横向维度下生产网络中心度来表示，同时将宏观经济波动风险与企业债务融资相联系，可表示如下：

$$\log(TRADE_j + BANK_j) = \alpha + \beta \times CENTRALITY_j + \epsilon_j \qquad (3-24)$$

其中，j 代表公司，ϵ_j 代表白噪声，$TRADE$ 代表企业获得的商业信用，$BANK$ 代表企业获得的银行信用，$CENTRALITY$ 代表特征向量中心度。具体证明过程参见第三章。

通过企业间投入与产出的贸易往来所形成的生产网络作为连接微观冲击与宏观波动的桥梁，生产网络的中心度特征代表了企业信贷冲击发生时的影响程度（Herskovic，2018；叶初升和任兆柯，2019）[158][28]。具体而言，部分企业由于贸易流动量较大、投入产出关系较为复杂等，进而在生产网络中占据中心位置，而部分企业则由于与其他企业的生产关系较为稀疏等而处于生产网络的次要位置，即横向生产网络中的特征向量中心度特征存在差异。在生产网络中所处位置的不同将导致一个重要后果是，中心企业与次要位置的企业相比，更有可能将信贷冲击直接作用到其他企业，并通过间接传染将信贷冲击在生产网络中传染和放大（Acemoglu等，2012；Ahern 和 Harford，2014）[22][141]。因此，企业的生产贸易伙伴及金融机构为防止企业发生信贷冲击时所造成的传染放大，对宏观经济系统造成更大的打击，可能会对生产网络中不同位置的企业提供不同程度的信贷支持，具体体现在企业获得的商业信用和银行信用债务融资方面，进而影响商业信用与银行信用规模之间的互补替代关系。

1. 网络中心度与商业信用

投入与产出贸易关系交织而形成生产网络。一方面，生产网络中贸易流动可以发挥信息分享和资源互换的作用（Granovetter，1985）[18]。在社会网络理论中，商品交换与贸易往来的社会联系会降低企业间的信息不对称性，弥补社会信用体系不完善而难以获取交易企业信用状况的缺陷，让生产网络中的交易双方建立信任关系（Gofman 和 Wu，2022）[159]，对于生产网络中处于中心位置的企业，其自身复杂的贸易结构与多渠道的贸易往来提供了商业信用的融资渠道，在信任的基础上企业可能获得更多的商业信用融资支持，同时多渠道的融资来源增强了企业在交易谈判中的议价能力，企业可以据此要求对手方给予自身更大的商业信用融资规模、更长的商业信用融资期限以及更低的商业信用融资成本，在多种融资方式的选择中优化融资决策。另一方面，在生产网络中心位置的企业提供着大多数投入品的供应，这些企业受到的冲击会通过借款者的资产负债效应、信贷紧缩效应等在整个经济系统内进行传导与放大（方平，2010；Ahern 和 Harford，2014；叶初升和任兆柯，2019）[140][141][28]，进而引起系统性金融风险的扩散。因此，生产网络内的企业其实是利益共享和风险分担的关联体，对于处于生产网络中心位置的核心企业，其发生信贷冲击时所关联的企业范围更广，通过复杂投入产出贸易链接造成的宏观经济波动影响程度更大，根据利益相关者理论，可能会促使生产贸易的合作企业愿意通过产品赊销、折扣等方式为其提供商业信用信贷支持，具体体现为力度更大的融资规模、更长的融资期限以及更低的融资成本方面。基于以上分析，提出研究假设如下：

H4-1：企业所处网络中心度越高，企业获得的商业信用融资规模越大；网络中心度越低，企业获得的商业信用融资规模越小。

H4-2：企业所处网络中心度越高，企业获得的商业信用融资期限越长；网络中心度越低，企业获得的商业信用融资期限越短。

H4-3：企业所处网络中心度越高，企业获得的商业信用融资成本越低；网络中心度越低，企业获得的商业信用融资成本越高。

2. 网络中心度与银行信用

投入产出生产网络是连接微观冲击与宏观波动的桥梁。生产网络中的连接方式具有"轴心—外围"的非对称连接特征，企业的信贷冲击会通过对金融机构的挤兑效应、信用传染效应等在生产网络中进行传染和放大，从单个部门发生的信贷冲击演变为系统性的信贷冲击，引发信任危机与信贷挤兑现象，演变为整体系统性的金融风险，进而对金融机构与金融体系造成打击（叶初升和任兆柯，2019；Boissay 等，2013）[28][144]。因此，根据利益相关者理论观点，生产网络中的企业与金融体系中的金融机构同时也是风险共担的关联体。当生产网络中处于中心位置的企业发生信贷冲击时，风险将通过密集的贸易合作关联在生产网络中呈现"放射状"的放大与传染，并通过挤兑等效应引起金融机构的连锁反应，相较处于生产网络中次要位置的企业所造成的影响更为严重。为了有效防范信贷冲击在生产网络中传染造成剧烈影响，金融机构也会对处于网络中心位置的核心企业提供更多的银行信贷支持，具体体现为更大的融资规模、更长的融资期限以及更低的融资成本。另外，随着在生产网络中的核心位置的提高，企业能够在多渠道的供应商与客户的产品贸易选择中优化企业的自身决策，降低产品的销售成本，提高运营管理的效率，提升经营的业绩，向银行传达出企业经营良好、现金流状况稳定、能够准时偿还银行信贷资金的信号（Gosman 和 Kohlbeck，2009；李振东和马超，2019）[160][161]，同时多渠道的供应商与客户关系可以加强企业的贸易生产与合作，有效缓解金融机构在发放贷款时的逆向选择与道德风险问题（江伟等，2017）[91]，从而有助于企业获得规模更大的银行借款、更长的银行信贷期限以及更低的融资成本。基于以上分析，提出研究假设如下：

H4-4：企业所处网络中心度越高，企业获得的银行信用融资规模越大；网络中心度越低，企业获得的银行信用融资规模越小。

H4-5：企业所处网络中心度越高，企业获得的银行信用融资期限越长；网络中心度越低，企业获得的银行信用融资期限越短。

H4-6：企业所处网络中心度越高，企业获得的银行信用融资成本越低；网络中心度越低，企业获得的银行信用融资成本越高。

3. 网络中心度与商业信用、银行信用规模间互补替代关系

关于商业信用与银行信用二者之间的关系，在学术界尚未形成统一的结论。部分学者基于资金供需双方的角度，从融资性动机理论出发认为当企业因信息不对称或贷款门槛较高等原因难以获取正规的银行贷款时，商业信用能够作为一种非正式的融资渠道与替代性机制，满足企业的融资需求，发挥补充企业资金需求的作用，二者之间存在替代关系（王彦超和林斌，2008；张新民等，2012；Hermes 等，2015；赵胜民和张博超，2019）[82][7][153][15]。另外，部分学者认为商业信用的使用可以给金融机构传递企业自身发展状况良好的信号，缓解金融机构放贷时的信息不对称和道德风险问题，同时商业信用贸易可以有效地减少金融机构对企业行为的监督成本，增强银行对企业放贷的意愿，有助于企业获得银行贷款，二者间呈现出互补的关系（Petersen 和 Rajan，1997；Marotta，2001；刘仁伍和盛文军，2011；高明和胡聪慧，2022）[4][162][127][98]。对于所处网络中心度越高的企业，发生信贷冲击时所关联的企业范围较广、造成的影响更

大，其相关联的生产贸易企业及金融体系中的金融机构为了有效防范风险的传染与放大，作为利益共享与风险共担的利益共同体，往往会同时对企业提供更多的商业信用与银行信用融资支持，即随着网络中心度的提高，企业获得的商业信用与银行信用规模之间应呈现出互补的关系。基于以上分析，提出研究假设如下：

H4-7a：企业获得的商业信用与银行信用规模之间呈负相关关系，即商业信用与银行信用间呈现替代性，而这种替代性在网络中心度越高的企业中将转变为"互补性"。

H4-7b：企业获得的商业信用与银行信用规模之间呈正相关关系，即商业信用与银行信用间呈现互补性，在网络中心度越高的企业中将仍然呈现出互补性。

（二）网络中心度指标的构建

首先，在投入产出生产网络的构建上，参考 Ahern 和 Harford（2014）[141]、Mcconnell 等（2019）[32] 的研究，通过中国投入产出表中行业间贸易流量构建贸易流矩阵进而形成生产网络，其中贸易流量矩阵中每个元素 C_{ij} 是行业 j 从行业 i 购买的产品价值除以行业 i 的所有产出之和。对网络中心度的具体衡量指标主要包括程度中心度（Degree Centrality）、中介中心度（Betweenness Centrality）、接近中心度（Closeness Centrality）和特征向量中心度（Eigenvector Centrality），四个网络中心度的计量指标分别从不同角度衡量了网络中的节点之间关系。其中，特征向量中心度指标更加强调节点所处的周围环境，即相邻节点的数量与重要程度。从信贷风险传染的角度来看，特征向量中心度可以衡量网络中节点对系统的长期影响力，一个节点的特征向量中心度值较大表明该节点是需要风险防范的关键节点。因此，特征向量中心度指标能够较好地度量一个节点在整个生产网络中的位置重要程度（Borgatti，2005；Ahern 和 Harford，2014）[163][141]，与研究目标一致，本书采用该指标作为网络中心度的代理变量（*CENTRALITY*）。该值越大，表示企业越处于生产网络的中心位置。

其次，在指标的具体计算上，特征向量中心度的含义表明一个节点的重要性既取决于其邻居节点的数量，也取决于每个邻居节点的重要程度。记 x_i 为节点 i 的特征向量中心度值，即

$$EC(i) = x_i = c \sum_{j=1}^{n} \alpha_{ij} x_j \tag{4-1}$$

其中，c 为比例常数。记 $x = [x_1, x_2, x_3, \cdots, x_n]^T$，$x$ 是矩阵 A 的特征值 c^{-1} 对应的特征向量。特征向量中心度是经过多次迭代到达稳态时的计算结果，即

$$x = cAx \tag{4-2}$$

给定初值 $x(0)$，然后采用如下迭代算法：

$$x(t) = cAx(t-1), \quad t = 1, 2, \cdots \tag{4-3}$$

直到归一化的 $x'(t) = x'(t-1)$ 为止。特征向量中心度值的具体计算代码参见附录。

最后，以 2017 年投入产出表为例构建生产网络，进行生产网络的可视化。每个节点表示所对应的行业，节点之间的有向连线表示行业之间进行的贸易往来，其中包括行业自身所进行的贸易自流动，节点及边的勾稽关系形成生产网络，具体如图 4-1 所示。部分行业间联系疏远不存在明显的贸易关系，而部分行业间的投入产出活动则较为密切，如金属矿采选产品业与金属冶炼和压延加工品业间、石油和天然气开采产品行业与石油炼焦产品和核燃料加工品业间的贸易联系相对较为密切。然后，对该网络中的节点进行特征向量中心度的计算。在整体生产网络的中心部位及有较复杂贸易结构的节点处于网络的重要位置，具有较高的特征向量中心度。2017 年在生产网络中特征向量中心度排名前五的行业分别为化学工业、水的生产和供应业、非金属矿物制品业、批发和零售业、造纸印刷及文教体育用品制造业。

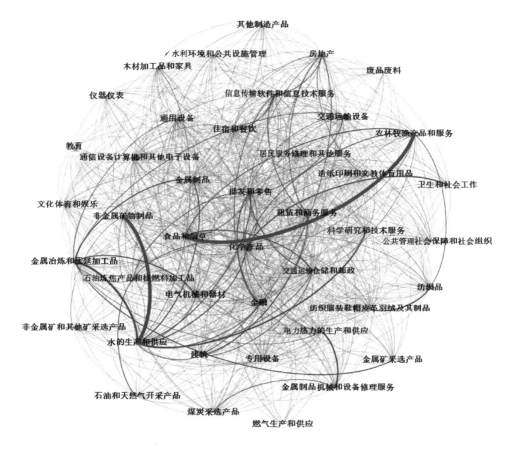

图 4-1　横向维度下以 2017 年投入产出表数据为例构建的生产网络

资料来源：根据国家统计局数据由 Gephi 软件绘制。

（三）其他变量选取、样本选择与模型设定

1. 其他变量选取

商业信用与银行信用的融资规模。公司在商业信用融资的需求端中，企业从贸易对手方获得信贷支持，主要体现为应付账款的延期支付形式。因此，参考陆正飞等（2009）[164]、赵胜民和张博超（2019）[15] 的研究，以"应付账款的对数值"衡量企业通过商业信用进行外部融资的规模（TA）。同时，鉴于商业信用融资属于短期负债，同时结合中国的金融市场

状况，企业绝大部分短期借款只能从银行获得，即商业信用更可能与短期借款相匹配（张新民等，2012；张会丽和王开颜，2019）[7][165]，故使用"短期借款的对数值"来对银行信用的融资规模进行衡量（BA）。

商业信用与银行信用的融资期限。参考 Wu 等（2014）[125]、陈胜蓝和刘晓玲（2018）[67] 的研究中对商业信用期限的处理方法，将公司的应付账款科目按照期限长短划分为一年以内和超过一年两部分，对企业获得的银行信用划分为长期借款与短期借款，通过不同期限的债务占比衡量企业的融资期限变化情况。具体地，以"一年以上的应付账款／（一年以上的应付账款＋一年以下的应付账款）"衡量企业获得的商业信用融资期限（TT）；以"长期借款／（长期借款＋短期借款）"衡量企业获得的银行信用融资期限（BT）。

商业信用与银行信用的融资成本。在企业商业信用融资的成本方面，现有财务数据并未对商业信用成本作出直接的信息披露，参考刘凤委等（2009）[126] 的研究，通常采用商业信用模式中的应付票据占比来相对衡量企业使用高成本信用的比例，该指标值越高，表明企业较多地使用了成本相对较高的商业信用模式。在银行贷款成本方面，参考刘仁伍和盛文军（2011）[127]、赖黎等（2016）[128] 的研究，使用公司当年的利息支出占比度量银行信用的债务成本。具体地，采用"应付票据／（应付票据＋应付账款）"衡量企业获得商业信用的融资成本（TC），采用"利息支出／总负债"衡量企业获得银行信用融资的债务成本（BC）。

除上述变量外，还包括公司层面的控制变量：资产规模（$SIZE$）代表公司的总规模；资产负债率（$DEBT$）代表公司的债务结构；有形资产比率（$TANG$）代表公司的抵押能力；营业利润率（$PROFIT$）代表公司的盈利能力；经营性净现金流（CFO）代表公司的现金流状况，各变量定义如表4-1所示。

表4-1　横向维度下的影响变量表示及定义

变量	简写	定义
商业信用融资规模	TA	应付账款的对数值

变量	简写	定义
银行信用融资规模	BA	短期借款的对数值
总信用规模	TOT	（应付账款+短期借款）的对数值
商业信用融资期限	TT	一年以上应付账款/（一年以上应付账款+一年以下应付账款）
银行信用融资期限	BT	长期借款/（长期借款+短期借款）
商业信用融资成本	TC	应付票据/（应付票据+应付账款）
银行信用融资成本	BC	利息支出/总负债
网络中心度	$CENTRALITY$	基于横向维度下生产网络的特征向量中心度
资产规模	$SIZE$	总资产的对数值
资产负债率	$DEBT$	总负债/总资产
有形资产比率	$TANG$	有形资产/总资产
营业利润率	$PROFIT$	营业利润/营业收入
经营性净现金流	CFO	经营性现金流量净额/营业收入

2. 样本选取与数据来源

我国投入产出表每五年公布一次，于 2002 年对投入产出行业进行了更新与一致性划分，本书以 2002 年、2007 年、2012 年、2017 年的投入产出表为基础构建生产网络，以 2002~2021 年的中国沪深 A 股上市公司为研究对象。首先，以 2017 年版《国民经济行业分类》为标准，对各年度的投入产出表进行统一调整，将行业分类名称逐一匹配，使其与企业所属行业名称完全对应。其次，为保证数据的适用性，剔除了金融类上市公司和公用事业行业、ST 和 ST* 公司以及数据缺失严重的样本公司，最终样本包括 6518 个观测值。最后，为减少极端值的影响，对主要连续变量的取值进行了上下 1% 的 Winsorize 缩尾处理。数据来源于 CSMAR 数据库、Wind 数据库、国家统计局。

3. 模型构建

为了验证 H4-1 至 H4-6，即检验网络中心度是否对企业获得的商业信用和银行信用规模、期限、成本有显著影响，设计如下回归模型：

$$TA_{i,t}=\alpha+\beta_1 CENTRALITY_{i,t}+\beta_2 CONTROL_{i,t}+\mu_i+\lambda_t+\epsilon_{i,t} \qquad (4-4)$$

$$BA_{i,t} = \alpha + \beta_1 CENTRALITY_{i,t} + \beta_2 CONTROL_{i,t} + \mu_i + \lambda_t + \epsilon_{i,t} \qquad (4-5)$$

$$TT_{i,t} = \alpha + \beta_1 CENTRALITY_{i,t} + \beta_2 CONTROL_{i,t} + \mu_i + \lambda_t + \epsilon_{i,t} \qquad (4-6)$$

$$BT_{i,t} = \alpha + \beta_1 CENTRALITY_{i,t} + \beta_2 CONTROL_{i,t} + \mu_i + \lambda_t + \epsilon_{i,t} \qquad (4-7)$$

$$TC_{i,t} = \alpha + \beta_1 CENTRALITY_{i,t} + \beta_2 CONTROL_{i,t} + \mu_i + \lambda_t + \epsilon_{i,t} \qquad (4-8)$$

$$BC_{i,t} = \alpha + \beta_1 CENTRALITY_{i,t} + \beta_2 CONTROL_{i,t} + \mu_i + \lambda_t + \epsilon_{i,t} \qquad (4-9)$$

其中，模型中下标 i、t 分别表示企业 i 和年度 t。在回归模型（4-4）中，变量 TA 是被解释变量，表示企业获得商业信用融资的规模水平；$CENTRALITY$ 是解释变量，表示企业所在行业的网络中心度。如果 H4-1 成立，模型（4-4）中 $CENTRALITY$ 的系数应显著为正。在回归模型（4-5）中，变量 BA 是被解释变量，表示企业获得银行信用融资的规模水平。如果 H4-4 成立，则模型（4-5）中解释变量 $CENTRALITY$ 的系数应显著为正。在债务融资期限方面，回归模型（4-6）的变量 TT 是被解释变量，表示企业获得商业信用融资的期限。如果 H4-2 成立，则模型（4-6）中解释变量 $CENTRALITY$ 的系数应显著为正。回归模型（4-7）的变量 BT 是被解释变量，表示企业获得银行信用融资的期限。如果 H4-5 成立，则模型（4-7）中 $CENTRALITY$ 的系数应显著为正。在融资成本方面，回归模型（4-8）的变量 TC 是被解释变量，表示企业获得商业信用的融资成本。如果 H4-3 成立，则模型（4-8）中解释变量 $CENTRALITY$ 的系数应显著为负。回归模型（4-9）的变量 BC 是被解释变量，表示企业获得银行信用的融资成本。如果 H4-6 成立，则模型（4-9）中 $CENTRALITY$ 的系数应显著为负。$CONTROL$ 均为由资产规模、资产负债率、有形资产比率、营业利润率、经营性净现金流所组成的控制变量矩阵。本书还加入了个体和年度固定效应加以控制。

为了检验 H4-7a 和 H4-7b，即检验网络中心度对商业信用与银行信用规模之间的互补替代关系是否产生影响，本书设计了回归模型（4-10）和回归模型（4-11）。其中，回归模型（4-10）将 TA 作为被解释变量，BA、$CENTRALITY$ 作为解释变量，同时加入了 BA 与 $CENTRALITY$ 的交互项 $BA \times CENTRALITY$。回归模型（4-11）将 BA 作为被解释变量，TA、CEN-

TRALITY 及两者的交互项 TA×CENTRALITY 作为解释变量。如果 H4-7a 成立，模型（4-10）中变量 BA 的系数及模型（4-11）中变量 TA 的系数应显著为负，且两个模型中交互项的系数应显著为正，表示随着网络中心度的提高，商业信用与银行信用规模的关系将由替代性转变为互补性。如果 H4-7b 成立，模型（4-10）中变量 BA 的系数及模型（4-11）中变量 TA 的系数应显著为正，且两个模型中交互项的系数也显著为正，表示随着网络中心度的提高，商业信用与银行信用规模的关系表现为互补性。

$$TA_{i,t}=\alpha+\beta_1 BA_{i,t}+\beta_2 CENTRALITY_{i,t}+\beta_3 BA_{i,t}\times CENTRALITY_{i,t}+$$
$$\beta_4 CONTROL_{i,t}+\mu_i+\lambda_t+\epsilon_{i,t} \tag{4-10}$$

$$BA_{i,t}=\alpha+\beta_1 TA_{i,t}+\beta_2 CENTRALITY_{i,t}+\beta_3 TA_{i,t}\times CENTRALITY_{i,t}+$$
$$\beta_4 CONTROL_{i,t}+\mu_i+\lambda_t+\epsilon_{i,t} \tag{4-11}$$

（四）回归分析

1. 描述性统计

本书对所涉及的变量进行了描述性统计，统计结果如表 4-2 所示。经过对变量进行上下 1% 的 Winsorize 缩尾处理后，各变量的最大值与最小值在合理的范围内，且变量的标准差均在 2 以下，表明数据值已经剔除极端值，数据较为平稳，核心变量 TA、BA、CENTRALITY 的平均值分别为19.131、19.594、0.793，标准差分别为 1.799、1.761、0.176，商业信用与银行信用规模的数量级较为一致，变量整体的波动幅度较小，商业信用与银行信用的长期债务占比平均分别为 15.0%、27.3%，表明银行信贷的长期债务占比相对更高，银行信贷期限占比的标准差为 0.319，说明银行信用的整体期限占比波动幅度更大，商业信用与银行信用的债务成本占比平均分别为 18.0%、8.0%，表明商业信用的债务融资成本的占比相对更大。

表 4-2　横向维度下影响变量描述性统计

变量名称	平均值	标准差	最小值	25%	中值	75%	最大值
TA	19.131	1.799	9.287	18.019	19.087	20.221	26.795

续表

变量名称	平均值	标准差	最小值	25%	中值	75%	最大值
BA	19.594	1.761	9.210	18.603	19.630	20.692	25.689
TOT	20.021	1.768	9.287	18.991	20.037	21.095	26.864
TT	0.150	0.170	0.002	0.039	0.090	0.194	0.872
BT	0.273	0.319	0.000	0.000	0.140	0.473	1.000
TC	0.180	0.218	0.000	0.000	0.091	0.308	1.000
BC	0.080	0.121	0.000	0.038	0.057	0.078	0.985
CENTRALITY	0.793	0.176	0.000	0.695	0.811	0.943	1.000
SIZE	21.905	1.377	14.158	20.945	21.749	22.677	28.509
DEBT	0.454	0.223	0.028	0.291	0.449	0.601	2.579
TANG	0.936	0.087	0.203	0.925	0.964	0.985	1.027
PROFIT	0.072	0.326	−15.625	0.026	0.073	0.148	4.162
CFO	0.083	0.299	−7.390	0.008	0.074	0.168	11.386

资料来源：根据 Stata 软件输出结果绘制。

2. 网络中心度与企业债务融资规模

对回归模型（4-4）和回归模型（4-5）的估计结果如表4-3所示。其中，第（1）列以商业信用融资规模 TA 为被解释变量的结果显示：网络中心度 CENTRALITY 的回归系数为 0.499，在 1% 的水平显著为正，在其他变量不变的情况下，网络中心度每增加 0.1 个单位，商业信用规模将增加 4.99%，表明网络中心度的变化导致企业商业信用规模的同方向变化。第（2）列以银行信用 BA 为被解释变量的结果显示：网络中心度 CENTRALITY 的回归系数为 0.453，在 1% 的水平显著为正，在其他变量不变的情况下，网络中心度每增加 0.1 个单位，银行信用将增加 4.53%，表明网络中心度的变化导致企业银行信用规模的同方向变化。第（3）列将商业信用和银行信用融资规模的加总即总信用规模 TOT 作为被解释变量进行回归，考察网络中心度的变化对企业总融资的影响作用。回归结果显示：网络中心度 CENTRALITY 的回归系数为 0.544，在 1% 的水平同样显著为正，在其他变量不变的情况下，网络中心度每增加 0.1 个单位，企业总融资将增加 5.44%，表明网络中心度的变化将导致企业总融资的同方向变化。整体结果显示，生产网络的特征向量中心度是影响企业商业信用和银行信用融资规模的重要因素，验证了 H4-1、H4-4。

表4-3　网络中心度对商业信用和银行信用融资规模的影响

变量	(1)	(2)	(3)
	TA	*BA*	*TOT*
CENTRALITY	0.499 *** [0.0728]	0.453 *** [0.0911]	0.544 *** [0.0579]
SIZE	0.995 *** [0.0136]	0.831 *** [0.0150]	0.972 *** [0.0124]
DEBT	1.519 *** [0.1003]	2.845 *** [0.1030]	2.609 *** [0.0923]
TANG	1.156 *** [0.1783]	−0.227 [0.2410]	0.212 [0.1875]
PROFIT	−0.170 [0.1502]	−0.037 [0.0648]	−0.207 * [0.1205]
CFO	−0.152 [0.1071]	−0.236 ** [0.1048]	−0.165 [0.1127]
个体	控制	控制	控制
年度	控制	控制	控制
_cons	−5.187 *** [0.3087]	−0.038 [0.3663]	−2.971 *** [0.2887]
N	6518	6518	6518
adj. R-sq	0.7273	0.5953	0.7917

注：括号内为标准误，＊＊＊、＊＊和＊分别表示在1%、5%和10%的水平显著。

资料来源：根据 Stata 软件输出结果绘制。

3. 网络中心度与企业债务融资期限及融资成本

对回归模型（4-6）、回归模型（4-7）、回归模型（4-8）和回归模型（4-9）的估计结果如表4-4所示。其中，第（1）列以商业信用融资期限 *TT* 为被解释变量的回归结果显示：网络中心度 CENTRALITY 的回归系数为 0.087，在 5%的水平显著为正，在其他变量不变的情况下，网络中心度每增加 0.1 个单位，商业信用期限将增加 0.87%，表明网络中心度的变化导致企业商业信用期限的同方向变化。第（2）列以银行信用融资期限 *BT* 为被解释变量的回归结果显示：网络中心度 *CENTRALITY* 的回归系数为 0.098，在 1%的水平显著为正，在其他变量不变的情况下，网络中心度每增加 0.1 个单位，银行信用期限将增加 0.98%，表明网络中心度的变化导致企业银行信用期限的同方向变化。第（3）列以商业信用融资成本 *TC* 为被解释变量的回归结果显示：网络中心度 *CENTRALITY* 的回归系数为 -0.040，在 10%的水平显著为负，在其他变量不变的情况下，网络中心度每增加 0.1 个单位，商业信用成本将减少 0.40%，表明网络中心度的变化导致企业商业信用成本的反方向变化。第（4）列以银行信用融资成本 *BC* 为被解释变量的回归结果显示：网络中心度 *CENTRALITY* 的回归系数为 -0.047，在 5%的水平显著为负，在其他变量不变的情况下，网络中心度每增加 0.1 个单位，银行信用成本将减少 0.47%，表明网络中心度的变化导致企业银行信用成本的反方向变化。整体结果显示，生产网络的特征向量中心度是影响企业商业信用和银行信用融资期限、融资成本的重要因素，验证了 H4-2、H4-3、H4-5、H4-6。

表 4-4　网络中心度对商业信用和银行信用融资期限及融资成本的影响

变量	（1）	（2）	（3）	（4）
	TT	*BT*	*TC*	*BC*
CENTRALITY	0.087 ** [0.0413]	0.098 *** [0.0379]	-0.040 * [0.0208]	-0.047 ** [0.0191]
SIZE	-0.021 [0.0134]	0.062 *** [0.0080]	0.031 *** [0.0051]	-0.018 *** [0.0046]
DEBT	0.094 [0.0589]	0.044 [0.0332]	0.132 *** [0.0210]	-0.045 *** [0.0155]
TANG	0.023 [0.0960]	-0.113 [0.0732]	0.131 *** [0.0378]	-0.010 [0.0271]

续表

变量	（1）	（2）	（3）	（4）
	TT	BT	TC	BC
PROFIT	−0. 144 ** [0. 0632]	0. 071 *** [0. 0185]	0. 018 *** [0. 0067]	−0. 020 ** [0. 0087]
CFO	0. 116 ** [0. 0475]	−0. 009 [0. 0158]	−0. 020 ** [0. 0087]	0. 030 *** [0. 0107]
个体	控制	控制	控制	控制
年度	控制	控制	控制	控制
_cons	0. 425 [0. 3240]	−1. 089 *** [0. 1950]	−0. 575 *** [0. 1182]	0. 506 *** [0. 1032]
N	3907	6518	6518	6518
adj. R−sq	0. 1039	0. 0755	0. 0381	0. 0349

注：括号内为标准误，＊＊＊、＊＊和＊分别表示在1%、5%和10%的水平显著。

资料来源：根据 Stata 软件输出结果绘制。

4. 网络中心度与信用规模之间互补替代关系

对回归模型（4-10）和回归模型（4-11）的回归结果如表4-5所示。其中，第（1）列以商业信用融资规模 TA 作为被解释变量的回归结果显示：银行信用规模 BA 的回归系数在1%的水平显著为负，表明在未加入网络中心度因素的情况下，商业信用与银行信用规模之间的关系呈现出负向关系，即二者间呈现替代性关系；第（2）列中在第（1）列的基础上加入了网络中心度变量 CENTRALITY 以及交互项 BA×CENTRALITY，结果显示：银行信用规模 BA 的回归系数在1%的水平仍显著为负，交互项 BA× CENTRALITY 的回归系数在10%的水平显著为正，表明随着网络中心度及银行信用规模的同时增大，引起商业信用规模也将扩大，即随着网络中心度的提高，商业信用与银行信用规模间呈现互补性关系。第（3）列将银行信用规模 BA 作为被解释变量，商业信用规模 TA 作为解释变量，结果显示：商业信用规模 TA 的回归系数在1%的水平显著为负，表明在未加入网络中心度因素的情况下，商业信用与银行信用规模间呈现替代性关系。第

（4）列在第（3）列的基础上加入了网络中心度变量 *CENTRALITY* 以及交互项 *TA×CENTRALITY*，回归结果显示：商业信用规模 *TA* 的回归系数在1%的水平仍显著为负，交互项 *TA×CENTRALITY* 的回归系数在10%的水平显著为正，表明随着网络中心度的增加，商业信用与银行信用间呈现出互补性关系。实证结果显示：企业的商业信用与银行信用规模之间呈现替代性关系，并且随着网络中心度的提高，这种替代性将转变为互补性，验证了 H4-7a。

表 4-5　网络中心度对商业信用与银行信用规模间互补替代关系的影响

变量	（1） *TA*	（2） *TA*	（3） *BA*	（4） *BA*
BA	-0.037 *** ［0.0119］	-0.120 *** ［0.0115］		
CENTRALITY		0.380 *** ［0.0746］		2.138 ** ［0.8946］
BA×CENTRALITY		0.071 * ［0.0408］		
TA			-0.098 *** ［0.0325］	-0.135 *** ［0.0410］
TA×CENTRALITY				0.081 * ［0.0458］
SIZE	0.974 *** ［0.0284］	1.130 *** ［0.0154］	1.073 *** ［0.0458］	1.005 *** ［0.0239］
DEBT	1.340 *** ［0.0989］	1.563 *** ［0.1057］	3.077 *** ［0.1636］	3.150 *** ［0.1109］
TANG	0.380 ** ［0.1840］	0.654 *** ［0.1528］	-0.154 ［0.3613］	0.080 ［0.2265］
PROFIT	0.047 ［0.0421］	-0.051 ［0.1516］	-0.073 ［0.0606］	-0.038 ［0.0775］
CFO	-0.040 ［0.0759］	-0.291 * ［0.1524］	-0.297 *** ［0.1115］	-0.258 ** ［0.1167］
个体	控制	控制	控制	控制

变量	（1）	（2）	（3）	（4）
	TA	TA	BA	BA
年度	控制	控制	控制	控制
_cons	-2.699 *** [0.6037]	-4.878 *** [0.2985]	-3.027 *** [0.8151]	-2.003 ** [0.7908]
N	6518	6518	6518	6518
adj. R-sq	0.7868	0.7466	0.5286	0.6015

注：括号内为标准误，＊＊＊、＊＊和＊分别表示在1%、5%和10%的水平显著。

资料来源：根据 Stata 软件输出结果绘制。

（五）稳健性检验

1. 排除产品市场竞争度对企业债务融资的干扰

在商业信用、银行信用债务融资及二者间关系方面的现有研究表明，直接贸易伙伴之间的依存关系即企业所在行业的竞争程度影响着企业间的商业信用融资（陈正林，2017；张会丽和王开颜，2019）[8][165]，产品市场竞争状况与企业竞争能力对企业商业信用、银行信用的债务融资有着显著影响（朱世香和张顺明，2017）[166]。如果企业处于激烈的市场竞争环境中，企业需要不断投资于产品研发、市场推广等方面来保持竞争力。在这种情况下，企业可能倾向于通过债务融资来获得更大额度的资金，以支持企业长期发展。而如果企业在市场上有较强的竞争地位，商业信用融资可能更具有吸引力，因为商业信用在一定程度上可以降低企业的财务风险，同时提供更大的灵活性。

为表明生产网络的特征向量中心度作为整体投入产出生产网络的属性之一，是与行业竞争程度完全不同的影响企业债务融资问题的因素，将行业竞争度指标作为控制变量加入回归模型中，重新进行了估计，回归结果如表4-6所示。行业竞争度指标采用赫芬达尔指数（HHI）。HHI越小，表明市场被越多竞争性企业分割，行业竞争程度越大。

表4-6 增加产品市场竞争度指标后的稳健性估计结果

变量	（1）	（2）	（3）	（4）	（5）	（6）
	TA	*BA*	*TT*	*BT*	*TC*	*BC*
CENTRALITY	0.565*** [0.0962]	0.456*** [0.1130]	0.107* [0.0564]	0.119** [0.0477]	−0.051* [0.0281]	−0.039** [0.0193]
HHI	−0.323** [0.1303]	0.046 [0.1341]	0.243 [0.1887]	0.207* [0.1064]	0.043 [0.0635]	−0.019 [0.0343]
Controls	控制	控制	控制	控制	控制	控制
_cons	−5.969*** [0.4203]	−0.178 [0.5412]	0.160 [0.4879]	−1.117*** [0.2720]	−0.717*** [0.1587]	0.637*** [0.1353]
N	6518	6518	3907	6518	6518	6518
adj. R−sq	0.6918	0.5795	0.1436	0.0710	0.0395	0.0660

注：括号内为标准误，＊＊＊、＊＊和＊分别表示在1%、5%和10%的水平显著。

资料来源：根据Stata软件输出结果绘制。

在加入了行业竞争度指标后，网络中心度对商业信用、银行信用债务融资的影响作用仍然存在。具体地，在表4-6中第（1）列至第（4）列中网络中心度*CENTRALITY*对商业信用、银行信用的债务融资规模及融资期限的回归系数均显著为正，表明网络中心度的变化导致商业信用与银行信用的融资规模呈现同方向变化，债务融资的期限呈现同方向变化；在表4-6中第（5）列和第（6）列中网络中心度*CENTRALITY*对商业信用、银行信用的债务融资成本的回归系数均显著为负，表明网络中心度的变化导致商业信用与银行信用的融资成本呈现反方向变化。在新增产品市场竞争度作为控制变量后，整体回归结果与前文的分析保持一致，表明网络中心度是与产品市场竞争程度不同的影响企业债务融资的因素。

2. 增加公司风险承担水平对企业债务融资的影响

参考余明桂等（2013）[167]、张敏等（2015）[168]的研究，风险承担水平是企业投融资决策过程中的一项重要参考，反映了企业的风险偏好程度。风险承担水平越高，可能导致企业资本结构倾向于高的融资杠杆率，对银行信用及商业信用融资产生显著影响。因此，将风险承担水平指标作为控制变量加入回归模型中，重新进行了估计，回归结果如表 4-7 所示。风险承担水平指标采用经行业和年度均值调整后的公司总资产收益率的波动性（RISK）衡量，调整的目的在于消除经济周期和行业的影响，具体计算方法如下。

$$risk_{it} = \sqrt{\frac{1}{T-1} \sum\nolimits_{i=1}^{T} \left(AdjROA_{ijt} - \frac{1}{T} \sum\nolimits_{i=1}^{T} AdjROA_{ijt} \right)^2} \qquad (4-12)$$

$$AdjROA_{ijt} = \frac{EBIT_{ijt}}{Asset_{ijt}} - \frac{1}{njt} \left(\sum\nolimits_{i=1}^{n_{jt}} \frac{EBIT_{ijt}}{Asset_{ijt}} \right) \qquad (4-13)$$

其中，$AdjROA$ 表示经行业和年度均值调整后的总资产收益率，$EBIT$ 表示息税前利润，$Asset$ 表示平均总资产，下标 i、j 和 t 分别表示公司 i、行业 j 和年度 t，采用滚动 3 期计算公司风险承担水平。

表 4-7　增加公司风险承担水平后的稳健性估计结果

变量	(1)	(2)	(3)	(4)	(5)	(6)
	TA	BA	TT	BT	TC	BC
CENTRALITY	0.590 *** [0.0943]	0.464 *** [0.1137]	0.055 [0.0529]	0.120 ** [0.0476]	-0.051 * [0.0284]	-0.038 * [0.0194]
RISK	0.0004 [0.0006]	-0.0010 [0.0006]	0.0001 [0.0003]	0.0001 [0.0002]	0.000004 [0.0001]	-0.0001 * [0.0001]
Controls	控制	控制	控制	控制	控制	控制
_cons	-6.008 *** [0.4209]	-0.196 [0.5456]	0.462 [0.4452]	-1.116 *** [0.2766]	-0.723 *** [0.1626]	0.644 *** [0.1360]
N	6518	6518	3907	6518	6518	6518
adj. R-sq	0.6947	0.5795	0.0634	0.0676	0.0387	0.0670

注：括号内为标准误，***、** 和 * 分别表示在 1%、5% 和 10% 的水平显著。

资料来源：根据 Stata 软件输出结果绘制。

在加入了公司风险承担水平指标后，网络中心度对商业信用、银行信用债务融资的影响作用仍然存在。具体地，在表 4-7 第（1）列至第（4）列网络中心度 CENTRALITY 对商业信用、银行信用的债务融资规模及融资期限的回归系数均显著为正，表明网络中心度的变化导致商业信用与银行信用的融资规模呈现同方向变化，债务融资的期限也呈现同方向变化；在表4-7中第（5）列和第（6）列网络中心度 *CENTRALITY* 对商业信用、银行信用的债务融资成本的回归系数均显著为负，表明网络中心度的变化导致商业信用与银行信用的融资成本呈现反方向变化。整体回归的结果与前文的分析保持一致，表明在控制了风险承担水平后，网络中心度仍然是影响企业债务融资的重要因素。

3. 利用倾向得分匹配法重新进行回归估计

为缓解企业资产、负债、利润率等个体特征差异对回归结果的影响，减少数据偏差和混杂因素的干扰，进一步采用倾向得分匹配法（PSM）对回归重新估计。倾向得分匹配法一般适用于政策性冲击的影响效应分析中，但是，依据连续型核心解释变量的取值范围进行分组匹配，也适用于一般因果检验的回归，该方法可以有效排除混杂变量对结果的干扰。首先，根据网络中心度指标对回归样本进行实验组与对照组的划分，数值大于上四分位值的最高组为实验组，其余组为对照组；然后，采用最近邻匹配的方式，选择与主回归相同的控制变量，基于 Pscore 值进行1∶1的 Logit 模型可重复匹配，为实验组寻找配对样本。经过匹配后，所有控制变量在实验组与对照组的差异检验中不再显著，同时满足共同支撑假设。

采用倾向得分匹配法的回归结果如表4-8所示，在加入了公司风险承担水平指标后，网络中心度对商业信用与银行信用债务融资的影响作用仍然存在。具体地，在第（1）列至第（4）列中网络中心度 *CENTRALITY* 对商业信用、银行信用的债务融资规模及融资期限的回归系数均显著为正，表明网络中心度的变化导致商业信用与银行信用的融资规模呈现同方向变化，债务融资的期限也呈现同方向变化；在第（5）列中网络中心度 *CENTRALITY* 的回归系数尽管并不显著，但是系数的符号仍然为负；第（6）列中网络中心度 *CENTRALITY* 对银行信用债务融资成本的回归系数显著为负，表明网络中心度的变化导致商业信用与银行信用的融资成本呈现反方向变化。在使用倾向得分匹配法对回归重新估计后，整体回归的结果与前文分析保持一致，表明网络中心度是影响企业债务融资的重要因素。

表 4-8　使用倾向得分匹配法重新回归的稳健性估计结果

变量	（1）	（2）	（3）	（4）	（5）	（6）
	TA	BA	TT	BT	TC	BC
CENTRALITY	0.416*** [0.1215]	0.728*** [0.1522]	0.207** [0.0835]	0.194** [0.0955]	-0.021 [0.0611]	-0.090* [0.0525]
Controls	控制	控制	控制	控制	控制	控制
_cons	-6.669*** [0.5271]	-0.323 [0.6985]	-0.403 [0.4398]	-0.753** [0.3715]	-1.088*** [0.2488]	0.137 [0.1850]
N	4923	4509	2964	4574	4939	4544
adj. R-sq	0.7051	0.5925	0.1422	0.0361	0.0544	0.0388

注：括号内为标准误，***、**和*分别表示在1%、5%和10%的水平显著。

资料来源：根据 Stata 软件输出结果绘制。

4. 使用工具变量法对融资规模的回归进行估计

通过企业之间的商业信用贷款与金融机构的信用借款等债务工具，企业可以从商业伙伴和金融机构中获得资金。相比于自有资本，债务融资可以让企业借入超过其自身净资产的额外资本金，进而用于购买新的设备、扩建工厂、提高生产效率以及进行市场推广等方面，扩大企业的生产规模和提升效率。企业资产规模的增大意味着企业能够生产更多的产品或提供更多的服务，进而使企业与更多的供应商、分销商和合作伙伴建立联系，丰富企业自身的生产网络关系。因此，针对生产网络中心度对企业债务融资规模影响研究中可能存在的反向因果问题，采用工具变量法（IV法）对回归进行重新估计，排除解释变量与扰动项相关所导致的参数估计量不一致等问题。具体地，使用网络中心度 CENTRALITY 的滞后变量作为工具变量，采用两阶段最小二乘法（2SLS）对回归重新估计。

估计结果如表 4-9 所示。第（1）列和第（2）列以商业信用融资规模和银行信用融资规模为被解释变量的结果显示：网络中心度 CENTRALI-TY 的回归系数分别在1%和10%的水平显著为正，表明网络中心度的变化导致企业商业信用融资规模和银行信用融资规模的同方向变化；第（3）列以信用融资总规模为被解释变量的结果显示：网络中心度 CENTRALITY 的回归系数在1%的水平显著为正，表明网络中心度的变化导致企业信用融资总规模的同方向变化。回归结果显示：在采用了两阶段最小二乘法回归后，网络中心度对商业信用融资规模、银行信用融资规模以及总信用规模仍有显著的正向影响，表明网络中心度是影响企业债务融资规模的重要因素。

表 4-9　采用两阶段最小二乘法重新估计的稳健性估计结果

变量	（1）	（2）	（3）
	TA	BA	TOT
CENTRALITY	1.024 *** [0.3792]	0.554 * [0.2873]	1.087 *** [0.2659]
Controls	控制	控制	控制
_ cons	−5.731 *** [0.6200]	−1.380 * [0.8241]	−4.698 *** [0.5467]
N	4214	4924	4218

注：括号内为标准误，＊＊＊、＊＊和＊分别表示在1%、5%和10%的水平显著。

资料来源：根据 Stata 软件输出结果绘制。

5. 采用不同的商业信用与银行信用融资规模的代理变量

在衡量商业信用融资规模方面，参考赵胜民和张博超（2019）[15] 的研究，商业信用进一步可细分为提供的商业信用与享有的商业信用两方面，企业作为融资的一方，获得的商业信用规模可使用享有的商业信用与提供的商业信用的差值来衡量，即"应付账款与应收账款的差值"，通过使用净商业信用融资规模的指标（TA2）替代原商业信用的指标，对回归进行了重新估计。银行信用融资规模方面，在短期借款的基础上加入长期借款作为银行信用的衡量方式，采用"短期借款与长期借款的和"对银行信用融资指标进行了衡量（BA2），对回归重新估计。

采用与基础回归中不同的商业信用与银行信用债务融资规模的代理指标后，估计结果如表4-10所示。具体地，在第（1）列和第（3）列中采用净商业信用融资规模（TA2）和对应的总信用（TOT2）作为被解释变量的回归结果显示，网络中心度CENTRALITY的回归系数仍显著为正，表明网络中心度的变化导致商业信用与银行信用的融资规模呈现同方向变化；在第（5）列中采用包含了长期借款与短期借款的银行信用规模（BA2）指标后，回归结果显示：网络中心度CENTRALITY的回归系数仍然显著为正，表明网络中心度的变化导致银行信用的融资规模呈现同方向变化。在稳健性检验中的回归结果与前文的分析保持一致，表明采用不同的商业信用与银行信用融资规模的代理指标后，网络中心度依然是影响商业信用与银行信用融资的重要因素，本书的结论具有稳定性。

表4-10　采用不同的代理变量后重新回归的稳健性估计结果

| 变量 | （1） | （2） | （3） | （4） | （5） | （6） |
	TA2	BA	TOT2	TA	BA2	TOT
CENTRALITY	0.278** ［0.1338］	0.453*** ［0.0911］	0.262*** ［0.0994］	0.499*** ［0.0728］	0.216** ［0.1083］	0.544*** ［0.0579］
Controls	控制	控制	控制	控制	控制	控制
_cons	−6.839*** ［0.5863］	−0.038 ［0.3663］	−3.627*** ［0.4251］	−5.187*** ［0.3087］	4.618*** ［0.4298］	−2.971*** ［0.2887］
N	6518	6518	6518	6518	6518	6518
adj. R-sq	0.1588	0.5953	0.7019	0.7273	0.3791	0.7917

注：括号内为标准误，***、**和*分别表示在1%、5%和10%的水平显著。

资料来源：根据Stata软件输出结果绘制。

二、网络中心度对企业债务融资规模的
异质性影响分析

（一）理论分析与研究假设

基于企业产权性质的不同，进一步探讨横向维度下生产网络对企业债务融资规模的异质性影响。随着网络中心度的提高，商业信用、银行信用债务融资及二者间关系在国有企业与民营企业中可能存在差异。在信贷歧视理论中，国有企业由于其自身的规模、制度、抵押资产较多等优势而在融资方面受到优待，民营企业在信贷融资时往往受到歧视或约束（赵胜民和张博超，2019）[15]。国有企业还承担着社会稳定和行政调节等非市场功能，与当地政府往往存在密切关联，更容易获得市场资源以外的财政扶持和政策倾斜，融资资源较为丰富（赵陆亮和马赞甫，2020）[169]。同时商业信用相较于银行信用融资具有信息获取、对客户具有控制力、财产在极端情况下能够挽回等方面优势，商业信用在企业债务融资中具有更强的比较优势（刘民权等，2004）[1]。随着在生产网络中加深与其他企业的贸易流动，国有企业可以依靠国有资产属性等优势更多地选择商业信用来满足融资需求，同时出于国有企业普遍面临较低的融资约束程度，同样作为企业债务融资渠道的银行信用，则随着网络中心度的提高相对减少，二者规模之间呈现替代性关系。而民营企业相较国有企业往往面临更为严重的现金流短缺和融资困难问题（袁卫秋，2015）[54]，随着网络中心度的提高，民营企业将同时选择商业信用和银行信用两个渠道进行融资，满足自身融资需求，缓解债务融资压力，进而商业信用与银行信用规模之间表现为互补关系。基于以上分析，提出研究假设如下：

H4-8：国有企业相较于民营企业，随着网络中心度的提高，获得的商业信用规模会扩大，而银行信用规模会减小，二者之间呈现"替代性"关系。

在企业规模异质性方面，大型企业相较小型企业拥有更多的固定资产和担保抵押品，企业可以依靠自身资产在金融机构融资中进行担保与抵押，在获得融资资源方面具有天然的比较优势，面临着更低的融资约束与信贷歧视等问题，往往表现出同国有企业相类似的融资特征。同时，大型企业在产品市场竞争中具有规模优势，可以充分利用自身规模性质营造良好的品牌效应，运用价格歧视等竞争手段赚取对手方利润，经营的稳定性更强，市场表现更好，更容易在生产网络中获得商业信用融资支持。随着网络中心度的提升，企业在获取商业信用与银行信用方面均具有可能性，拥有更多的融资选择，大型企业可以依靠自身融资优势更多地选择商业信用作为融资方式，充分缓解自身融资约束问题，而银行信用的债务融资方式由于没有市场竞争等功能，相较商业信用融资则相对减少，二者之间呈现替代性关系。小型企业由于可抵押资产较少、市场经营风险较大、竞争能力较差等方面问题，普遍面临更强的融资约束与信贷歧视问题，往往会通过多种融资渠道增强自身的资金流动性。随着小型企业在生产网络中的中心度提高，会同时选择商业信用与银行信用的方式进行融资，二者规模之间表现为互补关系。基于以上分析，提出研究假设如下：

H4-9：大型企业相较于小型企业，随着网络中心度的提高，获得的商业信用规模会增加，而银行信用规模会减少，二者之间呈现"替代性"关系。

（二）变量选取、样本选择与模型设定

1. 变量选取

企业债务融资规模和网络中心度。重点选取企业获得商业信用和银行信用的债务融资规模为研究对象，债务融资规模和网络中心度的指标计算方式同前节。以"应付账款的对数值"衡量企业获得的商业信用融资规模

（TA），以"短期借款的对数值"衡量企业获得的银行信用融资规模（BA）。

产权性质。根据企业的实际控制性质进行判断，利用国有企业与民营企业的虚拟变量衡量企业产权性质（STA）。将实际控制人为国有企业、行政机构、事业单位、中央机构、地方机构划为国有企业，取值为1，民营企业取值为0。实际控制人若有多个，只要其中之一是国有企业，则整体归类为国有企业（步晓宁等，2020）[124]。

规模性质。根据企业的总资产作为企业规模的衡量标准，利用大型企业与小型企业的虚拟变量衡量企业规模性质（$ASSET$）。将企业总资产大于资产规模中位数的公司划分为大型企业，取值为1，企业总资产小于此中位数的公司划分为小型企业，取值为0。

控制变量包括：在对产权异质性的回归中控制了企业资产规模（$SIZE$），而在规模异质性的回归中为避免多重共线性问题，不包含资产规模变量；资产负债率（$DEBT$）代表公司的债务结构、有形资产比率（$TANG$）代表公司的抵押能力、营业利润率（$PROFIT$）代表公司的盈利能力、经营性净现金流（CFO）代表公司的现金流状况，各变量定义如表4-11所示。

表 4-11　网络中心度的异质性影响变量表示及定义

变量	简写	定义
商业信用融资规模	TA	应付账款的对数值
银行信用融资规模	BA	短期借款的对数值
总信用	TOT	（应付账款+短期借款）的对数值
网络中心度	$CENTRALITY$	基于横向维度下生产网络的特征向量中心度
产权性质	STA	国有企业取值为1；民营企业取值为0
规模性质	$ASSET$	资产规模大于中位数划分为大型企业，取值为1；小于中位数划分为小型企业，取值为0
资产规模	$SIZE$	总资产的对数值
资产负债率	$DEBT$	总负债/总资产

变量	简写	定义
有形资产比率	TANG	有形资产/总资产
营业利润率	PROFIT	营业利润/营业收入
经营性净现金流	CFO	经营性现金流量净额/营业收入

2. 样本选取与数据来源

本书以 2002 年、2007 年、2012 年、2017 年的投入产出表为基础构建生产网络，以 2002～2021 年的中国沪深 A 股上市公司为研究对象。为保证数据的适用性，剔除了金融类上市公司和公用事业行业、ST 和 ST* 公司以及数据缺失严重的样本公司，最终样本包括 6518 个观测值。为减少极端值的影响，对主要连续变量的取值进行了上下 1% 的 Winsorize 缩尾处理。数据来源于 CSMAR 数据库、Wind 数据库、国家统计局。

3. 模型构建

为了验证 H4-8，即检验网络中心度是否对企业获得的商业信用和银行信用规模具有产权异质性影响，设计如下回归模型：

$$TA_{i,t} = \alpha + \beta_1 CENTRALITY_{i,t} + \beta_2 STA_{i,t} + \beta_3 CENTRALITY_{i,t} \times STA_{i,t} + \beta_4 CONTROL_{i,t} + \mu_i + \lambda_t + \epsilon_{i,t} \quad (4-14)$$

$$BA_{i,t} = \alpha + \beta_1 CENTRALITY_{i,t} + \beta_2 STA_{i,t} + \beta_3 CENTRALITY_{i,t} \times STA_{i,t} + \beta_4 CONTROL_{i,t} + \mu_i + \lambda_t + \epsilon_{i,t} \quad (4-15)$$

$$TA_{i,t} = \alpha + \beta_1 CENTRALITY_{i,t} + \beta_2 STA_{i,t} + \beta_3 BA_{i,t} + \beta_4 CENTRALITY_{i,t} \times STA_{i,t} \times BA_{i,t} + \beta_5 CONTROL_{i,t} + \mu_i + \lambda_t + \epsilon_{i,t} \quad (4-16)$$

$$BA_{i,t} = \alpha + \beta_1 CENTRALITY_{i,t} + \beta_2 STA_{i,t} + \beta_3 TA_{i,t} + \beta_4 CENTRALITY_{i,t} \times STA_{i,t} \times TA_{i,t} + \beta_5 CONTROL_{i,t} + \mu_i + \lambda_t + \epsilon_{i,t} \quad (4-17)$$

其中，模型中下标 i、t 分别表示企业 i 和年度 t。回归模型（4-14）和回归模型（4-15）的变量 TA 和 BA 是被解释变量，分别表示企业获得商业信用和银行信用的融资规模；CENTRALITY 表示企业所在行业的网络中心度；STA 表示企业的产权性质；模型中均加入了网络中心度与产权性质的交互项 CENTRALITY×STA。如果 H4-8 成立，模型（4-14）中交互项的回归系数应显著为正，模型（4-15）中交互项的回归系数应显著为负。回归模型（4-16）和回归模型（4-17）分别将变量 TA 和 BA 作为被解释变量，分别加入了三次交乘项 CENTRALITY×STA×BA 和三次交乘项 CENTRALITY×STA×TA，主要检验随着网络中心度的提升，国有企业中商业信用与银行信用规模之间的互补替代性关系。如果 H4-8 成立，则回归模型（4-16）和回归模型（4-17）中的三次交乘项均应显著为负。

为了验证 H4-9，即检验网络中心度是否对企业获得的商业信用和银行信用规模具有规模异质性影响，设计回归模型（4-18）至回归模型（4-21）。回归模型（4-18）和回归模型（4-19）的变量 TA 和 BA 是被解释变量，ASSET 表示企业的规模性质，交互项 CENTRALITY×ASSET 表示网络中心度与规模性质的交互项。如果 H4-9 成立，回归模型（4-18）中交互项的回归系数应显著为正，回归模型（4-19）中交互项的回归系数应显著为负。回归模型（4-20）和回归模型（4-21）分别将变量 TA 和 BA 作为被解释变量，分别加入了三次交乘项 CENTRALITY×ASSET×BA 和三次交乘项 CENTRALITY×ASSET×TA，检验随着网络中心度的提升，大型企业中商业信用与银行信用规模之间的互补替代性关系。如果 H4-9 成立，回归模型（4-20）和回归模型（4-21）中的三次交乘项应显著为负。规模异质性检验中模型的控制变量不包括资产规模变量（SIZE）。

$$TA_{i,t} = \alpha + \beta_1 CENTRALITY_{i,t} + \beta_2 ASSET_{i,t} + \beta_3 CENTRALITY_{i,t} \times ASSET_{i,t} +$$
$$\beta_4 CONTROL_{i,t} + \mu_i + \lambda_t + \epsilon_{i,t} \tag{4-18}$$

$$BA_{i,t} = \alpha + \beta_1 CENTRALITY_{i,t} + \beta_2 ASSET_{i,t} + \beta_3 CENTRALITY_{i,t} \times ASSET_{i,t} +$$
$$\beta_4 CONTROL_{i,t} + \mu_i + \lambda_t + \epsilon_{i,t} \tag{4-19}$$

$$TA_{i,t} = \alpha + \beta_1 CENTRALITY_{i,t} + \beta_2 ASSET_{i,t} + \beta_3 BA_{i,t} + \beta_4 CENTRALITY_{i,t} \times$$
$$ASSET_{i,t} \times BA_{i,t} + \beta_5 CONTROL_{i,t} + \mu_i + \lambda_t + \epsilon_{i,t} \tag{4-20}$$

$$BA_{i,t} = \alpha + \beta_1 CENTRALITY_{i,t} + \beta_2 ASSET_{i,t} + \beta_3 TA_{i,t} + \beta_4 CENTRALITY_{i,t} \times$$
$$ASSET_{i,t} \times TA_{i,t} + \beta_5 CONTROL_{i,t} + \mu_i + \lambda_t + \epsilon_{i,t} \tag{4-21}$$

（三）回归分析

1. 描述性统计

描述性统计结果如表 4-12 所示。核心变量的平均值较为合理，标准差均在 2 以下，表明数据值已经剔除极端值，数据较为平稳，企业获得的商业信用与银行信用融资规模的数量级较为一致，企业产权性质 STA 的取值范围在 0~1，平均值为 0.536，标准差为 0.499，表明样本中的国有企业相对民营企业数量多，企业规模性质 ASSET 的取值范围也在 0~1，平均值和标准差均为 0.500，表明样本中的大型企业与小型企业数量一样，各控制变量的标准差均在 2 以下，表明样本中观测值不存在异常数据，适用于实证回归。

表 4-12 网络中心度的异质性影响变量描述性统计

变量	平均值	标准差	最小值	25%	中值	75%	最大值
TA	19.131	1.799	9.287	18.019	19.087	20.221	26.795
BA	19.594	1.761	9.210	18.603	19.630	20.692	25.689
TOT	20.021	1.768	9.287	18.991	20.037	21.095	26.864
CENTRALITY	0.793	0.176	0.000	0.695	0.811	0.943	1.000
STA	0.536	0.499	0.000	0.000	1.000	1.000	1.000
ASSET	0.500	0.500	0.000	0.000	0.500	1.000	1.000
SIZE	21.905	1.377	14.158	20.945	21.749	22.677	28.509
DEBT	0.454	0.223	0.028	0.291	0.449	0.601	2.579
TANG	0.936	0.087	0.203	0.925	0.964	0.985	1.027
PROFIT	0.072	0.326	-15.625	0.026	0.073	0.148	4.162
CFO	0.083	0.299	-7.390	0.008	0.074	0.168	11.386

资料来源：根据 Stata 软件输出结果绘制。

2. 网络中心度对企业债务融资规模的产权异质性影响

对回归模型（4-14）至回归模型（4-17）的回归结果如表 4-13 所

示。第（1）列以商业信用规模 *TA* 作为被解释变量的回归结果显示：网络中心度与产权性质的交互项 *CENTRALITY×STA* 的回归系数为0.719，在5%的水平显著为正，表明网络中心度越高，国有企业相对于民营企业获得了的商业信用融资越多。第（2）列以银行信用规模 *BA* 作为被解释变量的回归结果显示：网络中心度与产权性质的交互项 *CENTRALITY×STA* 的回归系数为−0.599，在1%的水平显著为负，表明网络中心度越高，国有企业相对于民营企业银行信用融资规模越小。第（3）列将企业获得的商业信用和银行信用融资规模的总和 *TOT* 作为被解释变量进行回归，考察网络中心度的变化对企业总融资规模的产权异质性影响。回归结果显示：交互项 *CENTRALITY×STA* 的回归系数为−0.220，在10%的水平显著为负，表明网络中心度越高，民营企业相对于国有企业总体融资规模越大。第（4）列以商业信用规模 *TA* 为被解释变量的回归结果显示：网络中心度、产权性质和银行信用的三次交乘项 *CENTRALITY × STA × BA* 的回归系数为−0.026，在1%的水平显著为负。第（5）列以银行信用规模 *BA* 作为被解释变量的回归结果显示：网络中心度、产权性质和商业信用的三次交乘项 *CENTRALITY×STA×TA* 的回归系数为−0.032，在1%的水平显著为负。第（4）列和第（5）列均表明随着网络中心度的提高，国有企业中商业信用与银行信用融资规模之间呈现替代性关系，而民营企业中二者间呈现互补性关系。回归结果验证了H4-8。更为重要的是，整体结果表明，提高民营企业网络中心度，可以有效提升总体融资水平，并且利用民营企业中商业信用与银行信用规模之间呈现的互补关系，可以充分促进民营企业的发展。

表4-13　网络中心度对商业信用与银行信用影响的产权异质性回归

变量	（1）	（2）	（3）	（4）	（5）
	TA	*BA*	*TOT*	*TA*	*BA*
CENTRALITY	−0.358*** [0.1373]	0.832*** [0.1443]	0.555*** [0.0603]	0.227** [0.1105]	0.941*** [0.1426]

续表

变量	（1）	（2）	（3）	（4）	（5）
	TA	BA	TOT	TA	BA
STA	0.397 *** [0.0552]	0.352 ** [0.1472]	-0.067 *** [0.0224]	-0.373 *** [0.1103]	0.365 ** [0.1427]
CENTRALITY×STA	0.719 ** [0.2862]	-0.599 *** [0.1753]	-0.220 * [0.1149]		
BA				-0.118 *** [0.0117]	
CENTRALITY× STA×BA				-0.026 *** [0.0066]	
TA					-0.166 *** [0.0207]
CENTRALITY× STA×TA					-0.032 *** [0.0089]
SIZE	0.199 *** [0.0219]	0.843 *** [0.0152]	0.978 *** [0.0125]	1.060 *** [0.0166]	1.022 *** [0.0242]
DEBT	1.643 *** [0.1303]	2.877 *** [0.1044]	2.627 *** [0.0932]	1.631 *** [0.1071]	3.106 *** [0.1163]
TANG	0.686 [0.4635]	-0.220 [0.2413]	0.224 [0.1895]	1.115 *** [0.1557]	-0.032 [0.2438]
PROFIT	0.067 [0.1766]	-0.044 [0.0652]	-0.208 * [0.1206]	-0.040 [0.1422]	-0.050 [0.0819]
CFO	0.087 [0.1699]	-0.235 ** [0.1043]	-0.162 [0.1124]	-0.235 * [0.1309]	-0.274 ** [0.1219]
个体	控制	控制	控制	控制	控制
年度	控制	控制	控制	控制	控制
_cons	-6.065 *** [0.5896]	-0.515 [0.3761]	-3.080 *** [0.2928]	-4.095 *** [0.3197]	-1.698 *** [0.4139]
N	6518	6518	6518	6518	6518
adj. R-sq	0.7142	0.5972	0.7921	0.7550	0.6052

注：括号内为标准误，*** 、** 和 * 分别表示在1%、5%和10%的水平显著。

资料来源：根据 Stata 软件输出结果绘制。

3. 网络中心度对企业债务融资规模的规模异质性影响

对回归模型（4-18）至回归模型（4-21）的回归结果如表4-14所示。第（1）列以商业信用规模 TA 作为被解释变量的回归结果显示：网络中心度与规模性质的交互项 $CENTRALITY×ASSET$ 的回归系数为1.078，在5%的水平显著为正，表明网络中心度越高，大型企业相对于小型企业获得的商业信用融资越多。第（2）列以银行信用规模 BA 作为被解释变量的回归结果显示：网络中心度与规模性质的交互项 $CENTRALITY×ASSET$ 的回归系数为-0.931，在5%的水平显著为负，表明网络中心度越高，大型企业相对于小型企业银行信用融资规模越小。第（3）列将企业获得的商业信用和银行信用融资规模的总和 TOT 作为被解释变量进行回归，考察网络中心度的变化对企业总融资规模的规模异质性影响。回归结果显示：交互项 $CENTRALITY×ASSET$ 的回归系数为-0.392，在10%的水平显著为负，表明网络中心度越高，小型企业相对于大型企业总体融资规模越大。第（4）列以商业信用融资规模 TA 为被解释变量的回归结果显示，网络中心度、规模性质和银行信用的三次交乘项 $CENTRALITY×ASSET×BA$ 的回归系数为-0.052，在1%的水平显著为负。第（5）列以银行信用 BA 作为被解释变量的回归结果显示：网络中心度、规模性质和商业信用的三次交乘项 $CENTRALITY×ASSET×TA$ 的回归系数为-0.044，在1%的水平显著为负。第（4）列和第（5）列均表明随着网络中心度的提高，大型企业中商业信用与银行信用融资规模之间呈现替代性关系，而小型企业中二者间呈现互补性关系。回归结果验证了H4-9。整体结果表明，对小型企业提高其网络中心度，可以有效提升总体融资水平，并且利用小型企业中商业信用与银行信用规模之间呈现的互补关系，可充分促进小型企业的发展。

表 4-14　网络中心度对商业信用与银行信用影响的规模异质性回归

变量	（1）	（2）	（3）	（4）	（5）
	TA	BA	TOT	TA	BA
$CENTRALITY$	0.302 *** [0.1023]	0.240 ** [0.1196]	0.115 [0.1380]	0.073 [0.1002]	0.171 [0.1122]

续表

变量	（1） TA	（2） BA	（3） TOT	（4） TA	（5） BA
ASSET	2.133*** [0.3613]	2.981*** [0.2820]	0.740*** [0.1795]	1.251*** [0.3251]	1.919*** [0.2653]
CENTRALITY× ASSET	1.078** [0.4585]	−0.931** [0.3710]	−0.392* [0.2128]		
BA				0.327*** [0.0152]	
CENTRALITY ×ASSET×BA				−0.052*** [0.0188]	
TA					0.392*** [0.0180]
CENTRALITY× ASSET×TA					−0.044*** [0.0151]
DEBT	3.269*** [0.1284]	4.114*** [0.1777]	3.365*** [0.1780]	1.451*** [0.1411]	3.028*** [0.1584]
TANG	1.169*** [0.2284]	0.034 [0.2599]	−1.606*** [0.2738]	1.405*** [0.2208]	−0.512** [0.2536]
PROFIT	0.489*** [0.1426]	0.573** [0.2600]	0.228** [0.1122]	0.467*** [0.1398]	0.309* [0.1799]
CFO	−0.063 [0.1154]	−0.236** [0.0918]	−0.131 [0.1212]	−0.133 [0.0868]	−0.157** [0.0741]
个体	控制	控制	控制	控制	控制
年度	控制	控制	控制	控制	控制
_cons	15.100*** [0.2412]	16.810*** [0.2699]	19.180*** [0.3021]	9.755*** [0.3418]	10.830*** [0.3616]
N	6518	6518	6518	6518	6518
adj. R−sq	0.4241	0.3797	0.4857	0.5221	0.4590

注：括号内为标准误，＊＊＊、＊＊和＊分别表示在1%、5%和10%的水平显著。

资料来源：根据Stata软件输出结果绘制。

三、融资约束与宏观经济对企业债务融资规模的调节效应检验

（一）理论分析与研究假设

1. 网络中心度、融资约束与债务融资规模

商业信用与银行信用作为债务融资的重要形式，企业对融资方式的选择行为在一定程度上取决于企业自身的融资约束。融资约束程度较低的企业拥有多渠道的资金来源，对债务融资的需求弹性较高，企业可以根据自身需求适时调整债务融资结构，在多种债务融资方式中选择对自身更加有利的融资形式，具有债务融资形式的选择权。而受到融资约束程度较高的企业通常不具备这样的权利，企业把提高债务杠杆、缓解现金流短缺等目标放在经营首位，不论是商业信用融资形式还是银行信用融资形式，企业均希望得到现金流的补充。同时，根据商业信用的经营性动机理论，商业信用债务融资的方式相较于银行信贷具有集中支付、商品折扣等优势，商业信用交易能够促进产品的销售，提高商品周转率，与客户保持长期稳定的购销关系，并且能够约定支付的节点，降低交易成本与对手风险（张杰和刘东，2006）[170]。企业随着网络中心度的提升，获得商业信用与银行信用融资资源的可能性逐渐提升，对于融资约束较弱的企业可以更多地选择具有比较优势的商业信用满足自身融资需求，利用商业信用额外的市场竞争功能提升企业经营表现，同时保持一定的财务杠杆与财务柔性，在银行信用融资方面，相对而言融资规模将减小；对于外部融资约束较强的企业来说，由于缺乏可替代的融资来源以及现金流较为短缺，其自身随着网络中心度的提高，将同时选择进行商业信用和银行信用双渠道的债务融资方

式，以最大化缓解自身融资约束，增强企业营运能力和对外投资能力。基于以上分析，提出研究假设如下：

H4-10：对于融资约束程度较大的企业，随着网络中心度的提高，企业获得的商业信用融资规模越大；网络中心度越低，企业获得的商业信用融资规模越小。

H4-11：对于融资约束程度较大的企业，随着网络中心度的提高，企业获得的银行信用融资规模越大；网络中心度越低，企业获得的银行信用融资规模越小。

2. 网络中心度、宏观经济与债务融资规模

国家的经济发展状况是公司生产与运作的宏观背景，经济状况的冷热情况对企业债务杠杆有着显著影响。当国家的宏观经济处于高速增长阶段，生产网络中核心企业所面临的产品市场需求更加旺盛，核心企业为贸易客户提供商业信用融资的能力与动机更强，对于企业自身来说，根据买方市场理论，在经济增长期获取的商业信用融资成本更低，企业根据自身议价能力，在融资交易中要求对手方提供延期支付的方式也更加容易（陆正飞和杨德明，2011）[65]，相较于银行信用的融资优势更加明显。另外，过热的经济情况容易引发企业对未来经济不可持续的预期，企业的生产经营状况不会短期内迅速扩张，同时逆周期调节的国家货币政策加强了企业对未来不确定性的担忧。在此情况下，企业不会通过银行贷款的方式迅速提升自身财务杠杆，增加有息债务融资的机会成本，出于不确定性预期下的预防性行为，企业在经济高速增长期进行战略性储备杠杆能力更有价值（Byoun，2011）[171]。因此，对于网络中心度较高的企业而言，企业倾向于选择更加具有比较优势的商业信用融资来满足经济增长期的现金流需求，通过商业信用融资替代银行贷款，降低自身的金融杠杆，储备债务融资能力，增强企业财务柔性，以应对未来经济的不确定性以及更好的投资机会。基于以上分析，提出研究假设如下：

H4-12：企业所处的宏观经济环境越好，随着网络中心度的提高，企业获得的商业信用融资规模越大；网络中心度越低，企业获得的商业信用

融资规模越小。

H4-13：企业所处的宏观经济环境越好，随着网络中心度的提高，企业获得的银行信用融资规模越小；网络中心度越低，企业获得的银行信用融资规模越大。

（二）变量选取、样本选择与模型设定

1. 变量选取

企业债务融资规模和网络中心度。重点选取企业获得商业信用和银行信用的债务融资规模为研究对象，债务融资规模和网络中心度的指标计算方式同前节。以"应付账款的对数值"衡量企业获得的商业信用融资规模（TA），以"短期借款的对数值"衡量企业获得的银行信用融资规模（BA）。

企业外部融资约束程度。Hadlock 和 Pierce（2010）[172] 运用企业规模、年龄指标构建了 SA 指数衡量企业的外部融资约束程度，该指数通过选择企业的外部特征性变量进行构建，有效缓解了与债务融资的内生性指标的干扰，解决了一定程度的内生性问题（鞠晓生等，2013；刘莉亚等，2015；李振东和马超，2019）[173][174][161]。因此，构建 SA 指数作为企业外部融资约束的衡量指标（$ABSA$），具体计算公式如下：

$$SA = -0.737 \times Size + 0.043 \times Size^2 - 0.04 \times Age \tag{4-22}$$

其中，$Size$ 为企业规模的自然对数；Age 为企业上市年龄。参考鞠晓生等（2013）[173] 的研究，为方便直观理解，对 SA 指数进行取绝对值的处理，该值越大，表明企业所面临的融资约束程度越高。

宏观经济情况。国家的宏观经济状况采用"GDP 增长率"进行衡量（GDP），具体计算为"当期的 GDP 除以上年同期 GDP 再减去 100%"。

控制变量的定义同前节，详细如表 4-15 所示。

表 4-15　融资约束与宏观经济调节的变量表示及定义

变量	简写	定义
商业信用融资规模	TA	应付账款的对数值

变量	简写	定义
银行信用融资规模	*BA*	短期借款的对数值
总信用	*TOT*	（应付账款+短期借款）的对数值
网络中心度	*CENTRALITY*	生产网络的特征向量中心度
融资约束程度	*ABSA*	根据企业的资产规模、上市年龄构建
宏观经济情况	*GDP*	GDP 增长率，即当期的 GDP 除以上年同期 GDP 再减去 100%
资产规模	*SIZE*	总资产的对数值
资产负债率	*DEBT*	总负债/总资产
有形资产比率	*TANG*	有形资产/总资产
营业利润率	*PROFIT*	营业利润/营业收入
经营性净现金流	*CFO*	经营性现金流量净额/营业收入

2. 样本选取与数据来源

本书以 2002 年、2007 年、2012 年、2017 年的投入产出表为基础构建生产网络，以 2002~2021 年的中国沪深 A 股上市公司为研究对象。为保证数据的适用性，剔除了金融类上市公司和公用事业行业、ST 和 ST* 公司以及数据缺失严重的样本公司，最终样本包括 6518 个观测值。为减小极端值的影响，对主要连续变量的取值进行了上下 1%的 Winsorize 缩尾处理。数据来源于 CSMAR 数据库、国家统计局。

3. 模型构建

为了验证 H4-10 和 H4-11，即检验企业外部融资约束程度对企业商业信用与银行信用债务融资规模的调节效应，设计回归模型如下：

$$TA_{I,t} = \alpha + \beta_1 CENTRALITY_{I,t} + \beta_2 ABSA_{I,t} + \beta_3 CENTRALITY_{I,t} \times ABSA_{I,t} +$$
$$\beta_4 CONTROL_{i,t} + \mu_i + \lambda_t + \epsilon_{i,t} \tag{4-23}$$

$$BA_{I,t} = \alpha + \beta_1 CENTRALITY_{I,t} + \beta_2 ABSA_{I,t} + \beta_3 CENTRALITY_{I,t} \times ABSA_{I,t} +$$
$$\beta_4 CONTROL_{i,t} + \mu_i + \lambda_t + \epsilon_{i,t} \tag{4-24}$$

其中，模型中下标 i、t 分别表示企业 i 和年度 t。回归模型（4-23）的变量 *TA* 为被解释变量，表示企业获得的商业信用融资规模；*CENTRALI-*

TY 表示企业所在行业的网络中心度；ABSA 表示企业的外部融资约束；模型中加入了网络中心度与企业外部融资约束的交互项 CENTRALITY×ABSA。如果 H4-10 成立，模型（4-23）中交互项 CENTRALITY×ABSA 的回归系数应显著为正。回归模型（4-24）的变量 BA 为被解释变量，表示企业获得银行信用的融资规模。如果 H4-11 成立，模型（4-24）中交互项 CENTRALITY×ABSA 的回归系数应显著为正。

为了验证 H4-12 和 H4-13，即检验宏观经济情况对企业商业信用与银行信用债务融资规模的调节效应，设计回归模型如下：

回归模型（4-25）的变量 TA 为被解释变量，表示企业获得的商业信用融资规模；CENTRALITY 表示企业所在行业的网络中心度；GDP 表示企业所处的宏观经济情况；模型中加入了网络中心度与宏观经济情况的交互项 CENTRALITY×GDP。如果 H4-12 成立，模型（4-25）中交互项 CENTRALITY×GDP 的回归系数应显著为正。回归模型（4-26）的变量 BA 为被解释变量，表示企业获得银行信用的融资规模。如果 H4-13 成立，模型（4-26）中交互项 CENTRALITY×GDP 的回归系数应显著为负。

$$TA_{I,t} = \alpha + \beta_1 CENTRALITY_{I,t} + \beta_2 GDP_{I,t} + \beta_3 CENTRALITY_{I,t} \times GDP_{I,t} +$$
$$\beta_4 CONTROL_{i,t} + \mu_i + \lambda_t + \epsilon_{i,t} \tag{4-25}$$

$$BA_{I,t} = \alpha + \beta_1 CENTRALITY_{I,t} + \beta_2 GDP_{I,t} + \beta_3 CENTRALITY_{I,t} \times GDP_{I,t} +$$
$$\beta_4 CONTROL_{i,t} + \mu_i + \lambda_t + \epsilon_{i,t} \tag{4-26}$$

（三）回归分析

1. 描述性统计

描述性统计结果如表 4-16 所示。经过对变量进行上下 1% 的 Winsorize 缩尾处理后，主要变量和控制变量的取值范围均在合理的区间内，商业信用与银行信用融资规模的数量级较为一致，企业外部融资约束程度 ABSA 的平均值为 3.637，标准差为 0.293，取值范围在 0.967~5.156，表明融资约束变量的波动幅度较小，取值范围较为合理，宏观经济情况 GDP 的平均值为 8.996，取值范围在 6.950~14.230，表明在样本期间内我国宏观经济的增速较高。

表4-16　融资约束与宏观经济调节的变量描述性统计

变量	平均值	标准差	最小值	25%	中值	75%	最大值
TA	19.131	1.799	9.287	18.019	19.087	20.221	26.795
BA	19.594	1.761	9.210	18.603	19.630	20.692	25.689
TOT	20.021	1.768	9.287	18.991	20.037	21.095	26.864
CENTRALITY	0.793	0.176	0.000	0.695	0.811	0.943	1.000
ABSA	3.637	0.293	0.967	3.451	3.640	3.837	5.156
GDP	8.996	2.681	6.950	6.950	7.860	9.130	14.230
SIZE	21.905	1.377	14.158	20.945	21.749	22.677	28.509
DEBT	0.454	0.223	0.028	0.291	0.449	0.601	2.579
TANG	0.936	0.087	0.203	0.925	0.964	0.985	1.027
PROFIT	0.072	0.326	−15.625	0.026	0.073	0.148	4.162
CFO	0.083	0.299	−7.390	0.008	0.074	0.168	11.386

资料来源：根据 Stata 软件输出结果绘制。

2. 融资约束程度与宏观经济情况对企业债务融资规模的调节效应

对回归模型（4-23）和回归模型（4-24）的回归结果如表4-17所示。第（1）列以商业信用规模 TA 作为被解释变量的回归结果显示：网络中心度与融资约束的交互项 CENTRALITY×ABSA 的回归系数为2.274，在1%的水平显著为正，表明网络中心度越高，外部融资约束程度越大的企业获得的商业信用融资越多。第（2）列以银行信用规模 BA 作为被解释变量的回归结果显示：网络中心度与融资约束的交互项 CENTRALITY×ABSA 的回归系数为1.483，在5%的水平显著为正，表明网络中心度越高，外部融资约束程度越大的企业获得的银行信用融资也越多。第（3）列将企业获得的商业信用和银行信用融资规模的总和 TOT 作为被解释变量进行回归，考察外部融资约束程度对企业债务总规模的调节效应。回归结果显示：交互项 CENTRALITY×ABSA 的回归系数为0.940，在5%的水平显著为正，表明网络中心度越高，外部融资约束程度越大的企业总体债务融资规模越大。回归结果验证了 H4-10 和 H4-11。结果表明，对于外部融资约束程度较高的企业可以通过提高网络中心度，有效提升自身商业信用规模、银行信用规模及总体的债务融资水平，充分利用债务融资促进企业发展。

对回归模型（4-25）和回归模型（4-26）的回归结果如表 4-17 所示。第（4）列以商业信用规模 *TA* 作为被解释变量的回归结果显示：网络中心度与宏观经济的交互项 *CENTRALITY×GDP* 的回归系数为 0.213，在 1% 的水平显著为正，表明企业所处宏观经济环境越好，随着网络中心度的提高，企业获得的商业信用融资越多。第（5）列以银行信用规模 *BA* 作为被解释变量的回归结果显示：网络中心度与宏观经济的交互项 *CENTRALITY×GDP* 的回归系数为 -0.040，在 5% 的水平显著为负，表明企业所处宏观经济环境越好，随着网络中心度的提高，企业获得的银行信用融资越少。第（6）列将企业获得的商业信用和银行信用融资规模的总和 *TOT* 作为被解释变量进行回归，考察宏观经济情况对企业债务总规模的调节效应。回归结果显示：交互项 *CENTRALITY×GDP* 的回归系数为 -0.035，在 5% 的水平显著为负，表明企业所处宏观经济环境越好，随着网络中心度的提高，企业获得的总体债务融资越少。回归结果验证了 H4-12 和 H4-13。结果表明，在国家宏观经济情况较差的背景下，可以通过提高网络中心度，有效扩大企业获得的银行信用融资规模，尽管减少了获得的商业信用融资，但是可以显著提高总体的债务融资水平，利用总体债务融资水平促进企业发展。

表 4-17 融资约束与宏观经济对商业信用与银行信用规模的调节效应检验

变量	(1)	(2)	(3)	(4)	(5)	(6)
	TA	*BA*	*TOT*	*TA*	*BA*	*TOT*
CENTRALITY	7.487 *** [2.7004]	-4.860 ** [2.0475]	0.235 * [0.1307]	-2.583 *** [0.5242]	0.833 *** [0.2877]	0.870 *** [0.1813]

续表

变量	（1）	（2）	（3）	（4）	（5）	（6）
	TA	BA	TOT	TA	BA	TOT
ABSA	1.612 ** [0.7990]	-1.300 ** [0.6307]	0.439 ** [0.2069]			
CENTRALITY× ABSA	2.274 *** [0.2756]	1.483 ** [0.5766]	0.940 ** [0.3955]			
GDP				-0.524 *** [0.0614]	0.151 *** [0.0325]	0.061 *** [0.0231]
CENTRALITY× GDP				0.213 *** [0.0432]	-0.040 ** [0.0174]	-0.035 ** [0.0175]
SIZE	0.032 [0.0596]	1.058 *** [0.0454]	1.100 *** [0.0284]	0.252 *** [0.0210]	0.832 *** [0.0150]	0.972 *** [0.0124]
DEBT	1.043 *** [0.2447]	2.452 *** [0.2074]	2.021 *** [0.1256]	1.743 *** [0.1315]	2.844 *** [0.1028]	2.608 *** [0.0921]
TANG	0.481 [0.7463]	-1.043 ** [0.4868]	-0.497 [0.4480]	0.658 [0.4711]	-0.230 [0.2412]	0.209 [0.1877]
PROFIT	0.347 [0.2326]	-0.316 ** [0.1404]	-0.451 *** [0.0983]	0.016 [0.1762]	-0.037 [0.0643]	-0.207 * [0.1200]
CFO	0.156 [0.2301]	-0.349 *** [0.1207]	-0.254 ** [0.1219]	0.100 [0.1702]	-0.236 ** [0.1048]	-0.165 [0.1127]
个体	控制	控制	控制	控制	控制	控制
年度	控制	控制	控制	控制	控制	控制
_cons	-7.633 ** [3.1310]	0.901 [2.2985]	-5.731 *** [0.9384]	-1.860 ** [0.8136]	-1.432 *** [0.4946]	-3.535 *** [0.3556]
N	6307	6307	6307	6307	6307	6307
adj. R-sq	0.2489	0.5194	0.7340	0.1626	0.5954	0.7917

注：括号内为标准误，***、**和*分别表示在1%、5%和10%的水平显著。

资料来源：根据 Stata 软件输出结果绘制。

四、本章小结

本章运用社会网络分析法构建生产网络，基于横向维度度量了生产网络的特征向量中心度指标。首先检验了横向维度下网络中心度对商业信用和银行信用的规模、期限、成本以及信用规模之间互补替代关系的影响；其次将企业异质性分别划为国有企业与民营企业、大型企业与小型企业，考察横向维度下生产网络对企业债务融资额的产权异质性和规模异质性影响；最后选取微观企业融资约束程度与宏观经济情况作为调节变量，进一步检验企业外部融资约束与宏观经济情况对企业债务融资规模的调节效应。研究发现，随着网络中心度的提高，企业获得的商业信用和银行信用融资规模显著增加，融资期限显著延长，融资成本显著降低，即商业信用和银行信用融资资源向生产网络中的核心企业进行聚集，并且随着网络中心度的提高，商业信用与银行信用规模之间的关系由替代性转变为互补性。这样的结论在一系列稳健性检验中具有稳定性。在异质性分析方面，企业的产权性质与规模性质是网络中心度对企业债务融资规模的异质性影响因素。在调节效应检验方面，企业外部融资约束与宏观经济情况是横向维度下生产网络对企业债务融资规模影响的调节因子。

纵向维度下生产网络对企业债务融资
影响的实证分析

本章主要从三个方面对纵向维度下生产网络对企业债务融资影响进行实证检验：一是基于纵向维度下生产网络对企业债务融资进行基础检验，通过对供应链上游度与企业债务融资规模、期限、成本的理论分析，提出相关研究假设，检验供应链上游度对企业商业信用与银行信用的规模、期限、成本以及信用规模之间互补替代关系的影响，并进行稳健性检验。二是选取企业的债务融资规模为研究对象，通过引入企业异质性变量与供应链上游度的交互项，考察供应链上游度对企业债务融资规模的产权异质性与规模异质性影响。三是在微观层面选取企业的财务风险因素，在宏观层面选取经济政策不确定性因素，引入企业财务风险与供应链上游度、经济政策不确定性与供应链上游度的变量交互项，进一步检验供应链上游度对企业债务融资规模的调节效应。最后进行本章小结。

一、供应链上游度对企业债务融资的影响

（一）理论分析与研究假设

在第三章基于纵向维度下生产网络对企业债务融资影响的理论基础

中，本书详细证明了企业应收账款、银行借款及在供应链中的上游度之间的均衡关系可以表示如下：

$$a_i p_i - a_{i+1} p_{i+1} + \beta_i \times (p_i - p_{i+1} - w_i) = b_i w_i \tag{3-32}$$

其中，$b_i \equiv b \cdot \dfrac{\pi^H}{(\pi^L - \pi^H)(1 - \pi^H)^i}$。$a_i p_i$ 为企业 i 的应收账款余额，β_i 为企业 i 的权益乘数，p_i 为企业 i 的收入，p_{i+1} 为企业 i 向供应商支付的成本，w_i 为企业 i 的生产成本。

进一步地，通过模型运算，可得到：

$$\frac{a_i p_i - a_{i+1} p_{i+1} + \beta_i \times (p_i - p_{i+1} - w_i)}{w_i} = b \times \frac{\pi^H}{(\pi^L - \pi^H)(1 - \pi^H)^i} \tag{3-33}$$

式中涵盖了企业的标准化激励水平，将其与公司在供应链上下游中的纵向位置相联系，可以用企业提供的商业信用 *TRADE*、获得的银行信用 *BANK* 以及供应链上游度 *UPSTREAM* 进行变量替换，表示如下：

$$\log \frac{TRADE_j + BANK_j \times PROFIT_j}{COST_j} = \alpha + \beta \times UPSTREAM_j + \epsilon_j \tag{3-35}$$

其中，j 代表公司，ϵ_j 代表白噪声。具体证明过程参见第三章。

供应链是将供应商、制造商、分销商、零售商，直到最终用户连成一个整体的功能网链模式（李维安等，2016）[99]。聚焦生产网络的纵向供应链条对于所处供应链上游度越高的企业，自身与最终产品消费端的纵向距离越远，代表着生产质量信息延迟反映在最终消费端，从而降低生产中间产品的成本与质量的动机越强，越容易发生道德风险与信息不对称问题，因此需要更多的商业信用融资在生产供应关系中发挥产品质量担保等作用。对于银行信用融资而言，企业越靠近供应链上游，企业提供经济中大部分原材料的供应，生产贸易话语权越大，企业的自然垄断属性越强，同时原材料的开采等基础性工作需要大量的专有设备投入，企业的固定资产占比越高，从而在获取银行信贷融资支持方面具有的优势越大。

1. 供应链上游度与商业信用

从供应链参与个体来看，供应链各个公司之间是相互独立、分散决策的，企业间的相互独立产生了信息不对称的现象。在供应商与客户的二维生产供应关系中，商业信用延期收款的债务形式为客户提供了保障，如果中间产品存在质量问题，客户可以通过拒绝支付货款的形式，有效解决供应商与客户之间的逆向选择和道德风险问题（Kim 和 Shin，2012）[145]。根据商业信用的经营性动机理论，商业信用的提供在供应商与客户之间能够起到产品质量担保的作用，是缓解信息不对称的有效途径（Deloof 和 Jegers，1999）[52]，具有供应链治理的功能。同时，企业可以通过商业信用债务关系给对方施加财务压力，进行有效的监督管理，从而提升其公司治理水平（杨勇等，2009）[75]。从供应链上下游的整体来看，纵向维度所涵盖的所有生产单元构成了功能网链（李维安等，2016）[99]。在纵向维度生产网络下链形的生产关系中，每家企业均向链中的下一个公司提供投入，最终产品消费端的企业生产和销售最终商品（Gofman 和 Wu，2022）[159]。越靠近供应链上游的企业在纵向维度上与最终产品消费端的距离越远，生产中间产品的质量信息延迟反映至最终产品和消费端，从而使企业降低生产中间产品的成本与质量的动机越强，信息不对称程度和道德风险问题越发突出，因此需要更多的商业信用融资发挥质量担保、公司治理等作用，在供应链治理过程中担任的角色越突出，为企业提供的商业信用融资规模越大，期限更长以及成本越高。另外，越靠近供应链下游的企业面向最终端客户的市场化程度越高，企业的市场信誉、名声以及自身品牌承担了承诺的功能（李维安等，2016）[99]，基于声誉的监督机制越强，可以取代部分商业信用的质量担保、公司治理等作用，从而企业对外提供的商业信用融资支持越少。基于以上分析，提出研究假设如下：

H5-1：企业所处供应链上游度越高，企业提供的商业信用融资规模越大；供应链上游度越低，企业提供的商业信用融资规模越小。

H5-2：企业所处供应链上游度越高，企业提供的商业信用融资期限越长；供应链上游度越低，企业提供的商业信用融资期限越短。

H5-3：企业所处供应链上游度越高，企业提供的商业信用融资成本越高；供应链上游度越低，企业提供的商业信用融资成本越低。

2. 供应链上游度与银行信用

企业上下游的供应链关系是银行在授信决策过程中予以考量的重要因素（王迪等，2016）[106]。对于在生产网络中越靠近供应链上游的企业，资源配置相对集中，对产品市场进行垄断的能力更强，同时资源采掘和原材料制造等工作决定了企业具有较强的专有投资属性，企业维系已建立的交易关系的动机更强，交易对手也具有长期持续交易的强烈意愿。在供应链治理理论中，这样相对稳定的供应链合作关系和业务交易情况，可保证企业的日常经营状态更加平稳高效，促使银行对企业的信用风险评估更加积极（王迪等，2016）[106]。从银行信息成本的角度而言，授信企业越靠近供应链上游，供应链关系趋于集中和稳定，金融机构只需重点关注具有垄断性质的少数供应商或客户的财务风险，同时对稳定的供应链关系降低监控的频率，有效减少了金融机构对授信贷款业务的信息收集成本，增强了金融机构对企业贷款的意愿。除供应链关系外，企业自身增加贷款抵押、提高风险承担水平等都将使企业得到更大的信贷融资支持。供应链上游度越高，原材料等资源的开采需要大量的设备投入，企业的可抵押资产较多，企业可将固定资产等设备作为抵押从银行获得贷款支持（Yang 和 Birge，2018）[175]。同时上游供应商具备信息获取优势、客户控制优势和财产挽回等多方面优势（方红星和楚有为，2019）[10]，在产品市场交易中往往处于垄断地位，拥有更强的竞争能力和议价能力，生产经营状况愈加稳定，从而使企业拥有更高的风险承担水平，信用风险表现更弱，在获取银行信用融资方面具有更大的优势。因此，对于越靠近供应链上游的企业而言，企业可以获得更多的银行信贷融资支持。基于以上分析，提出研究假设如下：

H5-4：企业所处供应链上游度越高，企业获得的银行信用融资规模越大；供应链上游度越低，企业获得的银行信用融资规模越小。

H5-5：企业所处供应链上游度越高，企业获得的银行信用融资期限越长；供应链上游度越低，企业获得的银行信用融资期限越短。

H5-6：企业所处供应链上游度越高，企业获得的银行信用融资成本越低；供应链上游度越低，企业获得的银行信用融资成本越高。

3. 供应链上游度与信用规模间的互补替代关系

现有学者从不同的角度对商业信用与银行信用二者之间的关系进行了论证，基于出发点和侧重点的差别分析得出了不同的结论。一方面，替代性融资动机理论表明，企业与金融机构之间存在信息不对称与道德风险问题，而基于上下游产品交易产生的商业信用融资能够透明化彼此的财务状况，通过交易信息时刻掌握企业的经营状况，因此商业信用在一定程度上能够替代银行贷款，满足企业的融资需求（王彦超和林斌，2008；张新民等，2012；Hermes 等，2015；赵胜民和张博超，2019）[82][7][153][15]。另一方面，当面临信贷歧视与银行预算软约束时，企业自身对商业信用会有较多的需求，商业信用也是补充企业信贷融资的重要渠道，商业信用与银行信用之间体现为互补关系（Petersen 和 Rajan，1997；Marotta，2001；刘仁伍和盛文军，2011；高明和胡聪慧，2022）[4][162][127][98]。对于在生产网络中越靠近供应链上游的企业而言，企业降低中间产品的生产成本与质量的动机更强，越容易发生逆向选择与道德风险问题，从而对提供商业信用融资带来的质量担保、公司治理、信号传递等作用的需求越发突出，企业向外提供的商业信用融资额度越大，而随着供应链上游度提高带来的供应链关系稳固、贷款抵押资产提高、风险承担水平提升等优势，促使企业在银行贷款的授信决策过程中更加积极，表现为随着供应链上游度的提高，企业获得的银行信用融资规模也会更多。因此，在供应链上游度越高的企业中，提供的商业信用与获得的银行信用规模之间呈现互补性关系。基于以上分析，提出研究假设如下：

H5-7a：企业提供的商业信用与获得的银行信用规模之间呈现替代性，而这种替代性在供应链上游度越高的企业中转变为互补性。

H5-7b：企业提供的商业信用与获得的银行信用规模之间呈现互补性，而在供应链上游度越高的企业中，二者间仍然呈现互补性。

（二）供应链上游度指标的构建

在衡量纵向维度下生产网络的供应链上游度指标构建上，参考 Gofman

和 Wu（2022）[159] 的研究，以行业生产网络为基础构建上游度指标（*UP-STREAM*）。在复杂生产网络中，企业作为供应商和客户同时生产运营，在上下游生产关系中以上游部门供应品的生产开始，到下游部门最终消费品的销售结束，为供应链上游度的指标构建提供了思路。首先，以 2017 年版《国民经济行业分类》为标准，将全球行业分类标准（GICS）中的日常消费品行业、非日常生活消费品行业进行对应调整，将其定义为最终消费品行业，具体包含食品制造及烟草加工业，纺织服装鞋帽皮革羽绒及其制品业，造纸印刷及文教体育用品制造业，交通运输设备制造业，通信设备计算机及其他电子设备制造业，批发和零售业、住宿和餐饮业，居民服务和其他服务业，教育、文化体育和娱乐业。其次，以投入产出表中部门之间生产贸易流量为基础，构建贸易流矩阵进而形成生产网络。由于行业间投入产出贸易量较大，生产关系较为复杂，在构建生产网络时忽略了处于均值以下的贸易流量，重点关注主要生产销售的上下游供应关系。最后，将生产网络中最终消费品行业的上游度定义为 0，其上游一级供应商的上游度则为 1，上游二级供应商的上游度则为 2，依次进行类推，直至对生产网络的所有供应链中行业上游度进行刻画。具体地，使用 Bellman-Ford 算法确定生产网络中目标行业距离最终消费品行业的所有最短路径，在所有最短路径中保留最小的路径距离，进而涵盖所有非最终消费品行业与最终消费品行业之间最直接的生产销售关系。Bellman-Ford 算法是通过对网络进行 m 次迭代求出从源点到终点所有可能的最短路径，是求解单源最短路径问题的一种算法，具体计算代码参见附录。

本书以 2017 年投入产出表数据为例，以行业间生产贸易流量为基础构建生产网络，每个节点表示所对应的行业，节点之间的有向连线表示行业之间进行的贸易往来，其中包括行业自身所进行的贸易自流动，节点及边的勾稽关系形成生产网络，具体如图 5-1 所示。2017 年在生产网络中供应链上游度最高的行业包括金属矿采选业、非金属矿及其他矿采选业、非金属矿物制品业、通用设备制造业、其他制造业和废品废料。

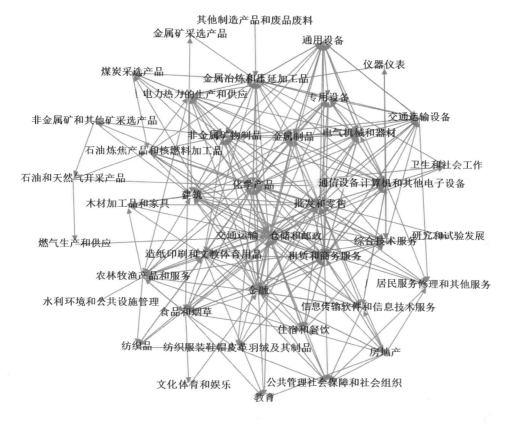

图 5-1　纵向维度下以 2017 年投入产出表数据为例构建的生产网络

资料来源：根据国家统计局数据由 Gephi 软件绘制。

（三）其他变量选取、样本选择与模型设定

1. 其他变量选取

商业信用与银行信用的融资规模。公司在商业信用融资中，根据融资目的与对象的不同可划分为商业信用的供给端与需求端两方面，在纵向维度下生产网络的影响效应主要关注企业为客户提供商业信用的水平，在财务中体现为应收账款的形式。因此，参考陈胜蓝和刘晓玲（2018）[67]、Gofman 和 Wu（2022）[159] 的研究，以"应收账款与主营业务收入的比值"

衡量企业对客户提供商业信用融资的水平（TA）。在银行信用方面，由于企业应收账款形式主要属于短期信用融资，结合我国金融市场状况，企业绝大部分短期借款只能从银行获得，即商业信用更可能与短期借款相匹配（张新民等，2012）[7]，因此使用"短期借款与总资产的比值"对企业获得的银行信用融资规模进行衡量（BA）。

商业信用与银行信用的融资期限。参考 Wu 等（2014）[125]、陈胜蓝和刘晓玲（2018）[67] 对商业信用期限的处理方法，采用与本书横向维度下生产网络的实证研究一致的指标度量方法，将公司的应收账款科目按照期限长短划分为一年以内和超过一年两部分，对企业获得的银行信用划分为长期借款与短期借款，通过不同期限的债务占比来衡量企业的融资期限变化情况。具体地，以"一年以上的应收账款/（一年以上的应收账款+一年以下的应收账款）"衡量企业对外提供的商业信用融资期限（TT）；以"长期借款/（长期借款+短期借款）"衡量企业获得的银行信用融资期限（BT）。

商业信用与银行信用的融资成本。在企业对外提供的商业信用融资成本方面，现有财务数据并未对商业信用成本作出直接的信息披露，参考刘凤委等（2009）[126] 的研究，通常采用商业信用模式中的应收票据占比来相对衡量企业使用高成本信用的比例，该指标值越高，表明企业较多地使用了成本相对较高的商业信用融资模式。在银行贷款成本方面，参考刘仁伍和盛文军（2011）[127]、赖黎等（2016）[128] 的研究，使用公司当年的利息支出占比度量银行信用的债务成本。具体地，采用"应收票据/（应收票据+应收账款）"衡量企业提供商业信用的融资成本（TC），采用"利息支出/总负债"衡量企业获得银行信用融资的债务成本（BC）。

除上述变量外，本书所涵盖的控制变量如下：上市年限（AGE）代表企业成长年龄；资产规模（$SIZE$）代表企业的总规模；资产负债率（$DEBT$）代表企业的债务结构；固定资产比率（PPE）代表企业的抵押能力；营业利润率（$PROFIT$）代表企业的盈利能力；经营性净现金流（CFO）代表企业的现金流状况；区域经济发展程度（GDP）代表企业所处地区的经济状况。各变量定义如表 5-1 所示。

表 5-1　纵向维度下的影响变量表示及定义

变量	简写	定义
商业信用融资规模	*TA*	应收账款/主营业务收入
银行信用融资规模	*BA*	短期借款/总资产
商业信用融资期限	*TT*	一年以上应收账款/（一年以上应收账款+一年以下应收账款）
银行信用融资期限	*BT*	长期借款/（长期借款+短期借款）
商业信用融资成本	*TC*	应收票据/（应收票据+应收账款）
银行信用融资成本	*BC*	利息支出/总负债
供应链上游度	*UPSTREAM*	企业在生产网络的供应链中与最终消费端之间的纵向距离
上市年限	*AGE*	当前年份减去公司上市年份
资产规模	*SIZE*	总资产的对数值
资产负债率	*DEBT*	总负债/总资产
固定资产比率	*PPE*	固定资产净额/总资产
营业利润率	*PROFIT*	营业利润/营业收入
经营性净现金流	*CFO*	经营性现金流量净额/总资产
区域经济发展程度	*GDP*	公司所在省份的 GDP 对数值

2. 样本选取与数据来源

本书以 2002 年、2007 年、2012 年、2017 年的投入产出表为基础构建生产网络，以 2002~2021 年的中国沪深 A 股上市公司为研究对象。首先，以 2017 年版《国民经济行业分类》为标准，对各年度的投入产出表进行统一调整，将行业分类名称逐一匹配，使其与企业所属行业名称完全对应。其次，为保证数据的适用性，剔除了金融类和房地产类上市公司、ST 和 ST* 上市公司以及数据缺失严重的样本公司，最终样本包括 7536 个观测值。最后，为减少极端值的影响，对所有连续变量的取值进行了上下1% 的 Winsorize 缩尾处理。数据来源于 CSMAR 数据库、Wind 数据库、国家统计局。

3. 模型构建

为了验证 H5-1 至 H5-6，即检验供应链上游度是否对商业信用和银行信用的融资规模、融资期限、融资成本有显著影响，设计回归模型如下：

$$TA_{i,t} = \alpha + \beta_1 UPSTREAM_{i,t} + \beta_2 CONTROL_{i,t} + \mu_i + \lambda_t + \epsilon_{i,t} \qquad (5-1)$$

$$BA_{i,t} = \alpha + \beta_1 UPSTREAM_{i,t} + \beta_2 CONTROL_{i,t} + \mu_i + \lambda_t + \epsilon_{i,t} \qquad (5-2)$$

$$TT_{i,t} = \alpha + \beta_1 UPSTREAM_{i,t} + \beta_2 CONTROL_{i,t} + \mu_i + \lambda_t + \epsilon_{i,t} \qquad (5-3)$$

$$BT_{i,t} = \alpha + \beta_1 UPSTREAM_{i,t} + \beta_2 CONTROL_{i,t} + \mu_i + \lambda_t + \epsilon_{i,t} \qquad (5-4)$$

$$TC_{i,t} = \alpha + \beta_1 UPSTREAM_{i,t} + \beta_2 CONTROL_{i,t} + \mu_i + \lambda_t + \epsilon_{i,t} \qquad (5-5)$$

$$BC_{i,t} = \alpha + \beta_1 UPSTREAM_{i,t} + \beta_2 CONTROL_{i,t} + \mu_i + \lambda_t + \epsilon_{i,t} \qquad (5-6)$$

其中，模型中下标 i、t 分别表示企业 i 和年度 t。回归模型（5-1）的变量 TA 是被解释变量，表示企业提供商业信用融资的规模水平；$UPSTREAM$ 是解释变量，表示企业所在行业的供应链上游度。如果 H5-1 成立，模型（5-1）中 $UPSTREAM$ 的系数应显著为正。回归模型（5-2）的变量 BA 是被解释变量，表示企业获得银行信用融资的规模水平。如果 H5-4 成立，则模型（5-2）中解释变量 $UPSTREAM$ 的系数应显著为正。在债务融资期限方面，回归模型（5-3）的变量 TT 是被解释变量，表示企业提供商业信用融资的期限。如果 H5-2 成立，则模型（5-3）中解释变量 $UPSTREAM$ 的系数应显著为正。回归模型（5-4）的变量 BT 是被解释变量，表示企业获得银行信用融资的期限。如果 H5-5 成立，则模型（5-4）中 $UPSTREAM$ 的系数应显著为正。在融资成本方面，回归模型（5-5）的变量 TC 是被解释变量，表示企业提供商业信用的融资成本。如果 H5-3 成立，则模型（5-5）中解释变量 $UPSTREAM$ 的系数应显著为正。回归模型（5-6）的变量 BC 是被解释变量，表示企业获得银行信用的融资成本。如果 H5-6 成立，则模型（5-6）中 $UPSTREAM$ 的系数应显著为负。$CONTROL$ 均为由上市年限、资产规模、资产负债率、固定资产比率、营业利润率、经营性净现金流、区域经济发展程度所组成的控制变量矩阵。本书还加入了年度和个体固定效应加以控制。

为了检验 H5-7a 和 H5-7b，即检验供应链上游度对商业信用与银行信用规模之间的互补替代关系是否产生影响，本书设计了回归模型（5-7）和回归模型（5-8）。其中，回归模型（5-7）将 TA 作为被解释变量，BA、UPSTREAM 作为解释变量，同时加入了 BA 与 UPSTREAM 的交互项 BA×UPSTREAM。回归模型（5-12）将 BA 作为被解释变量，TA、UP-STREAM 及两者的交互项 TA×UPSTREAM 作为解释变量。如果 H5-7a 成立，模型（5-7）中变量 BA 的系数及模型（5-8）中变量 TA 的系数应显著为负，且两个模型中交互项的系数应显著为正，表示随着供应链上游度的提高，商业信用与银行信用规模的关系将由替代性转变为互补性。如果 H5-7b 成立，模型（5-7）中变量 BA 的系数及模型（5-8）中变量 TA 的系数应显著为正，且两个模型中交互项的系数也显著为正，表示随着供应链上游度的提高，商业信用与银行信用规模的关系一直表现为互补性。

$$TA_{i,t} = \alpha + \beta_1 BA_{i,t} + \beta_2 UPSTREAM_{i,t} + \beta_3 BA_{i,t} \times UPSTREAM_{i,t} + \beta_4 CONTROL_{i,t} +$$
$$\mu_i + \lambda_t + \epsilon_{i,t} \qquad (5-7)$$

$$BA_{i,t} = \alpha + \beta_1 TA_{i,t} + \beta_2 UPSTREAM_{i,t} + \beta_3 TA_{i,t} \times UPSTREAM_{i,t} + \beta_4 CONTROL_{i,t} +$$
$$\mu_i + \lambda_t + \epsilon_{i,t} \qquad (5-8)$$

（四）回归分析

1. 描述性统计

本书对所涉及的变量进行了描述性统计，结果如表5-2所示。经过缩尾处理后，各变量的最大值与最小值在合理的范围内，数据已经剔除极端值，数据较为平稳。商业信用规模（TA）和银行信用规模（BA）的均值分别为23.8%、12.9%，表明商业信用和银行信用融资规模在上市公司资产负债表中占有显著比重。商业信用与银行信用的长期债务占比平均分别为11.4%、24.4%，表明银行信贷的长期债务占比相对更高，银行信贷的长期债务占比的标准差为0.304，说明银行信用的整体期限占比波动幅度较大，商业信用与银行信用的债务成本占比平均分别为18.2%、2.0%，表明商业信用的债务融资成本的占比相对更大。供应链上游度（UPSTREAM）的取值范围为0~5，平均值为1.938，表明上市公司在供应链上下游中与最终消费端之间的纵向距离为 0~5，平均距离为 1.938。整体来看，变量的数据值较为平稳，数量级较为一致。

表5-2　纵向维度下的影响变量描述性统计

变量	平均值	标准差	最小值	25%	中值	75%	最大值
TA	0.238	0.232	0.000	0.071	0.172	0.326	1.182
BA	0.129	0.119	0.000	0.028	0.101	0.196	0.551
TT	0.114	0.220	−1.503	−0.014	0.036	0.163	1.000
BT	0.244	0.304	0.000	0.000	0.110	0.409	1.000
TC	0.182	0.233	0.000	0.005	0.082	0.273	0.951
BC	0.020	0.017	0.000	0.005	0.018	0.031	0.067
UPSTREAM	1.938	1.485	0.000	0.000	3.000	3.000	5.000
AGE	8.002	6.472	0.000	2.000	7.000	13.000	27.000
SIZE	21.772	1.311	19.022	20.839	21.611	22.514	25.961
DEBT	0.435	0.215	0.052	0.268	0.426	0.583	1.103
PPE	0.242	0.173	0.002	0.108	0.206	0.343	0.743
PROFIT	0.086	0.199	−1.081	0.029	0.079	0.155	0.669
CFO	0.044	0.075	−0.199	0.005	0.044	0.088	0.264
GDP	9.972	1.042	5.115	9.388	10.167	10.855	11.404

资料来源：根据 Stata 软件输出结果绘制。

2. 供应链上游度与企业债务融资规模

对回归模型（5-1）和回归模型（5-2）的估计结果如表5-3所示。第（1）列中在未加入控制变量的回归中，供应链上游度 *UPSTREAM* 的回归系数为 0.014，在 1% 的水平显著为正，供应链上游度每增加 1 个单位，商业信用融资增加 1.4%，表明供应链上游度的变化导致企业商业信用规模的同方向变化。第（2）列以商业信用融资规模 *TA* 为被解释变量的回归结果显示：加入若干控制变量后，供应链上游度 *UPSTREAM* 的回归系数为 0.016，在 1% 的水平显著为正，在其他变量不变的情况下，供应链上游度每增加 1 个单位，商业信用融资增加 1.6%，表明供应链上游度的变化导致企业商业信用规模的同方向变化。第（3）列中在未加入控制变量的回归中，供应链上游度 *UPSTREAM* 的回归系数为 0.005，在 5% 的水平显著为正，供应链上游度每增加 1 个单位，银行信用融资增加 0.5%，表明供应链上游度的变化导致企业银行信用规模的同方向变化。第（4）列以银行信用融资规模 *BA* 为被解释变量的回归结果显示：加入控制变量后，供应链上游度 *UPSTREAM* 的回归系数为 0.004，在 5% 的水平显著为正，在其他变量不变的情况下，供应链上游度每增加 1 个单位，银行信用融资增加 0.4%，表明供应链上游度的变化导致企业银行信用规模的同方向变化。结果显示，企业所在生产网络的供应链上游度是商业信用和银行信用融资规模的重要影响因素，验证了 H5-1 和 H5-4。

表 5-3　供应链上游度对商业信用与银行信用融资规模的影响

变量	（1）	（2）	（3）	（4）
	TA	*TA*	*BA*	*BA*
UPSTREAM	0.014 *** [0.0018]	0.016 *** [0.0016]	0.005 ** [0.0023]	0.004 ** [0.0018]
AGE		-0.006 *** [0.0004]		-0.001 [0.0071]
SIZE		-0.017 *** [0.0023]		0.005 [0.0033]
DEBT		0.004 [0.0167]		0.338 *** [0.0150]
PPE		-0.298 *** [0.0151]		0.035 ** [0.0167]
PROFIT		-0.133 *** [0.0263]		-0.068 *** [0.0144]
CFO		-0.639 *** [0.0409]		-0.134 *** [0.0236]
GDP		-0.009 ** [0.0037]		-0.010 [0.0092]
个体	控制	控制	控制	控制

变量	(1)	(2)	(3)	(4)
	TA	TA	BA	BA
年度	控制	控制	控制	控制
_cons	0.258 *** [0.0091]	0.840 *** [0.0549]	0.148 *** [0.0055]	−0.008 [0.1041]
N	7536	7536	7536	7536
adj. R−sq	0.0462	0.2347	0.0355	0.3668

注：括号内为标准误，***、** 和 * 分别表示在 1%、5% 和 10% 的水平显著。

资料来源：根据 Stata 软件输出结果绘制。

3. 供应链上游度与企业债务融资期限及融资成本

对回归模型（5-3）至回归模型（5-6）的估计结果如表 5-4 所示。其中，第（1）列以商业信用融资期限 TT 为被解释变量的回归结果显示：供应链上游度 UPSTREAM 的回归系数为 0.006，在 10% 的水平显著为正，在其他变量不变的情况下，供应链上游度每增加 1 个单位，商业信用期限将增加 0.6%，表明供应链上游度的变化导致企业商业信用期限的同方向变化。第（2）列以银行信用融资期限 BT 为被解释变量的回归结果显示：供应链上游度 UPSTREAM 的回归系数为 0.012，在 1% 的水平显著为正，在其他变量不变的情况下，供应链上游度每增加 1 个单位，银行信用期限将增加 1.2%，表明供应链上游度的变化导致企业银行信用期限的同方向变化。第（3）列以商业信用融资成本 TC 为被解释变量的回归结果显示：供应链上游度 UPSTREAM 的回归系数为 0.006，在 5% 的水平显著为正，在其他变量不变的情况下，供应链上游度每增加 1 个单位，商业信用成本将增加 0.6%，表明供应链上游度的变化导致企业商业信用成本的同方向变化。第（4）列以银行信用融资成本 BC 为被解释变量的回归结果显示：供应链上游度 UPSTREAM 的回归系数为 −0.001，在 1% 的水平显著为负，在其他变量不变的情况下，供应链上游度每增加 1 个单位，银行信用成本将减少 0.1%，表明供应链上游度的变化导致企业银行信用成本的反方向变化。整体结果显示，生产网络的供应链上游度是影响企业商业信用和银行信用融资期限、融资成本的重要因素，验证了 H5-2 和 H5-3、H5-5 和 H5-6。

表 5-4　供应链上游度对商业信用和银行信用融资期限及融资成本的影响

变量	（1） TT	（2） BT	（3） TC	（4） BC
UPSTREAM	0.006 * [0.0032]	0.012 *** [0.0046]	0.006 ** [0.0029]	-0.001 *** [0.0003]
AGE	0.002 * [0.0011]	-0.058 ** [0.0226]	0.026 [0.0180]	0.002 [0.0019]
SIZE	-0.009 [0.0058]	0.051 *** [0.0079]	0.011 ** [0.0053]	0.002 *** [0.0004]
DEBT	0.050 [0.0383]	0.053 [0.0369]	-0.089 *** [0.0224]	0.014 *** [0.0018]
PPE	-0.156 *** [0.0336]	0.175 *** [0.0487]	0.078 *** [0.0274]	0.019 *** [0.0024]
PROFIT	-0.171 *** [0.0482]	0.108 *** [0.0318]	0.043 ** [0.0170]	-0.012 *** [0.0019]
CFO	-0.123 [0.0783]	0.097 [0.0706]	0.056 [0.0451]	0.005 [0.0038]
GDP	-0.023 *** [0.0069]	-0.001 [0.0291]	0.022 [0.0210]	-0.002 [0.0016]
个体	控制	控制	控制	控制
年度	控制	控制	控制	控制
_cons	0.575 *** [0.1285]	-1.014 *** [0.3076]	-0.293 [0.2183]	-0.007 [0.0160]
N	3792	7536	7536	7536
adj. R-sq	0.0911	0.0460	0.1144	0.1405

注：括号内为标准误，＊＊＊、＊＊和＊分别表示在1%、5%和10%的水平显著。

资料来源：根据 Stata 软件输出结果绘制。

4. 供应链上游度与信用间互补替代关系

对回归模型（5-7）和回归模型（5-8）的估计结果如表5-5所示。其中，第（1）列以商业信用融资规模 TA 作为被解释变量的回归结果显示：银行信用规模 BA 的回归系数在5%的水平显著为正，表明在未加入供应链上游度因素的情况下，企业获得的银行信用规模越大，企业对外提供的商业信用越多，即二者间关系呈现互补性。第（2）列中在第（1）列的基础上加入了供应链上游度变量 UPSTREAM 以及交互项 BA×UPSTREAM，结果显示：银行信用规模 BA 的回归系数在1%的水平仍显著为正，交互项 BA×UPSTREAM 的回归系数在10%的水平显著为正，表明随着供应链上游度及银行信用规模的同时增加，将引起商业信用规模也增加，即随着供应链上游度的提高，商业信用与银行信用规模间呈现互补性关系。第（3）列将银行信用规模 BA 作为被解释变量，商业信用规模 TA 作为解释变量，结果显示：商业信用规模 TA 的回归系数在5%的水平显著为正，表明在未加入供应链上游度因素的情况下，提供的商业信用与获得的银行信用规模间呈现互补性关系。第（4）列在第（3）列的基础上加入了供应链上游度变量 UPSTREAM 以及交互项 TA×UPSTREAM，回归结果显示：商业信用规模 TA 的回归系数在1%的水平仍显著为正，交互项 TA×UPSTREAM 的回归系数在5%的水平显著为正，表明随着供应链上游度的增加，商业信用与银行信用规模间仍呈现互补性关系。整体结果显示，企业的商业信用与银行信用规模间呈现互补性关系，并且随着供应链上游度的增加，二者间关系仍然呈现互补性，验证了H5-7b。

表5-5　供应链上游度对信用规模之间互补替代关系的影响

变量	(1)	(2)	(3)	(4)
	TA	TA	BA	BA
BA	0.106** [0.0415]	0.241*** [0.0400]		

续表

变量	（1）	（2）	（3）	（4）
	TA	TA	BA	BA
UPSTREAM		−0.007* [0.0035]		0.004*** [0.0008]
BA×UPSTREAM		0.024* [0.0144]		
TA			0.031** [0.0121]	0.093*** [0.0111]
TA×UPSTREAM				0.011** [0.0042]
AGE	−0.007 [0.0190]	0.010 [0.0191]	−0.008 [0.0076]	−0.0001 [0.0002]
SIZE	0.022*** [0.0061]	0.019*** [0.0040]	0.002 [0.0032]	−0.014*** [0.0013]
DEBT	−0.038 [0.0294]	−0.268*** [0.0207]	0.332*** [0.0145]	0.356*** [0.0092]
PPE	−0.139*** [0.0292]	−0.107*** [0.0223]	0.048*** [0.0160]	0.074*** [0.0082]
PROFIT	−0.150*** [0.0292]	0.030** [0.0154]	−0.058*** [0.0130]	−0.038*** [0.0102]
CFO	−0.287*** [0.0442]	−0.179*** [0.0366]	−0.123*** [0.0221]	−0.144*** [0.0195]
GDP	−0.003 [0.0214]	−0.028* [0.0162]	−0.002 [0.0091]	0.007*** [0.0017]
个体	控制	控制	控制	控制
年度	控制	控制	控制	控制
_cons	−0.047 [0.1981]	0.167 [0.1631]	−0.007 [0.0985]	0.217*** [0.0297]
N	7536	7536	7536	7536
adj. R−sq	0.1902	0.2063	0.3627	0.4443

注：括号内为标准误，***、**和*分别表示在1%、5%和10%的水平显著。

资料来源：根据 Stata 软件输出结果绘制。

（五）稳健性检验

1. 新增供应链中供应商关系作为影响因子对回归重新估计

现有关于企业上下游供应链建设的研究表明，企业的供应商与客户关系对企业的债务融资具有重要的影响作用。供应链中供应商与公司基于购销关系所形成的相对谈判能力是影响企业商业信用融资的因素之一，处于产品市场竞争中强势的一方可以在商业信用融资交易中要求更高的融资额度、力度更大的现金折扣等（李任斯和刘红霞，2016）[107]，相对集中的供应商环境同时也意味着更加稳固的供应链关系，向金融机构传递了未来企业绩效更加稳定的良好信号，增强了企业向金融机构借款的能力（王迪等，2016）[106]。因此，在基础回归分析后，进一步使用供应商集中度，即"公司向前五名供应商采购金额占采购总额的比重"作为新增控制变量对回归进行重新估计，回归结果如表5-6所示。

表5-6　新增供应商集中度作为控制变量后的稳健性估计结果

变量	（1） TA	（2） BA	（3） TT	（4） BT	（5） TC	（6） BC
UPSTREAM	0.017*** [0.0016]	0.004** [0.0018]	0.006* [0.0033]	0.012** [0.0049]	0.006** [0.0030]	-0.001*** [0.0003]
SUPPLIER	-0.001*** [0.0001]	-0.00003 [0.0001]	-0.0003 [0.0002]	0.001*** [0.0002]	0.0004*** [0.0001]	0.000003 [0.0000]
Controls	控制	控制	控制	控制	控制	控制
_cons	0.914*** [0.0563]	0.072 [0.1070]	0.595*** [0.1336]	-1.012*** [0.3303]	-0.305 [0.2306]	0.002 [0.0165]
N	7536	7536	3792	7536	7536	7536
adj. R-sq	0.2397	0.3752	0.0866	0.0523	0.1235	0.1430

注：括号内为标准误，***、**和*分别表示在1%、5%和10%的水平显著。

资料来源：根据Stata软件输出结果绘制。

在新增了供应商集中度指标后，供应链上游度对商业信用与银行信用债务融资的影响作用仍然存在。具体地，在表5-6中第（1）列至第（4）列中供应链上游度变量 UPSTREAM 对商业信用、银行信用的债务融资规模及融资期限的回归系数均显著为正，表明供应链上游度的变化导致商业信用与银行信用的融资规模呈同方向变化，债务融资的期限也呈同方向变化。第（5）列供应链上游度变量 UPSTREAM 对商业信用债务融资成本的回归系数显著为正，表明供应链上游度的变化导致商业信用的融资成本呈同方向变化。第（6）列供应链上游度变量 UPSTREAM 对银行信用债务融资成本的回归系数显著为负，表明供应链上游度的变化导致银行信用的融资成本呈现反方向变化。在新增了供应商关系作为控制变量后，整体回归结果与前文的分析保持一致，表明供应链上游度是与供应商关系不同的影响企业债务融资的因素。

2. 剔除供应链中客户关系对回归结果的干扰影响

对于企业供应链下游中的客户关系，客户集中度越大时，企业为了保持与客户良好的关系，会在谈判中进行妥协，企业可能给客户提供更多的商业信用融资（李任斯和刘红霞，2016）[107]，同时，相对集中的客户关系可以针对少数几家客户企业形成相对狭小的关系网络，建立信息有效沟通与企业行为监控的具体途径，出于企业信息甄别与监控的外溢效果，金融机构更愿意向此类企业进行贷款。为了排除供应链中客户关系对本书实证结果的干扰，进一步采用客户集中度变量，即"公司向前五名客户销售金额占全部销售金额的比重"作为新增控制变量对回归进行重新估计，回归结果如表5-7所示。

表5-7 新增客户集中度作为控制变量后的稳健性估计结果

变量	（1）	（2）	（3）	（4）	（5）	（6）
	TA	BA	TT	BT	TC	BC
UPSTREAM	0.016 *** [0.0016]	0.004 ** [0.0018]	0.006 * [0.0033]	0.012 ** [0.0049]	0.006 ** [0.0030]	−0.001 *** [0.0003]

续表

变量	（1）	（2）	（3）	（4）	（5）	（6）
	TA	BA	TT	BT	TC	BC
CUSTOMER	0.001*** [0.0001]	−0.0001 [0.0001]	−0.0003 [0.0002]	0.001 [0.0003]	0.0001 [0.0002]	−0.000006 [0.0000]
Controls	控制	控制	控制	控制	控制	控制
_cons	0.703*** [0.0561]	0.084 [0.1094]	0.599*** [0.1331]	−0.989*** [0.3324]	−0.270 [0.2326]	0.003 [0.0165]
N	7536	7536	3792	7536	7536	7536
adj. R−sq	0.2536	0.3755	0.0861	0.0503	0.1212	0.1430

注：括号内为标准误，***、**和*分别表示在1%、5%和10%的水平显著。

资料来源：根据 Stata 软件输出结果绘制。

在新增了客户集中度指标后，供应链上游度对商业信用与银行信用债务融资的影响作用仍然存在。具体地，在表5-7中第（1）列至第（4）列供应链上游度变量 UPSTREAM 对商业信用、银行信用的债务融资规模及融资期限的回归系数均显著为正，表明供应链上游度的变化导致商业信用与银行信用的融资规模呈同方向变化，债务融资的期限也呈同方向变化。第（5）列供应链上游度变量 UPSTREAM 对商业信用债务融资成本的回归系数显著为正，表明供应链上游度的变化导致商业信用的融资成本呈同方向变化。第（6）列供应链上游度变量 UPSTREAM 对银行信用债务融资成本的回归系数显著为负，表明供应链上游度的变化导致银行信用的融资成本呈现反方向变化。在回归估计中控制了客户关系变量后，整体结果与前文的分析保持一致，表明供应链上游度是与客户关系不同的影响企业债务融资的因素。

3. 利用倾向得分匹配法进行回归估计

为缓解靠近供应链上游位置和靠近最终产品消费端位置的企业之间特征差异的影响，采用倾向得分匹配法（PSM）对模型进行检验。依据连续型核心解释变量的取值范围进行分组匹配，可以有效排除因果检验中混杂变量对结果的干扰。首先，根据供应链上游度指标对回归样本进行实验组与对照组的划分，数值大于上四分位值的最高组为实验组，其余组为对照组；其次，采用最近邻匹配的方式，选择与主回归相同的控制变量，基于Pscore 值进行 1：1 的 Logit 模型可重复匹配，为实验组寻找配对样本。经过匹配后，所有控制变量在实验组与对照组的差异检验中不再显著，同时满足共同支撑假设，回归结果如表 5-8 所示。

表 5-8　采用倾向得分匹配法（PSM）回归的稳健性估计结果

变量	（1）	（2）	（3）	（4）	（5）	（6）
	TA	BA	TT	BT	TC	BC
UPSTREAM	0.017 *** [0.0023]	0.005 ** [0.0022]	0.007 * [0.0039]	0.013 ** [0.0060]	0.007 * [0.0038]	-0.001 *** [0.0003]
CONTROLS	控制	控制	控制	控制	控制	控制
_cons	0.870 *** [0.0808]	-0.074 [0.1349]	0.542 *** [0.1485]	-0.971 ** [0.4403]	-0.692 ** [0.2791]	-0.028 [0.0205]
N	5681	5132	2424	5464	5380	5401
adj. R-sq	0.2491	0.3646	0.0992	0.0485	0.1314	0.1535

注：括号内为标准误，＊＊＊、＊＊和＊分别表示在 1%、5% 和 10% 的水平显著。

资料来源：根据 Stata 软件输出结果绘制。

在采用了倾向得分匹配（PSM）估计方法后，供应链上游度对商业信用与银行信用债务融资仍然具有显著影响。具体地，在表 5-8 中第（1）列至第（4）列供应链上游度变量 UPSTREAM 对商业信用、银行信用的债务融资规模及融资期限的回归系数均显著为正，表明供应链上游度的变化导致商业信用与银行信用的融资规模呈同方向变化，债务融资的期限也呈同方向变化。第（5）列供应链上游度变量 UPSTREAM 对商业信用债务融资成本的回归系数显著为正，表明供应链上游度的变化导致商业信用的融资成本呈同方向变化。第（6）列供应链上游度变量 UPSTREAM 对银行信用债务融资成本的回归系数显著为负，表明供应链上游度的变化导致银行信用的融资成本呈现反方向变化。在改用了与基础回归中不同的估计方法后，PSM 估计的整体结果与前文保持一致，仍然表明供应链上游度是影响企业债务融资的重要因素。

4. 使用工具变量法（IV 法）对融资规模重新估计

企业可以通过实体经济之间的商业信用与金融机构的银行信用等债务融资方式，为企业自身发展提供资金支持。通过获得债务融资，企业能够更好地满足供应链合作伙伴的需求。例如，企业可以及时支付供应商的款项，增加供应商对企业的信任度，从而提高供应商与企业合作的意愿。此外，通过扩大生产规模和提升生产能力，企业能够更好地满足分销商的需求，提供更多的产品和更好的服务。这种供应链关系有助于提高供应链的效率和灵活性，降低供应链成本，增强供应链的竞争能力，有效改善供应链的上下游关系。因此，针对纵向维度下网络上游度对企业债务融资规模影响的反向因果问题，采用工具变量法（IV 法）对回归进行重新估计，排除解释变量与扰动项相关所导致的参数估计量不一致等问题。具体地，使用供应链上游度 UPSTREAM 的滞后变量作为工具变量，采用两阶段最小二乘法（2SLS）对回归重新估计。

估计结果如表 5-9 所示。第（1）列和第（2）列以商业信用融资规模和银行信用融资规模为被解释变量的结果显示：供应链上游度 UP-STREAM 的回归系数均在 1% 的水平显著为正，表明供应链上游度的变化导致企业商业信用融资规模和银行信用融资规模的同方向变化。回归结果显示，在采用了两阶段最小二乘法回归后，供应链上游度对商业信用融资规模、银行信用融资规模仍有显著的正向影响，表明供应链上游度是影响企业债务融资规模的重要因素。

表 5-9　采用两阶段最小二乘法重新估计的稳健性估计结果

变量	(1)	(2)
	TA	BA
$UPSTREAM_{i,t}$	0.029 *** [0.0059]	0.008 *** [0.0019]

续表

变量	（1）	（2）
	TA	*BA*
Controls	控制	控制
_ cons	0. 532 *** [0. 0986]	0. 174 *** [0. 0471]
N	5134	4782

注：括号内为标准误，＊＊＊、＊＊和＊分别表示在1%、5%和10%的水平显著。

资料来源：根据 Stata 软件输出结果绘制。

5. 采用不同的商业信用与银行信用融资规模的代理变量

为了消除可能存在的商业信用与银行信用指标度量方式偏误和不合理问题，进一步分别以总资产、营业收入对商业信用融资规模指标进行标准化（*TA*1、*TA*2），并以丰富了多种商业信用融资方式信息后的商业信用指标，即"应收账款、应收票据、预付账款的加总"（*TA*3）对商业信用融资规模重新衡量。在使用了商业信用的不同度量方式后，供应链上游度对商业信用融资仍有显著的正向影响。在银行信用方面，使用同商业信用指标相统一的主营业务收入、营业收入作为银行信用融资规模的标准化方式（*BA*1、*BA*2），并且在短期借款的基础上加入长期借款作为银行信用规模的衡量方式，采用"短期借款与长期借款的和"（*BA*3）对银行信用融资指标进行了度量，对回归重新估计。在替换了银行信用融资规模的衡量方式后，供应链上游度对银行信用融资规模仍有显著正向影响。

估计结果如表5-10所示。具体地，在第（1）列至第（3）列中供应链上游度变量 *UPSTREAM* 对商业信用融资规模的回归系数均显著为正，表明供应链上游度的变化导致商业信用融资规模呈现同方向变化。在第（4）列至第（6）列中供应链上游度变量 *UPSTREAM* 对银行信用融资规模的回归系数均显著为正，表明供应链上游度的变化导致银行信用融资规模呈现同方向变化。整体回归结果显示，在采用了多种被解释变量的衡量方式后，回归结果与前文的分析保持一致，表明供应链上游度是影响企业商业信用与银行信用债务融资规模的重要因素。

表5-10 替换主要被解释变量后的稳健性估计结果

变量	(1)	(2)	(3)	(4)	(5)	(6)
	TA1	TA2	TA3	BA1	BA2	BA3
UPSTREAM	0.004*** [0.0007]	0.016*** [0.0016]	0.020*** [0.0021]	0.017*** [0.0027]	0.017*** [0.0027]	0.007*** [0.0012]
CONTROLS	控制	控制	控制	控制	控制	控制
_cons	0.289*** [0.0249]	0.838*** [0.0548]	1.188*** [0.0711]	1.074*** [0.1163]	1.065*** [0.1152]	0.312*** [0.0449]
N	7536	7536	7536	7536	7536	7536
adj. R-sq	0.2403	0.2346	0.2301	0.3029	0.3029	0.5017

注：括号内为标准误，***、**和*分别表示在1%、5%和10%的水平显著。

资料来源：根据Stata软件输出结果绘制。

二、供应链上游度对企业债务融资规模的异质性影响分析

（一）理论分析与研究假设

着眼于我国的基本经济制度，企业产权性质的差异是影响债务融资的重要因素。在企业信贷资源配置的过程中无法忽视政府的重要作用，政府干预和宏观调控能力对企业经营、供应链治理产生重要影响（杨勇等，2009；李维安等，2016）[75][99]，银行信贷资源倾斜、良好的社会网络关系等使国有企业的现金流较为充裕，且融资约束较小，而民营企业面临更严重的现金流短缺和信贷歧视问题（Park，2018）[176]。聚焦于生产网络的供

应链上下游，国有企业由于其国有资本背景及强大的品牌效应，未受融资约束的现金流状况保障了国有企业的生产经营，根据递归道德风险理论，国有企业在纵向供应链条中生产销售的递归道德风险较低，削弱了商业信用在上游效应中所承担的质量担保和公司治理等作用，对商业信用融资需求的减弱导致国有企业提供的商业信用规模降低。在银行信用方面，随着供应链上游度的提高，国有企业可以依据生产运作的固定资产等设备进行信贷抵押，同时上游的国有企业往往拥有较宽的护城河效应，生产经营状况与利润水平较为稳定，企业的信用水平较高、违约风险较低，在获取银行信用融资方面更加具有优势，同时供应链上游的国有企业存在政府隐性担保与政策保护等倾斜资源，金融部门也更加偏向于贷款给处于上游垄断地位的国有企业（钱水土和吴卫华，2020）[177]。因此，在越靠近供应链上游的国有企业中，提供的商业信用融资与获得银行信用规模之间具有替代关系。基于以上分析，提出研究假设如下：

H5-8：国有企业相较于民营企业，随着供应链上游度的提高，提供的商业信用规模会减少，而获得的银行信用规模会增加，二者之间呈现替代性关系。

企业的资产规模可以作为企业之间伴随生产销售和交易进行融资的信用凭证，也是企业进行债务融资时重要的信用评估对象，对企业信用融资的规模具有重要影响。大型企业相较于小型企业拥有更多的固定资产和担保抵押品，企业可以依靠自身大规模资产进行担保与抵押，在获得融资资源方面具有天然的比较优势，在缓解现金流紧张与获得更好的投资机会方面拥有更加丰富的选择方式，国有企业的融资约束程度更低，往往表现出同国有企业相类似的融资特征。同时，大型企业在产品市场竞争中具有规模优势，可以充分利用自身规模性质营造良好的品牌效应、经营的稳定性更强，在与上下游企业合作经营中的逆向选择与道德风险问题较少。根据递归道德风险理论，大型企业在社会生产中受到的舆论监督更加充分，在上下游供应链生产中更加注重长期的合作与利润，在纵向生产网络中生产销售过程中的递归道德风险较低，进而削弱了商业信用在上游效应中所承担的质量担保和公司治理等作用，大型企业对外提供的商业信用规模减小。另外，越靠近供应链上游的大型企业的垄断能力越强，可依靠生产经营的规模地位攫取垄断利润，基于规模的企业议价能力也更强，生产经营状况与利润水平较为稳定，大型企业的财务表现与违约风险较低，在运用大型固定资产等进行信贷抵押时，大型企业能够获得的银行信用融资规模更大。因此，在越靠近供应链上游的大型企业中，对外提供的商业信用融资与获得的银行信用融资规模之间具有替代关系。基于以上分析，提出研究假设如下：

H5-9：大型企业相较于小型企业，随着供应链上游度的提高，提供的商业信用规模会减少，而获得的银行信用规模会增加，二者之间呈现替代性关系。

（二） 变量选取、样本选择与模型设定

1. 变量选取

企业债务融资规模和供应链上游度。重点选取企业提供商业信用和获得银行信用的债务融资规模为研究对象，债务融资规模和供应链上游度的指标计算方式同前节。具体地，以"应收账款与主营业务收入的比值"衡量企业对客户提供商业信用融资的水平（TA），以"短期借款与总资产的比值"对企业获得的银行信用融资规模进行衡量（BA）。

产权性质。根据企业的实际控制性质进行判断，利用国有企业与民营企业的虚拟变量衡量企业产权性质（STA）。将实际控制人为国有企业、行政机构、事业单位、中央机构、地方机构划为国有企业，取值为1，民营企业取值为0。实际控制人若有多个，只要其中之一是国有企业，则整体归类为国有企业（步晓宁等，2020）[124]。

规模性质。根据企业的总资产作为企业规模的衡量标准，利用大型企业与小型企业的虚拟变量衡量企业规模性质（$ASSET$）。将企业总资产大于资产规模中位数的公司划分为大型企业，取值为1，企业总资产小于此中位数的公司划分为小型企业，取值为0。

　　控制变量包括：上市年限（AGE）代表企业成长年龄；在对产权异质性的回归中控制了企业资产规模（SIZE），而在规模异质性的回归中为避免多重共线性问题，不包含资产规模变量；资产负债率（DEBT）代表企业的债务结构；固定资产比率（PPE）代表企业的抵押能力；营业利润率（PROFIT）代表企业的盈利能力；经营性净现金流（CFO）代表企业的现金流状况；区域经济发展程度（GDP）代表企业所处地区的经济状况。各变量定义如表 5-11 所示。

表 5-11　供应链上游度的异质性影响变量表示及定义

变量	简写	定义
商业信用融资规模	TA	应收账款/主营业务收入
银行信用融资规模	BA	短期借款/总资产
供应链上游度	UPSTREAM	企业在生产网络的供应链中与最终消费端之间的纵向距离
产权性质	STA	国有企业取值为 1；民营企业取值为 0
规模性质	ASSET	资产规模大于中位数划分为大型企业，取值为 1；小于中位数划分为小型企业，取值为 0
上市年限	AGE	当前年份减去公司上市年份
资产规模	SIZE	总资产的对数值
资产负债率	DEBT	总负债/总资产
固定资产比率	PPE	固定资产净额/总资产
营业利润率	PROFIT	营业利润/营业收入
经营性净现金流	CFO	经营性现金流量净额/总资产
区域经济发展程度	GDP	公司所在省份的 GDP 对数值

　　2. 样本选取与数据来源

　　本书以 2002 年、2007 年、2012 年、2017 年的投入产出表为基础构建生产网络，以 2002~2021 年的中国沪深 A 股上市公司为研究对象。为保证数据的适用性，剔除了金融类和房地产类上市公司、ST 和 ST* 上市公司以及数据缺失严重的样本公司，最终样本包括 7536 个观测值。为减少极端值的影响，对所有连续变量的取值进行了上下 1% 的 Winsorize 缩尾处理。

数据来源于 CSMAR 数据库、Wind 数据库、国家统计局。

3. 模型构建

为了验证 H5-8，即检验供应链上游度是否对企业商业信用和银行信用规模具有产权异质性影响，设计回归模型如下：

$$TA_{i,t} = \alpha + \beta_1 UPSTREAM_{i,t} + \beta_2 STA_{i,t} + \beta_3 UPSTREAM_{i,t} \times STA_{i,t} +$$
$$\beta_4 CONTROL_{i,t} + \mu_i + \lambda_t + \epsilon_{i,t} \qquad (5-9)$$

$$BA_{i,t} = \alpha + \beta_1 UPSTREAM_{i,t} + \beta_2 STA_{i,t} + \beta_3 UPSTREAM_{i,t} \times STA_{i,t} +$$
$$\beta_4 CONTROL_{i,t} + \mu_i + \lambda_t + \epsilon_{i,t} \qquad (5-10)$$

$$TA_{i,t} = \alpha + \beta_1 UPSTREAM_{i,t} + \beta_2 STA_{i,t} + \beta_3 BA_{i,t} + \beta_4 UPSTREAM_{i,t} \times$$
$$STA_{i,t} \times BA_{i,t} + \beta_5 CONTROL_{i,t} + \mu_i + \lambda_t + \epsilon_{i,t} \qquad (5-11)$$

$$BA_{i,t} = \alpha + \beta_1 UPSTREAM_{i,t} + \beta_2 STA_{i,t} + \beta_3 TA_{i,t} + \beta_4 UPSTREAM_{i,t} \times$$
$$STA_{i,t} \times TA_{i,t} + \beta_5 CONTROL_{i,t} + \mu_i + \lambda_t + \epsilon_{i,t} \qquad (5-12)$$

其中，模型中下标 i、t 分别表示企业 i 和年度 t。回归模型（5-9）和回归模型（5-10）的变量 TA 和 BA 是被解释变量，分别表示企业提供商业信用和获得的银行信用融资规模；$UPSTREAM$ 表示企业所在行业的供应链上游度；STA 表示企业的产权性质；模型中均加入了供应链上游度与产权性质的交互项 $UPSTREAM \times STA$。如果 H5-8 成立，模型（5-9）中交互项的回归系数应显著为负、模型（5-10）中交互项的回归系数应显著为正。回归模型（5-11）和回归模型（5-12）分别将变量 TA 和 BA 作为被解释变量，分别加入了三次交乘项 $UPSTREAM \times STA \times BA$ 和三次交乘项 $UPSTREAM \times STA \times TA$，主要检验随着供应链上游度的提高，国有企业中商业信用与银行信用规模之间的互补替代性关系。如果 H5-8 成立，回归模型（5-11）和回归模型（5-12）中的三次交乘项均应显著为负。

为了验证 H5-9，即检验供应链上游度是否对企业商业信用和银行信用规模具有规模异质性影响，设计回归模型如下：

回归模型（5-13）和回归模型（5-14）的变量 TA 和 BA 分别是被解释变量，$ASSET$ 表示企业的规模性质，交互项 $UPSTREAM \times ASSET$ 表示供应链上游度与规模性质的交互项。如果 H5-9 成立，模型（5-13）中交互项的回归系数应显著为负、模型（5-14）中交互项的回归系数应显著为正。回归模型（5-15）和回归模型（5-16）分别将变量 *TA* 和 *BA* 作为被解释变量，分别加入了三次交乘项 *UPSTREAM×ASSET×BA* 和三次交乘项 *UPSTREAM×ASSET×TA*，检验越靠近供应链上游的大型企业中商业信用与银行信用规模之间的互补替代性关系。如果 H5-9 成立，回归模型（5-15）和回归模型（5-16）中的三次交乘项应显著为负。规模异质性检验中模型的控制变量不包括资产规模变量（*SIZE*）。

$$TA_{i,t} = \alpha + \beta_1 UPSTREAM_{i,t} + \beta_2 ASSET_{i,t} + \beta_3 UPSTREAM_{i,t} \times ASSET_{i,t} +$$
$$\beta_4 CONTROL_{i,t} + \mu_i + \lambda_t + \epsilon_{i,t} \tag{5-13}$$

$$BA_{i,t} = \alpha + \beta_1 UPSTREAM_{i,t} + \beta_2 ASSET_{i,t} + \beta_3 UPSTREAM_{i,t} \times ASSET_{i,t} +$$
$$\beta_4 CONTROL_{i,t} + \mu_i + \lambda_t + \epsilon_{i,t} \tag{5-14}$$

$$TA_{i,t} = \alpha + \beta_1 UPSTREAM_{i,t} + \beta_2 ASSET_{i,t} + \beta_3 BA_{i,t} + \beta_4 UPSTREAM_{i,t} \times$$
$$ASSET_{i,t} \times BA_{i,t} + \beta_5 CONTROL_{i,t} + \mu_i + \lambda_t + \epsilon_{i,t} \tag{5-15}$$

$$BA_{i,t} = \alpha + \beta_1 UPSTREAM_{i,t} + \beta_2 ASSET_{i,t} + \beta_3 TA_{i,t} + \beta_4 UPSTREAM_{i,t} \times$$
$$ASSET_{i,t} \times TA_{i,t} + \beta_5 CONTROL_{i,t} + \mu_i + \lambda_t + \epsilon_{i,t} \tag{5-16}$$

（三）回归分析

1. 描述性统计

描述性统计结果如表5-12所示。核心变量的最大值与最小值在合理的范围内，数据较为平稳。主要被解释变量企业商业信用和银行信用融资在上市公司资产负债表中占有显著比重。企业产权性质（*STA*）的平均值为0.413、标准差为0.492，表明样本中上市公司的民营企业数量比国有企业数量多。企业规模性质（*ASSET*）的平均值和标准差均为0.500，表明样本中的上市公司的大型企业与小型企业数量一样，各控制变量的取值范围在合理的区间内，平均值和标准差较为理想，表明样本中数据已剔除极端值，可用于实证检验。

表5-12　供应链上游度的异质性影响变量描述性统计

变量	平均值	标准差	最小值	25%	中值	75%	最大值
TA	0.238	0.232	0.000	0.071	0.172	0.326	1.182
BA	0.129	0.119	0.000	0.028	0.101	0.196	0.551
$UPSTREAM$	1.938	1.485	0.000	0.000	3.000	3.000	5.000
STA	0.413	0.492	0.000	0.000	0.000	1.000	1.000
$ASSET$	0.500	0.500	0.000	0.000	0.500	1.000	1.000
AGE	8.002	6.472	0.000	2.000	7.000	13.000	27.000
$SIZE$	21.772	1.311	19.022	20.839	21.611	22.514	25.961
$DEBT$	0.435	0.215	0.052	0.268	0.426	0.583	1.103
PPE	0.242	0.173	0.002	0.108	0.206	0.343	0.743
$PROFIT$	0.086	0.199	-1.081	0.029	0.079	0.155	0.669
CFO	0.044	0.075	-0.199	0.005	0.044	0.088	0.264
GDP	9.972	1.042	5.115	9.388	10.167	10.855	11.404

资料来源：根据 Stata 软件输出结果绘制。

2. 供应链上游度对企业债务融资规模的产权异质性影响

对回归模型（5-9）至回归模型（5-12）的回归结果如表5-13所示。第（1）列以商业信用规模 TA 作为被解释变量的回归结果显示：供应链上游度与产权性质的交互项 $UPSTREAM \times STA$ 的回归系数为-0.009，在10%的水平显著为负，表明供应链上游度越高，国有企业相对于民营企业提供的商业信用融资规模越小。第（2）列以银行信用规模 BA 作为被解释变量的回归结果显示：供应链上游度与产权性质的交互项 $UPSTREAM \times STA$ 的回归系数为0.007，在1%的水平显著为正，表明供应链上游度越高，国有企业相对于民营企业扩大了获得的银行信用融资规模。第（3）列以商业信用规模 TA 为被解释变量的回归结果显示，供应链上游度、产权性质和银行信用的三次交乘项 $UPSTREAM \times STA \times BA$ 的回归系数为-0.051，在1%的水平显著为负。第（4）列以银行信用规模 BA 作为被解释变量的回归结果显示，供应链上游度、产权性质和商业信用的三次交乘项 $UPSTREAM \times STA \times TA$ 的回归系数为-0.010，在10%的水平显著为负。第（3）列和第

（4）列回归结果均表明随着供应链上游度的提高，国有企业中商业信用与银行信用融资规模之间呈现替代性关系，而民营企业中二者规模之间呈现互补性关系。回归结果验证了 H5－8。结果表明，企业的产权性质是供应链上游度对企业债务融资规模的异质性影响因素。

表 5-13 供应链上游度对商业信用与银行信用影响的产权异质性回归

变量	（1）	（2）	（3）	（4）
	TA	BA	TA	BA
UPSTREAM	−0.002 [0.0042]	0.003* [0.0019]	−0.003 [0.0036]	0.005*** [0.0019]
STA	0.032** [0.0157]	0.007 [0.0071]	0.033** [0.0142]	0.009 [0.0073]
UPSTREAM×STA	−0.009* [0.0047]	0.007*** [0.0024]		
BA			0.177*** [0.0464]	
UPSTREAM× STA×BA			−0.051*** [0.0169]	
TA				0.043*** [0.0129]
UPSTREAM× STA×TA				−0.010* [0.0058]
AGE	−0.007 [0.0167]	−0.001 [0.0072]	−0.003 [0.0191]	−0.001 [0.0070]
SIZE	0.023*** [0.0058]	0.005 [0.0033]	0.020*** [0.0063]	0.004 [0.0034]
DEBT	−0.012 [0.0240]	0.336*** [0.0150]	−0.059** [0.0299]	0.341*** [0.0150]
PPE	−0.133*** [0.0278]	0.033** [0.0166]	−0.138*** [0.0300]	0.037** [0.0167]
PROFIT	−0.158*** [0.0289]	−0.067*** [0.0144]	−0.154*** [0.0312]	−0.059*** [0.0140]

变量	（1）	（2）	（3）	（4）
	TA	*BA*	*TA*	*BA*
CFO	−0.283*** ［0.0426］	−0.133*** ［0.0236］	−0.263*** ［0.0454］	−0.126*** ［0.0236］
GDP	−0.008 ［0.0218］	−0.010 ［0.0091］	−0.006 ［0.0231］	−0.008 ［0.0098］
个体	控制	控制	控制	控制
年度	控制	控制	控制	控制
_cons	0.001 ［0.1994］	0.006 ［0.1033］	0.048 ［0.2120］	0.001 ［0.1053］
N	7536	7536	7536	7536
adj. R-sq	0.1855	0.3686	0.1949	0.3712

注：括号内为标准误，***、**和*分别表示在1%、5%和10%的水平显著。

资料来源：根据Stata软件输出结果绘制。

3. 供应链上游度对企业债务融资规模的规模异质性影响

对回归模型（5-13）至回归模型（5-16）的回归结果如表5-14所示。第（1）列以商业信用规模 *TA* 作为被解释变量的回归结果显示：供应链上游度与规模性质的交互项 *UPSTREAM* × *ASSET* 的回归系数为−0.023，在1%的水平显著为负，表明供应链上游度越高，大型企业相对于小型企业缩小了提供的商业信用融资规模。第（2）列以银行信用规模 *BA* 作为被解释变量的回归结果显示：供应链上游度与规模性质的交互项 *UPSTREAM* × *ASSET* 的回归系数为0.011，在5%的水平显著为正，表明供应链上游度越高，大型企业相对于小型企业扩大了获得的银行信用融资规模。第（3）列以商业信用融资规模 *TA* 为被解释变量的回归结果显示，供应链上游度、规模性质和银行信用的三次交乘项 *UPSTREAM* × *ASSET* × *BA* 的回归系数为−0.152，在1%的水平显著为负。第（4）列以银行信用 *BA* 作为被解释变量的回归结果显示，供应链上游度、规模性质和商业信用的三次交乘项 *UPSTREAM* × *ASSET* × *TA* 的回归系数为−0.018，在10%的水平显著为负。第（3）列和第（4）列均表明随着供应链上游度的提高，大型企业中商业信用与银行信用融资规模之间呈现替代性关系，而小型企业中二者间呈现互补性关系。回归结果验证了 H5-9。结果表明，企业的规模性质是供应链上游度对企业债务融资规模的异质性影响因素。

表 5-14　供应链上游度对商业信用与银行信用影响的规模异质性回归

变量	（1） TA	（2） BA	（3） TA	（4） BA
UPSTREAM	−0.006 * [0.0032]	0.004 ** [0.0018]	−0.006 * [0.0033]	0.005 ** [0.0018]
ASSET	0.029 ** [0.0140]	−0.009 [0.0135]	0.060 *** [0.0165]	0.016 [0.0106]
UPSTREAM×ASSET	−0.023 *** [0.0075]	0.011 ** [0.0045]		
BA			0.145 *** [0.0422]	
UPSTREAM× ASSET×BA			−0.152 *** [0.0500]	
TA				0.041 *** [0.0126]
UPSTREAM× ASSET×TA				−0.018 * [0.0105]
AGE	−0.006 [0.0168]	−0.001 [0.0069]	−0.003 [0.0197]	−0.001 [0.0069]
DEBT	0.013 [0.0222]	0.342 *** [0.0137]	−0.039 [0.0285]	0.344 *** [0.0136]
PPE	−0.137 *** [0.0281]	0.033 ** [0.0166]	−0.142 *** [0.0301]	0.036 ** [0.0166]
PROFIT	−0.141 *** [0.0288]	−0.064 *** [0.0142]	−0.138 *** [0.0310]	−0.056 *** [0.0137]
CFO	−0.283 *** [0.0425]	−0.134 *** [0.0237]	−0.266 *** [0.0453]	−0.125 *** [0.0237]

变量	（1）	（2）	（3）	（4）
	TA	BA	TA	BA
GDP	−0.008 [0.0221]	−0.009 [0.0092]	−0.007 [0.0234]	−0.008 [0.0097]
个体	控制	控制	控制	控制
年度	控制	控制	控制	控制
_cons	0.468** [0.1856]	0.099 [0.0792]	0.460** [0.1973]	0.072 [0.0848]
N	7536	7536	7536	7536
adj. R−sq	0.1786	0.3665	0.1881	0.3704

注：括号内为标准误，***、**和*分别表示在1%、5%和10%的水平显著。

资料来源：根据Stata软件输出结果绘制。

三、财务风险与经济政策不确定性对企业债务融资规模的调节效应检验

（一）理论分析与研究假设

1. 供应链上游度、财务风险与债务融资规模

企业微观的财务风险状况是银行授信等债务融资行为的重要考量因素。企业随着自身财务风险的增大，在供应链上下游生产中降低中间产品质量的动机更强，公司治理水平相对变差，越容易发生道德风险问题，与供应链上下游厂商的信息不对称性就更强。此时，提供的商业信用融资在供应商与客户间能够起到产品质量担保的作用（Deloof 和 Jegers，1999)[52]。同时，下游客户企业可以通过商业信用债务关系给供应商施加财务约束，对债务人进行有效的行为监督，从而提升债务人的公司治理水

平（杨勇等，2009）[75]。因此，对于财务风险较大的企业而言，需要更多的商业信用发挥质量担保和公司治理等作用，提供商业信用所带来的缓解信息不对称功能越突出，此时企业对外提供的商业信用融资规模越大。另外，内部财务风险的加剧意味着企业盈利能力与利润水平短期内出现下滑，未来现金流的不确定性提升，企业出于预防性动机，越靠近供应链上游的企业越倾向于运用可抵押资产等融资优势进一步提高财务杠杆，提升银行贷款水平，提高自身资产负债率（Han 和 Qiu，2007）[178]，通过提高债务杠杆的方式短期内延续企业存活，希望通过进一步生产经营运作化解财务危机。基于以上分析，提出研究假设如下：

H5-10：对于财务风险越大的企业，随着供应链上游度的提高，企业提供的商业信用规模越大；供应链上游度越低，企业提供的商业信用规模越小。

H5-11：对于财务风险越大的企业，随着供应链上游度的提高，企业获得的银行信用规模越大；供应链上游度越低，企业获得的银行信用规模越小。

2. 供应链上游度、经济政策不确定性与债务融资规模

经济政策不确定性是企业生产经营的宏观背景，企业信用融资行为在不同的宏观经济背景下呈现出不同的表现特征。宏观经济政策不确定性提高引致的产品市场整体需求降低，使越靠近供应链上游的供应商市场环境更加激烈，企业为了延续正常经营活动和提高自身竞争力，需要多方面拓展产品市场份额（陈胜蓝和刘晓玲，2018）[67]。此时公司更迫切地需要通过提供商业信用融资合同进行产品促销、吸引客户和增加销售收入，提高产品市场竞争力，同时与客户通过签订长期的购销合同，提高客户忠诚度，在一定程度上确保未来现金流入的稳定性（Petersen 和 Rajan，1997；张杰和刘东，2006）[4][170]。因此，在经济政策不确定性较高的宏观背景下，越靠近供应链上游的供应商向下游企业提供商业信用融资的意愿越强。另外，随着经济政策不确定性的提升，企业经营环境逐步恶化，经营风险逐步升高，预期未来现金流的不确定性进一步提升（Gulen 和 Ion，

2016)[179]，出于预防性经营动机，越靠近供应链上游的企业越倾向于运用资产抵押等方式进一步增加银行贷款（Han 和 Qiu，2007）[178]，通过银行授信的方式提高财务杠杆，增加现金持有量，增强抵御未来不良冲击的能力。基于以上分析，提出研究假设如下：

H5-12：企业所处环境的经济政策不确定性越大，随着供应链上游度的提高，企业提供的商业信用规模越大；供应链上游度越低，企业提供的商业信用规模越小。

H5-13：企业所处环境的经济政策不确定性越大，随着供应链上游度的提高，企业获得的银行信用规模越大；供应链上游度越低，企业获得的银行信用规模越小。

（二）变量选取、样本选择与模型设定

1. 变量选取

企业债务融资规模和供应链上游度。重点选取企业提供商业信用和获得银行信用的债务融资规模为研究对象，债务融资规模和供应链上游度的指标计算方式同前节。具体地，以"应收账款与主营业务收入的比值"衡量企业对客户提供商业信用融资的水平（TA），以"短期借款与总资产的比值"对企业获得的银行信用融资规模进行衡量（BA）。

企业财务风险。参考 Altman（1968）[180]、王鲁昱和李科（2022）[104]的研究，采用 Z 值度量企业的财务风险（$RISK$），Z 值从企业的变现能力、累计利润、资产盈利能力、偿债能力、资产效率 5 个方面全面衡量了企业的财务状况，计算方法如下：

$$Z = 1.2X_1 + 1.4X_2 + 3.3X_3 + 0.6X_4 + 0.999X_5 \tag{5-17}$$

其中，X_1 为营运资金/总资产；X_2 为留存收益/总资产；X_3 为 EBIT/总资产；X_4 为权益的市场价值/总负债的账面价值；X_5 为营业收入/总资产。Z 值越高，表示企业的财务风险越低。

经济政策不确定性。参考 Baker 等（2016）[181]、陈胜蓝和刘晓玲（2018）[67]的研究，采用中国经济政策不确定性指数衡量宏观经济政策的

不确定性程度（*EPU*），该指数能够衡量宏观经济层面财政、监管和货币政策的不确定性变化所带来的风险。

控制变量的定义同前节，详细如表 5-15 所示。

表 5-15 财务风险与经济政策不确定性调节的变量表示及定义

变量	简写	定义
商业信用融资规模	*TA*	应收账款/主营业务收入
银行信用融资规模	*BA*	短期借款/总资产
供应链上游度	*UPSTREAM*	企业在生产网络的供应链中与最终消费端之间的纵向距离
财务风险	*RISK*	Z 值
经济政策不确定性	*EPU*	通过采集新闻中相关词频计算得出中国经济政策不确定性指数
上市年限	*AGE*	当前年份减去公司上市年份
资产规模	*SIZE*	总资产的对数值
资产负债率	*DEBT*	总负债/总资产
固定资产比率	*PPE*	固定资产净额/总资产
营业利润率	*PROFIT*	营业利润/营业收入
经营性净现金流	*CFO*	经营性现金流量净额/总资产
区域经济发展程度	*GDP*	公司所在省份的 GDP 对数值

2. 样本选取与数据来源

本书以 2002 年、2007 年、2012 年、2017 年的投入产出表为基础构建生产网络，以 2002~2021 年的中国沪深 A 股上市公司为研究对象。为保证数据的适用性，剔除了金融类和房地产类上市公司、ST 和 ST* 上市公司以及数据缺失严重的样本公司，最终样本包括 7536 个观测值。为减少极端值的影响，对所有连续变量的取值进行了上下 1% 的 Winsorize 缩尾处理。数据来源于 CSMAR 数据库、国家统计局。

3. 模型构建

为了验证 H5-10 和 H5-11，即检验企业财务风险对企业商业信用与银行信用债务融资规模的调节效应，设计回归模型如下：

$$TA_{i,t} = \alpha + \beta_1 UPSTREAM_{i,t} + \beta_2 RISK_{i,t} + \beta_3 UPSTREAM_{i,t} \times RISK_{i,t} +$$
$$\beta_4 CONTROL_{i,t} + \mu_i + \lambda_t + \epsilon_{i,t} \tag{5-18}$$

$$BA_{i,t} = \alpha + \beta_1 UPSTREAM_{i,t} + \beta_2 RISK_{i,t} + \beta_3 UPSTREAM_{i,t} \times RISK_{i,t} +$$
$$\beta_4 CONTROL_{i,t} + \mu_i + \lambda_t + \epsilon_{i,t} \tag{5-19}$$

其中，模型中下标 i、t 分别表示企业 i 和年度 t。回归模型（5-18）的变量 TA 为被解释变量，表示企业提供的商业信用融资规模；$UPSTREAM$ 表示企业所在行业的供应链上游度；$RISK$ 表示企业的财务风险水平；模型中加入了供应链上游度与企业财务风险的交互项 $UPSTREAM \times RISK$。如果 H5-10 成立，模型（5-18）中交互项 $UPSTREAM \times RISK$ 的回归系数应显著为负。回归模型（5-19）的变量 BA 为被解释变量，表示企业获得银行信用的融资规模。如果 H5-11 成立，模型（5-19）中交互项 $UPSTREAM \times RISK$ 的回归系数应显著为负。

为了验证 H5-12 和 H5-13，即检验经济政策不确定性对企业商业信用与银行信用债务融资规模的调节效应，设计回归模型如下：

回归模型（5-20）的变量 TA 为被解释变量，表示企业提供的商业信用融资规模；$UPSTREAM$ 表示企业所在行业的供应链上游度；EPU 表示企业所处宏观环境的经济政策不确定性；模型中加入了供应链上游度与经济政策不确定性的交互项 $UPSTREAM \times EPU$。如果 H5-12 成立，模型（5-20）中交互项 $UPSTREAM \times EPU$ 的回归系数应显著为正。回归模型（5-21）的变量 BA 为被解释变量，表示企业获得银行信用的融资规模。如果 H5-13 成立，模型（5-21）中交互项 $UPSTREAM \times EPU$ 的回归系数应显著为正。

$$TA_{i,t} = \alpha + \beta_1 CENTRALITY_{i,t} + \beta_2 EPU_{i,t} + \beta_3 CENTRALITY_{i,t} \times EPU_{i,t} +$$
$$\beta_4 CONTROL_{i,t} + \mu_i + \lambda_t + \epsilon_{i,t} \tag{5-20}$$

$$BA_{i,t} = \alpha + \beta_1 CENTRALITY_{i,t} + \beta_2 EPU_{i,t} + \beta_3 CENTRALITY_{i,t} \times EPU_{i,t} +$$
$$\beta_4 CONTROL_{i,t} + \mu_i + \lambda_t + \epsilon_{i,t} \tag{5-21}$$

（三）回归分析

1. 描述性统计

描述性统计结果如表 5-16 所示。提供的商业信用规模（TA）和获得的银行信用规模（BA）平均值分别为 23.8%、12.9%，表明商业信用和银行信用融资在上市公司资产负债表中占有显著比重。企业财务风险（RISK）的平均值为 3.979，标准差为 4.066，取值范围在 -0.231 ~ 25.679，虽然对变量进行了缩尾处理，但是相对而言财务风险变量的波动幅度较大。经济政策不确定性（EPU）的平均值为 1.365，标准差为 0.655，表明我国宏观经济政策具有连续性，波动幅度较小。各控制变量的取值范围在合理的区间内，剔除了极端值的影响。整体来看，变量的数据值较为平稳，数量级较为一致。

表 5-16　财务风险与经济政策不确定性调节的变量描述性统计

变量	平均值	标准差	最小值	25%	中值	75%	最大值
TA	0.238	0.232	0.000	0.071	0.172	0.326	1.182
BA	0.129	0.119	0.000	0.028	0.101	0.196	0.551
UPSTREAM	1.938	1.485	0.000	0.000	3.000	3.000	5.000
RISK	3.979	4.066	-0.231	1.727	2.824	4.635	25.679
EPU	1.365	0.655	0.504	0.535	1.243	2.066	2.066
AGE	8.002	6.472	0.000	2.000	7.000	13.000	27.000
SIZE	21.772	1.311	19.022	20.839	21.611	22.514	25.961
DEBT	0.435	0.215	0.052	0.268	0.426	0.583	1.103
PPE	0.242	0.173	0.002	0.108	0.206	0.343	0.743
PROFIT	0.086	0.199	-1.081	0.029	0.079	0.155	0.669
CFO	0.044	0.075	-0.199	0.005	0.044	0.088	0.264
GDP	9.972	1.042	5.115	9.388	10.167	10.855	11.404

资料来源：根据 Stata 软件输出结果绘制。

2. 企业财务风险与经济政策不确定性对企业债务融资规模的调节效应

对回归模型（5-18）和回归模型（5-19）的回归结果如表5-17所示。第（1）列以商业信用规模 TA 作为被解释变量的回归结果显示：供应商上游度与财务风险的交互项 UPSTREAM×RISK 的回归系数为−0.001，在5%的水平显著为负，由于 Z 值与企业财务风险的负相关关系，结果表明对于财务风险越大的企业，随着供应链上游度的提高，提供的商业信用融资规模越大。第（2）列以银行信用规模 BA 作为被解释变量的回归结果显示：供应商上游度与财务风险的交互项 UPSTREAM×RISK 的回归系数为−0.0001，在5%的水平显著为负，表明对于财务风险越大的企业，随着供应链上游度的增加，获得的银行信用融资规模也越大。回归结果验证了 H5-10 和 H5-11。整体结果表明，微观企业财务风险因素是供应链上游度对商业信用与银行信用规模影响的调节因素。对于财务风险较大的企业而言，可以通过提高供应链上游度，扩大自身获得的银行信用债务融资规模，同时利用提供商业信用融资功能，改善企业经营表现。

对回归模型（5-20）和回归模型（5-21）的回归结果如表5-17所示。第（3）列以商业信用规模 TA 作为被解释变量的回归结果显示：供应商上游度与经济政策不确定性的交互项 UPSTREAM×EPU 的回归系数为0.008，在1%的水平显著为正，表明在经济政策不确定性越高的环境中，企业随着供应链上游度的提升，提供的商业信用融资规模越大。第（4）列以银行信用规模 BA 作为被解释变量的回归结果显示：供应商上游度与经济政策不确定性的交互项 UPSTREAM×EPU 的回归系数为0.002，在10%的水平显著为正，表明在经济政策不确定性越高的环境中，企业随着供应链上游度的提升，获得的银行信用融资规模也越大。回归结果验证了 H5-12 和 H5-13。结果表明，宏观经济政策不确定性是供应链上游度对商业信用与银行信用影响的调节因素。当宏观环境的经济政策不确定性越高时，企业可以通过提高供应链上游度，扩大银行信用债务融资规模，同时利用提供商业信用融资功能，改善企业经营表现。

表 5-17　财务风险与经济政策不确定性对商业信用与银行信用规模的调节效应检验

变量	（1）	（2）	（3）	（4）
	TA	BA	TA	BA
UPSTREAM	0.019 *** [0.0024]	0.005 *** [0.0012]	0.016 *** [0.0016]	0.005 *** [0.0019]
RISK	−0.003 ** [0.0012]	−0.00007 * [0.0009]		
UPSTREAM×RISK	−0.001 ** [0.0004]	−0.0001 ** [0.0002]		
EPU			0.014 * [0.0079]	−0.024 [0.0716]
UPSTREAM×EPU			0.008 *** [0.0025]	0.002 * [0.0014]
AGE	−0.006 *** [0.0004]	−0.0004 ** [0.0002]	−0.006 *** [0.0004]	−0.002 [0.0072]
SIZE	−0.019 *** [0.0023]	−0.015 *** [0.0013]	−0.016 *** [0.0023]	0.005 * [0.0033]
DEBT	−0.046 ** [0.0185]	0.336 *** [0.0103]	0.005 [0.0167]	0.337 *** [0.0150]
PPE	−0.309 *** [0.0153]	0.061 *** [0.0080]	−0.296 *** [0.0151]	0.033 ** [0.0167]
PROFIT	−0.130 *** [0.0265]	−0.038 *** [0.0103]	−0.132 *** [0.0263]	−0.067 *** [0.0144]
CFO	−0.622 *** [0.0408]	−0.172 *** [0.0195]	−0.643 *** [0.0409]	−0.135 *** [0.0236]
GDP	−0.009 ** [0.0037]	0.007 *** [0.0017]	−0.009 ** [0.0037]	−0.010 [0.0091]
个体	控制	控制	控制	控制
年度	控制	控制	控制	控制
_cons	0.915 *** [0.0562]	0.262 *** [0.0301]	0.824 *** [0.0534]	0.002 [0.1090]
N	7536	7536	7536	7536
adj. R-sq	0.2385	0.4286	0.2357	0.3673

注：括号内为标准误，＊＊＊、＊＊和＊分别表示在1%、5%和10%的水平显著。

资料来源：根据 Stata 软件输出结果绘制。

四、本章小结

本章在构建生产网络的基础上定义企业的供应链上游度指标，首先基于纵向维度下生产网络视角检验了供应链上游度对商业信用和银行信用的规模、期限、成本以及信用规模之间互补替代关系的影响，并进行稳健性检验；其次将企业异质性分为国有企业与民营企业、大型企业与小型企业，考察供应链上游度对企业债务融资额的产权异质性与规模异质性影响；最后在微观层面选取企业的财务风险因素、在宏观层面选取经济政策不确定性因素，进一步检验供应链上游度对企业债务融资规模的调节效应。研究发现，企业越靠近供应链上游，企业提供的商业信用融资规模越大，融资期限越长，融资成本越高，企业获得的银行信用融资规模越大，融资期限越长，融资成本越低，即提供的商业信用和获得的银行信用融资资源向供应链上游的企业聚集，并且提供的商业信用与获得的银行信用规模之间呈现互补性关系。此结论在一系列稳健性检验中具有稳定性。在异质性分析方面，企业的产权性质与规模性质是供应链上游度对企业债务融资规模的异质性影响因素。在调节效应检验方面，企业微观财务风险与宏观经济政策不确定性是纵向维度下生产网络对企业债务融资规模影响的调节因子。

第六章

生产网络对企业债务融资影响的绩效分析

第四章和第五章分别从横向维度与纵向维度下构建生产网络的相关指标，检验了生产网络对企业债务融资的影响，表明基于横向维度与纵向维度下生产网络对企业债务融资具有显著影响。进一步地，本章聚焦于企业债务融资行为的绩效分析，通过对生产网络作用于企业经营绩效的理论进行分析，提出相关研究假设，对企业净资产收益率进行杜邦分析，分别从横向维度与纵向维度下检验了生产网络对企业经营绩效的影响，明确了生产网络影响企业经营绩效的债务融资渠道，揭示了企业的经营利润在横向与纵向维度下生产网络中具有分配效应。最后进行本章小结。

一、横向维度下生产网络对企业经营绩效影响的实证分析

（一）理论分析与研究假设

根据社会网络理论，企业之间的社会网络联系相较单一的个体关联，具有更高维度的社会属性，拥有信息传递与资源配置的功能。企业可

以通过直接或间接的社会联系打通资源配置的渠道，利用多类型的社会网络获得信息资源，帮助自身企业发展，更高维度的社会网络同时可以形成规模效应或品牌效应，利用企业与市场的整体关系改善企业经营决策。对于嵌入在生产网络中的企业而言，供应商和客户间投入产出生产关系有利于企业更好地获取并积累资源，在生产关系的基础上提升信任水平并缓解企业间信息不对称。具体地，首先，处于生产网络中的核心企业与其他企业之间存在众多业务往来，拥有多重信息获取的渠道与桥梁，有利于企业快速便捷地获取重要且有价值的信息，减少了企业搜索信息的成本，同时企业的生产决策可以从多渠道的贸易选择中进行优化，提升企业的经营表现。其次，生产网络中企业基于投入产出生产关联的知识交换，使核心企业能够更加有效地降低运营成本，共享私有信息，建立协作信任，获取资源的种类更加丰富，使产品差异化的表现更加出色，提升产品市场竞争力。最后，企业个体之间的信任是社会网络形成的基础，基于生产的贸易关系可以显著增强企业之间的信任程度，缓解信息不对称问题，有效增强客户黏性，达成更为长期的商业信用购销合同，加速自身产品销售的周转，减少产品库存，进一步提升企业的市场绩效表现。在商业信用与银行信用的债务融资方面，在生产网络中的核心企业可以通过获得商业信用融资的形式，在生产贸易合同中约定延期支付的节点，集中统一支付货款，有效降低企业的交易成本（Smith，1987）[51]，提升企业营业利润率，同时核心企业由于具有更多的可选择贸易对象，在产品市场交易中具有更强的议价能力，企业可以向对手方企业要求更高的商业信用偿还折扣，提升企业的产品净利润，金融机构贷款的增加也可以提高财务杠杆，以权益乘数的形式增加企业经营绩效。基于以上分析，提出研究假设如下：

H6-1：企业所处网络中心度越高，企业的资产周转效率越高；网络中心度越低，企业的资产周转效率越低。

H6-2：企业所处网络中心度越高，企业的产品净利率越大；网络中心度越低，企业的产品净利率越小。

H6-3：企业所处网络中心度越高，企业的净资产收益率越高；网络中心度越低，企业的净资产收益率越低。

（二）变量选取、样本选择与模型设定

1. 变量选取

企业经营绩效主要包括总资产周转率（AT）、营业净利率（NP）及净资产收益率（ROE）三方面。本书对净资产收益率（ROE）进行杜邦分析，在净资产收益率的基础上采用总资产周转率衡量企业资产周转效率，采用营业净利率衡量企业的产品净利率，从三方面更加全面地考察企业经营绩效的表现特征。总资产周转率（AT）计算方式采用"营业收入/总资产"，营业净利率（NP）计算方式采用"净利润/营业收入"，净资产收益率（ROE）计算方式采用"净利润/股东权益"。

网络中心度参考 Ahern 和 Harford（2014）[141]、Mcconnell 等（2019）[32]的研究，企业所处生产网络的特征向量中心度指标构建同第四章。通过中国投入产出表中行业间贸易流量构建贸易流矩阵形成生产网络，进而计算生产网络中节点的特征向量中心度指标（$CENTRALITY$）。特征向量中心度指标能够较好地度量一个节点在整个生产网络中的位置重要程度（Borgatti，2005；Ahern 和 Harford，2014）[163][141]，该值越大，表示企业离生产网络的中心位置越近。

控制变量包括：资产规模（$SIZE$）衡量企业的规模状况，规模越大的企业可能具有相对更多的对外投资机会以及市场议价能力，在企业绩效方面表现得更为突出；资产负债率（$DEBT$）衡量企业的杠杆水平，企业的融资状况可能对企业业绩具有显著影响；营业利润率（$PROFIT$）衡量产品盈利情况，企业的营业状况对企业绩效具有直接的提升作用；账面市值比（MB）衡量企业的增长机会，对外投资机会对企业绩效具有显著正向的影响；企业发行股份获得的资金（$ISSUE$）衡量企业的股权融资规模，具有大规模股权融资的企业可能促进企业业绩的提升；GDP 增长率（GDP）衡量宏观经济周期，不同的宏观经济周期导致企业的经营环境有所差异，繁荣期相较衰退期的企业具有更多的投资和发展机会，具体变量

定义如表6-1所示。

表6-1　横向维度下生产网络的影响变量表示及定义

变量	简写	定义
总资产周转率	AT	营业收入/总资产
营业净利率	NP	净利润/营业收入
净资产收益率	ROE	净利润/股东权益
网络中心度	CENTRALITY	基于横向维度下生产网络的特征向量中心度
资产规模	SIZE	总资产的对数值
资产负债率	DEBT	总负债/总资产
营业利润率	PROFIT	营业利润/营业收入
账面市值比	MB	股东权益/公司市值
企业发行股份获得的资金	ISSUE	吸收权益性投资收到的资金/总资产
宏观经济环境	GDP	GDP 增长率，即当期的 GDP 除以上年同期 GDP 再减去 100%

2. 样本选取与数据来源

本书以 2002~2021 年中国沪深 A 股上市公司为研究对象，以 2002 年、2007 年、2012 年、2017 年的投入产出表为基础构建生产网络。首先，以 2017 年版《国民经济行业分类》为标准，对各年度的投入产出表进行统一调整，将行业分类名称逐一匹配，使其与企业所属行业名称完全对应。其次，为保证数据的适用性，剔除了金融类上市公司和公用事业行业、ST 和 ST* 公司以及企业绩效等相关数据缺失严重的样本公司，最终样本包括 6337 个观测值。最后，为减小极端值的影响，对主要连续变量的取值进行了上下 1% 的 Winsorize 缩尾处理。数据来源于 CSMAR 数据库、国家统计局。

3. 模型构建

为了验证 H6-1 至 H6-3，即检验网络中心度是否对企业的资产周转效率、产品净利率及净资产收益率有显著影响，设计回归模型如下：

$$AT_{i,t+1} = \alpha + \beta_1 CENTRALITY_{i,t} + \beta_2 AT_{i,t} + \beta_3 CONTROL_{i,t} + \mu_i + \lambda_t + \epsilon_{i,t} \quad (6-1)$$

$$\Delta AT_{i,t+1} = \alpha + \beta_1 CENTRALITY_{i,t} + \beta_2 CONTROL_{i,t} + \mu_i + \lambda_t + \epsilon_{i,t} \qquad (6\text{-}2)$$

$$NP_{i,t+1} = \alpha + \beta_1 CENTRALITY_{i,t} + \beta_2 NP_{i,t} + \beta_3 CONTROL_{i,t} + \mu_i + \lambda_t + \epsilon_{i,t} \qquad (6\text{-}3)$$

$$\Delta NP_{i,t+1} = \alpha + \beta_1 CENTRALITY_{i,t} + \beta_2 CONTROL_{i,t} + \mu_i + \lambda_t + \epsilon_{i,t} \qquad (6\text{-}4)$$

$$ROE_{i,t+1} = \alpha + \beta_1 CENTRALITY_{i,t} + \beta_2 ROE_{i,t} + \beta_3 CONTROL_{i,t} + \mu_i + \lambda_t + \epsilon_{i,t}$$

$$(6\text{-}5)$$

$$\Delta ROE_{i,t+1} = \alpha + \beta_1 CENTRALITY_{i,t} + \beta_2 CONTROL_{i,t} + \mu_i + \lambda_t + \epsilon_{i,t} \qquad (6\text{-}6)$$

其中，模型中下标 i、t 分别表示企业 i 和年度 t。参考饶品贵和姜国华（2013）[182] 的研究，考虑到企业绩效可能存在延迟表现的特征，本书考察在 t 年度的网络中心度对下一期 $t+1$ 年度企业绩效的影响作用。同时由于企业经营表现具有持续性特征，因此对总资产周转率、营业净利率、净资产收益率绝对量的回归中分别控制了当期指标。回归模型（6-1）的变量 $AT_{i,t+1}$ 是被解释变量，表示企业在 $t+1$ 年度的总资产周转率水平；$CENTRALITY_{i,t}$ 是解释变量，表示企业在 t 年度的网络中心度；模型中加入了 t 年度的总资产周转率指标。回归模型（6-2）的变量 $\Delta AT_{i,t+1}$ 是被解释变量，表示企业在 $t+1$ 年度的总资产周转率变化情况，考察当期网络中心度对下一期总资产周转率增长情况的影响。如果 H6-1 成立，回归模型（6-1）和回归模型（6-2）中 $CENTRALITY_{i,t}$ 的回归系数应显著为正。回归模型（6-3）的变量 $NP_{i,t+1}$ 是被解释变量，表示企业在 $t+1$ 年度的营业净利率水平，$CENTRALITY_{i,t}$ 是解释变量，模型中加入了 t 年度的营业净利率指标。回归模型（6-4）的变量 $\Delta NP_{i,t+1}$ 是被解释变量，表示企业在 $t+1$ 年度的营业净利率变化情况，考察当期网络中心度对下一期营业净利率增长情况的影响。如果 H6-2 成立，回归模型（6-3）和回归模型（6-4）中 $CENTRALITY_{i,t}$ 的回归系数应显著为正。回归模型（6-5）的变量 $ROE_{i,t+1}$ 是被解释变量，表示企业在 $t+1$ 年度的净资产收益率水平，$CENTRALITY_{i,t}$ 是解释变量，模型中加入了 t 年度的净资产收益率指标。回归模型（6-6）的变量 $\Delta ROE_{i,t+1}$ 是被解释变量，表示企业在 $t+1$ 年度的净资产收益率变化情况，考察当期网络中心度对下一期净资产收益率增长情况的影响。如果 H6-3 成立，回归模型（6-5）和回归模型（6-6）中 $CENTRALITY_{i,t}$ 的回归系数应显著为正。本书加入了年度和个体固定效应加以控制。

（三）回归分析

1. 描述性统计

本书对所涉及的变量进行了描述性统计，结果如表6-2所示。主要被解释变量 AT、NP、ROE 的平均值分别为 0.659、0.075、0.075，标准差分别为 0.571、0.177、0.114，企业经营绩效的数量级较为一致，标准差均在1以下，表明数据值的波动幅度较小，核心被解释变量净资产收益率 ROE 的变化范围在 $-0.573 \sim 0.369$，表明有部分上市公司存在短期净利润为负的现象，解释变量 $CENTRALITY$ 的变化范围在 $0 \sim 1$，取值范围较为合理。控制变量 $SIZE$、$DEBT$、$PROFIT$、MB、$ISSUE$、GDP 的平均值分别为 21.927、0.450、0.079、0.335、0.033、8.978，标准差均在3以下，表明各变量经过 Winsorize 缩尾处理后，已经剔除了样本极端值，变量适用于实证回归分析。

表6-2　横向维度下生产网络的影响变量描述性统计

变量	平均值	标准差	最小值	25%	中值	75%	最大值
AT	0.659	0.571	0.000	0.339	0.527	0.806	11.274
NP	0.075	0.177	−1.121	0.026	0.065	0.131	0.600
ROE	0.075	0.114	−0.573	0.033	0.073	0.124	0.369
$CENTRALITY$	0.793	0.177	0.000	0.695	0.823	0.943	1.000
$SIZE$	21.927	1.341	19.063	20.972	21.758	22.690	26.796
$DEBT$	0.450	0.210	0.056	0.291	0.448	0.600	0.998
$PROFIT$	0.079	0.198	−1.183	0.026	0.073	0.149	0.640
MB	0.335	0.170	0.000	0.216	0.319	0.441	0.771
$ISSUE$	0.033	0.098	0.000	0.000	0.000	0.006	0.584
GDP	8.978	2.676	6.900	6.900	7.900	9.100	14.200

资料来源：根据 Stata 软件输出结果绘制。

2. 网络中心度与企业经营绩效

对回归模型（6-1）至回归模型（6-6）的估计结果如表6-3所示。

第（1）列以总资产周转率 $AT_{i,t+1}$ 为被解释变量的结果显示：网络中心度 $CENTRALITY$ 的回归系数为 0.030，在 5% 的水平显著为正，$AT_{i,t}$ 的回归系数为 0.971，在 1% 的水平也显著为正，在其他变量不变的情况下，网络中心度每增加 0.1 个单位，总资产周转率将增加 0.30%，表明网络中心度的变化导致企业总资产周转率的同方向变化，资产周转效率也具有连续性变化的特征。第（2）列以总资产周转率变化量 $\Delta AT_{i,t+1}$ 为被解释变量的结果显示：网络中心度 $CENTRALITY$ 的回归系数为 0.023，在 10% 的水平显著为正，在其他变量不变的情况下，网络中心度每增加 0.1 个单位，总资产周转率变化量将增加 0.23%，同样表明了网络中心度的变化导致企业总资产周转率的同方向变化。第（3）列以营业净利率 $NP_{i,t+1}$ 为被解释变量的结果显示：网络中心度 $CENTRALITY$ 的回归系数为 0.026，在 10% 的水平显著为正，$NP_{i,t}$ 的回归系数为 0.097，在 5% 的水平也显著为正，在其他变量不变的情况下，网络中心度每增加 0.1 个单位，营业净利率将增加 0.97%，表明网络中心度的变化导致企业营业净利率的同方向变化，营业净利率也具有连续性变化的特征。第（4）列以营业净利率变化量 $\Delta NP_{i,t+1}$ 为被解释变量的结果显示：网络中心度 $CENTRALITY$ 的回归系数为 0.027，在 10% 的水平显著为正，在其他变量不变的情况下，网络中心度每增加 0.1 个单位，营业净利率变化量将增加 0.27%，同样表明了网络中心度的变化导致企业营业净利率的同方向变化。第（5）列以净资产收益率 $ROE_{i,t+1}$ 为被解释变量的结果显示：网络中心度 $CENTRALITY$ 的回归系数为 0.021，在 5% 的水平显著为正，$ROE_{i,t}$ 的回归系数为 0.419，在 1% 的水平显著为正，在其他变量不变的情况下，网络中心度每增加 0.1 个单位，净资产收益率将增加 0.21%，表明网络中心度的变化导致企业净资产收益率的同方向变化，净资产收益率也具有连续性变化的特征。第（6）列以净资产收益率变化量 $\Delta ROE_{i,t+1}$ 为被解释变量的结果显示：网络中心度 $CENTRALITY$ 的回归系数为 0.022，在 5% 的水平显著为正，在其他变量不变的情况下，网络中心度每增加 0.1 个单位，净资产收益率变化量将增加 0.22%，同样表明了网络中心度的变化导致企业净资产收益率的同方向变化。整体结果显示，生产网络的特征向量中心度是影响企业资产周转效率、产品净利率及净资产收益率的重要因素，提升企业所处生产网络的中心度，能够显著增加企业的资产周转效率、产品净利率以及净资产收益率，提高企业经营绩效，验证了 H6-1 至 H6-3。

表 6-3　网络中心度对企业经营绩效的影响

变量	(1) $AT_{i,t+1}$	(2) $\Delta AT_{i,t+1}$	(3) $NP_{i,t+1}$	(4) $\Delta NP_{i,t+1}$	(5) $ROE_{i,t+1}$	(6) $\Delta ROE_{i,t+1}$
$CENTRALITY_{i,t}$	0.030** [0.0147]	0.023* [0.0137]	0.026* [0.0133]	0.027* [0.0144]	0.021** [0.0092]	0.022** [0.0102]
$AT_{i,t}$	0.971*** [0.0232]					
$NP_{i,t}$			0.097** [0.0144]			
$ROE_{i,t}$					0.419*** [0.0326]	
$SIZE_{i,t}$	-0.004 [0.0043]	-0.005 [0.0041]	0.010*** [0.0028]	0.015*** [0.0035]	0.010*** [0.0017]	0.004* [0.0019]
$DEBT_{i,t}$	0.082** [0.0369]	0.078** [0.0370]	-0.085*** [0.0259]	-0.087*** [0.0308]	-0.048*** [0.0136]	-0.030* [0.0159]
$PROFIT_{i,t}$	-0.048* [0.0245]	-0.043* [0.0244]	0.306*** [0.0766]	-0.383*** [0.0448]	0.028 [0.0175]	-0.173*** [0.0166]
$MB_{i,t}$	0.081** [0.0318]	0.086*** [0.0326]	-0.065*** [0.0217]	-0.071*** [0.0228]	-0.090*** [0.0125]	-0.024* [0.0123]
$ISSUE_{i,t}$	0.038* [0.0197]	0.040** [0.0196]	0.050*** [0.0188]	0.037* [0.0191]	0.002 [0.0106]	-0.063*** [0.0109]
$GDP_{i,t}$	-0.004 [0.0053]	-0.003 [0.0053]	0.014*** [0.0041]	0.022*** [0.0047]	0.013*** [0.0026]	0.009*** [0.0029]
个体	控制	控制	控制	控制	控制	控制
年度	控制	控制	控制	控制	控制	控制
_cons	0.093 [0.1139]	0.092 [0.1143]	-0.271*** [0.0726]	-0.451*** [0.0879]	-0.254*** [0.0455]	-0.141*** [0.0513]

变量	（1）	（2）	（3）	（4）	（5）	（6）
	$AT_{i,t+1}$	$\Delta AT_{i,t+1}$	$NP_{i,t+1}$	$\Delta NP_{i,t+1}$	$ROE_{i,t+1}$	$\Delta ROE_{i,t+1}$
N	6337	6337	6337	6337	6337	6337
adj. R-sq	0.8345	0.0092	0.1828	0.1212	0.1851	0.0781

注：括号内为标准误，＊＊＊、＊＊和＊分别表示在1%、5%和10%的水平显著。

资料来源：根据 Stata 软件输出结果绘制。

（四）稳健性检验

1. 采用不同的企业经营绩效的代理变量

参考有关企业绩效影响因素的相关文献，对于企业绩效状况的衡量指标有较多不同角度的参考依据。为了消除可能存在的企业经营绩效指标的度量方式偏误和不合理问题，进一步将基础回归中的被解释变量更改为企业总资产净利润率（ROA）和息税前利润（EBIT），通过不同的企业利润的衡量指标代理企业的经营绩效。具体地，总资产净利润率（ROA）采用"净利润/总资产"，息税前利润（EBIT），采用"（净利润+所得税费用+财务费用）/总资产"，在对 $t+1$ 期的总资产净利润率和息税前利润绝对量回归时控制了 t 期的当期指标，控制变量的定义同回归模型（6-1）和回归模型（6-2）。在替换了企业经营绩效的不同衡量方式后，网络中心度对企业经营绩效仍有显著的正向影响。

估计结果如表6-4所示。第（1）列和第（2）列以总资产净利润率 $ROA_{i,t+1}$ 和变化量 $\Delta ROA_{i,t+1}$ 为被解释变量的结果显示：网络中心度 CEN-TRALITY 的回归系数分别在 1% 和 10% 的水平显著为正，表明网络中心度的变化导致企业总资产净利润率的同方向变化，总资产净利润率具有连续性变化的特征。第（3）列和第（4）列以息税前利润 $EBIT_{i,t+1}$ 和变化量 $\Delta EBIT_{i,t+1}$ 为被解释变量的结果显示：网络中心度 CENTRALITY 的回归系数分别在 1% 和 10% 的水平显著为正，表明网络中心度的变化导致企业息税前利润的同方向变化，息税前利润也具有连续性变化的特征。整体回归结果显示，网络中心度对以企业总资产净利润率和息税前利润为代表的企业经营绩效仍具有显著的正向影响，回归结果与前文的分析保持一致，表明网络中心度是影响企业经营绩效的重要因素。

表 6-4 采用不同的企业经营绩效代理变量的稳健性估计结果

变量	（1）	（2）	（3）	（4）
	$ROA_{i,t+1}$	$\Delta ROA_{i,t+1}$	$EBIT_{i,t+1}$	$\Delta EBIT_{i,t+1}$
$CENTRALITY_{i,t}$	0.015 *** [0.0043]	0.008 * [0.0045]	0.016 *** [0.0046]	0.009 * [0.0048]
$ROA_{i,t}$	0.419 *** [0.0433]			
$EBIT_{i,t}$			0.467 *** [0.0385]	
Controls	控制	控制	控制	控制
_cons	−0.102 *** [0.0242]	−0.074 *** [0.0284]	−0.116 *** [0.0249]	−0.082 *** [0.0286]
N	6337	6337	6337	6337
adj. R-sq	0.2196	0.0647	0.2259	0.0650

注：括号内为标准误，***、** 和 * 分别表示在 1%、5% 和 10% 的水平显著。

资料来源：根据 Stata 软件输出结果绘制。

2. 使用工具变量法（IV 法）对回归重新估计

在前文的实证回归中检验了网络中心度对企业经营绩效具有显著正向的影响，同时，市场业绩较好的企业在产品交易中可能具有较高的议价能力，在产品市场中具有较为突出的品牌效应与市场份额，从而导致企业在生产贸易网络中占据着中心位置。因此，针对企业经营绩效研究中可能存在的反向因果问题，采用工具变量法（IV 法）对回归进行重新估计。具体地，使用网络中心度 CENTRALITY 的滞后变量作为工具变量，采用两阶段最小二乘法（2SLS）对回归重新估计。

估计结果如表 6-5 所示。第（1）列和第（2）列以总资产周转率

$AT_{i,t+1}$ 和变化量 $\Delta AT_{i,t+1}$ 为被解释变量的结果显示：网络中心度 CENTRALI-TY 的回归系数均在 1% 的水平显著为正，表明网络中心度的变化导致企业总资产周转率的同方向变化。第（3）列和第（4）列以营业净利率 $NP_{i,t+1}$ 和变化量 $\Delta NP_{i,t+1}$ 为被解释变量的结果显示：网络中心度 CENTRALITY 对 $NP_{i,t+1}$ 的回归系数在 10% 的水平显著为正，对 $\Delta NP_{i,t+1}$ 的回归系数尽管是不显著的，但是回归系数仍然为正，表明网络中心度的变化导致企业营业净利率的同方向变化。第（5）列和第（6）列以净资产收益率 $ROE_{i,t+1}$ 和变化量 $\Delta ROE_{i,t+1}$ 为被解释变量的结果显示：网络中心度 CENTRALITY 的回归系数分别在 1% 和 10% 的水平显著为正，表明网络中心度的变化导致企业净资产收益率的同方向变化。整体回归结果显示，在采用了两阶段最小二乘法回归后，网络中心度对总资产周转率、营业净利率、净资产收益率仍有显著的正向影响，回归结果与前文的分析保持一致，表明网络中心度是影响企业经营绩效的重要因素。

表 6-5　采用两阶段最小二乘法重新估计的稳健性估计结果

变量	（1） $AT_{i,t+1}$	（2） $\Delta AT_{i,t+1}$	（3） $NP_{i,t+1}$	（4） $\Delta NP_{i,t+1}$	（5） $ROE_{i,t+1}$	（6） $\Delta ROE_{i,t+1}$
$CENTRALITY_{i,t}$	0.109*** [0.0365]	0.087*** [0.0314]	0.087* [0.0492]	0.052 [0.0434]	0.053*** [0.0165]	0.004* [0.0274]
$AT_{i,t}$	0.907*** [0.0448]					
$NP_{i,t}$			0.116** [0.0944]			
$ROE_{i,t}$					0.292*** [0.0352]	
Controls	控制	控制	控制	控制	控制	控制
_cons	−0.001 [0.1240]	0.029 [0.1252]	−0.225*** [0.0784]	−0.312*** [0.0855]	−0.235*** [0.0427]	−0.043 [0.0529]
N	4238	4238	4238	4238	4238	4238

注：括号内为标准误，***、** 和 * 分别表示在 1%、5% 和 10% 的水平显著。

资料来源：根据 Stata 软件输出结果绘制。

3. 新增企业破产风险作为控制变量

前文的研究已经验证了生活网络中心度的提升可以增加企业的债务融资，提高商业信用与银行信用方面的财务杠杆，增强企业的权益乘数。但是，根据现代债务融资理论，过高的债务杠杆可能导致企业缺乏财务柔性，出现资不抵债等方面问题，当出现极端情况时容易引致企业破产，对企业经营绩效也会造成沉重打击。因此，针对可能存在的企业破产风险对回归估计的干扰问题，采用 Z 值表示企业的破产风险，将企业破产风险变量纳入控制变量组中，对回归进行重新估计。具体地，参考 Altman（1968）[180]、王鲁昱和李科（2022）[104] 的研究，采用 Z 值度量企业的破产风险（Z-$SCORE$），Z 值可以从企业的变现能力、累计利润、资产盈利能力、偿债能力、资产效率五个方面全面衡量企业的财务状况，通常作为企业破产风险的代理指标。Z 值越大，表示企业财务状况越好，发生破产的可能性越小。

估计结果如表 6-6 所示。第（1）列和第（2）列以总资产周转率 $AT_{i,t+1}$ 和变化量 $\Delta AT_{i,t+1}$ 为被解释变量的结果显示：网络中心度 $CENTRALITY$ 的回归系数在 5% 和 10% 的水平显著为正，表明网络中心度的变化导致企业总资产周转率的同方向变化。第（3）列中网络中心度 $CENTRALITY$ 对营业净利率 $NP_{i,t+1}$ 的回归系数尽管并不显著，但是系数仍然为正。第（4）列以营业净利率变化量 $\Delta NP_{i,t+1}$ 为被解释变量的结果显示：网络中心度 $CENTRALITY$ 对 $NP_{i,t+1}$ 的回归系数在 1% 的水平显著为正，表明网络中心度的变化导致企业营业净利率的同方向变化。第（5）列和第（6）列以净资产收益率 $ROE_{i,t+1}$ 和变化量 $\Delta ROE_{i,t+1}$ 为被解释变量的结果显示：网络中心度 $CENTRALITY$ 的回归系数分别在 5% 和 1% 的水平显著为正，表明网络中心度的变化导致企业净资产收益率的同方向变化。整体回归结果显示，在新增企业破产风险作为控制变量后，网络中心度对总资产周转率、营业净利率、净资产收益率仍有显著的正向影响，表明网络中心度是影响企业经营绩效的重要因素，整体回归结果与前文的分析保持一致。

表 6-6 新增企业破产风险作为控制变量的稳健性估计结果

变量	（1） $AT_{i,t+1}$	（2） $\Delta AT_{i,t+1}$	（3） $NP_{i,t+1}$	（4） $\Delta NP_{i,t+1}$	（5） $ROE_{i,t+1}$	（6） $\Delta ROE_{i,t+1}$
$CENTRALITY_{i,t}$	0.031 ** [0.0148]	0.024 * [0.0137]	0.022 [0.0134]	0.040 *** [0.0152]	0.018 ** [0.0092]	0.028 *** [0.0104]
$AT_{i,t}$	0.968 *** [0.0228]					
$NP_{i,t}$			0.362 *** [0.0416]			
$ROE_{i,t}$					0.438 *** [0.0266]	
$Z-SCORE_{i,t}$	0.005 * [0.0029]	0.004 [0.0030]	0.002 ** [0.0010]	0.0002 [0.0011]	0.002 *** [0.0005]	0.001 [0.0005]
Controls	控制	控制	控制	控制	控制	控制
_cons	0.085 [0.0911]	0.090 [0.0915]	-0.458 *** [0.0750]	-0.056 [0.0888]	-0.279 *** [0.0449]	0.037 [0.0503]
N	6337	6337	6337	6337	6337	6337
adj. R-sq	0.8349	0.0107	0.1594	0.0202	0.1827	0.0270

注：括号内为标准误，***、** 和 * 分别表示在 1%、5% 和 10% 的水平显著。

资料来源：根据 Stata 软件输出结果绘制。

（五）机制检验：商业信用与银行信用债务融资

商业信用和银行信用是企业在经营发展过程中常用的债务融资形式。频率较高的商业信用融资交易可以在一定程度上传递企业经营良好、管理运作效率较高的信号，对企业业绩产生显著正向的促进作用（张良和马永强，2016）[183]。具体地，根据商业信用的经营性动机理论，供应商与客户通过签订商业信用合同可以约定支付货款的时间，通过定期偿还债务融资的方式，减少预防性现金流的储备，提高资金的利用效率，促进贸易合作关系走向长期，进而降低企业的交易成本（Ferris，1981；Fabbri 和 Menichini，2010）[49][50]。在银行贷款方面，金融机构对企业放贷额度的增加也可以提高企业的财务杠杆，缓解现金流短缺等问题，通过提高企业权益乘数的形式直接提升企业的盈利能力。另外，银行信用还具有监督管理的功能，金融机构为了避免道德风险问题，在对企业实施放贷之后，银行将定期对企业的财务状况、营运能力、经营风险等进行监督与评估，这样有助于企业进行规范发展，避免从事高风险的经营活动，具有外部监督的效应。因此，商业信用与银行信用的债务融资形式有助于提升公司经营绩效。本节采用三段式的标准计量方程，从实证分析的角度检验网络中心度对企业经营绩效影响的债务融资渠道，包括企业获得的商业信用与银行信用融资。

在变量选择方面，网络中心度、获得的商业信用和银行信用、净资产收益率以及控制变量的衡量方式同前节。具体地，以"应付账款/总负债"衡量企业获得的商业信用融资（TA）；以"短期借款/总资产"衡量获得的银行信用融资（BA）；以"净利润/股东权益"衡量净资产收益率（ROE）。控制变量包括：资产规模（$SIZE$）、资产负债率（$DEBT$）、营业利润率（$PROFIT$）、账面市值比（MB）、企业发行股份获得的资金（$ISSUE$）、GDP 增长率（GDP）。本书使用三段式的机制检验方程，设计回归模型如下：

$$ROE_{i,t} = \alpha + \beta_1 CENTRALITY_{i,t} + \beta_2 CONTROL_{i,t} + \mu_i + \lambda_t + \epsilon_{i,t} \qquad (6-7)$$

$$TA_{i,t} = \alpha + \beta_1 CENTRALITY_{i,t} + \beta_2 CONTROL_{i,t} + \mu_i + \lambda_t + \epsilon_{i,t} \qquad (6-8)$$

$$ROE_{i,t} = \alpha + \beta_1 CENTRALITY_{i,t} + \beta_2 TA_{i,t} + \beta_3 CONTROL_{i,t} + \mu_i + \lambda_t + \epsilon_{i,t} \qquad (6-9)$$

$$BA_{i,t} = \alpha + \beta_1 CENTRALITY_{i,t} + \beta_2 CONTROL_{i,t} + \mu_i + \lambda_t + \epsilon_{i,t} \qquad (6-10)$$

$$ROE_{i,t} = \alpha + \beta_1 CENTRALITY_{i,t} + \beta_2 BA_{i,t} + \beta_3 CONTROL_{i,t} + \mu_i + \lambda_t + \epsilon_{i,t} \qquad (6-11)$$

回归估计结果如表 6-7 所示。第（1）列和第（4）列是对回归模型（6-7）的估计结果，以净资产收益率 ROE 为被解释变量的结果显示：网络中心度 $CENTRALITY$ 的回归系数为 0.029，在 1% 的水平显著为正，表明网络中心度的变化导致企业净资产收益率的同方向变化。第（2）列是对回归模型（6-8）的估计结果，以获得的商业信用融资 TA 为被解释变量的结果显示：网络中心度 $CENTRALITY$ 的回归系数为 0.032，在 1% 的水平显著为正，表明网络中心度的变化导致企业商业信用融资的同方向变化，即网络中心度对中介变量 *TA* 具有显著正向的影响；第（3）列是对回归模型（6-9）的估计结果，以净资产收益率 *ROE* 为被解释变量的结果显示：网络中心度 *CENTRALITY* 和获得的商业信用融资 *TA* 的回归系数分别为0.026、0.081，均在1%的水平显著为正，表明网络中心度和商业信用融资的变化导致企业净资产收益率的同方向变化，即商业信用债务融资是网络中心度对企业经营绩效影响的中介机制。为了对结果有更清晰的理解，第（4）列的回归估计同第（1）列。第（5）列是对回归模型（6-10）的估计结果，以获得的银行信用融资 *BA* 为被解释变量的结果显示：网络中心度 *CENTRALITY* 的回归系数为0.067，在1%的水平显著为正，表明网络中心度的变化导致企业银行信用融资的同方向变化，即网络中心度对中介变量 *BA* 具有显著正向的影响。第（6）列是对回归模型（6-11）的估计结果，以净资产收益率 *ROE* 为被解释变量的结果显示：网络中心度 *CENTRALITY* 和获得的银行信用融资 *BA* 的回归系数分别为0.028、0.015，分别在1%和5%的水平显著为正，表明网络中心度和银行信用融资的变化导致企业净资产收益率的同方向变化，即银行信用债务融资也是网络中心度对企业经营绩效影响的中介机制。整体结果显示，商业信用与银行信用债务融资是生产网络影响企业经营绩效的中介机制，验证了基于横向维度下生产网络影响企业经营绩效的债务融资渠道。

表6-7　机制检验：获得的商业信用和银行信用债务融资的估计结果

变量	机制检验：商业信用融资			机制检验：银行信用融资		
	（1）	（2）	（3）	（4）	（5）	（6）
	ROE	*TA*	*ROE*	*ROE*	*BA*	*ROE*
CENTRALITY	0.029*** [0.0069]	0.032*** [0.0105]	0.026*** [0.0068]	0.029*** [0.0069]	0.067*** [0.0162]	0.028*** [0.0069]
TA			0.081*** [0.0075]			

续表

变量	机制检验：商业信用融资			机制检验：银行信用融资		
	（1）	（2）	（3）	（4）	（5）	（6）
	ROE	*TA*	*ROE*	*ROE*	*BA*	*ROE*
BA						0.015 ** [0.0073]
SIZE	0.011 *** [0.0014]	−0.009 *** [0.0021]	0.012 *** [0.0014]	0.011 *** [0.0014]	−0.026 *** [0.0048]	0.011 *** [0.0014]
DEBT	−0.028 ** [0.0118]	−0.203 *** [0.0179]	−0.011 [0.0123]	−0.028 ** [0.0118]	0.396 *** [0.0294]	−0.033 *** [0.0121]
PROFIT	0.346 *** [0.0141]	−0.111 *** [0.0137]	0.355 *** [0.0144]	0.346 *** [0.0141]	−0.197 ** [0.0822]	0.349 *** [0.0141]
MB	−0.111 *** [0.0092]	0.060 *** [0.0190]	−0.116 *** [0.0091]	−0.111 *** [0.0092]	0.065 *** [0.0198]	−0.112 *** [0.0092]
ISSUE	0.111 *** [0.0077]	0.044 * [0.0240]	0.108 *** [0.0075]	0.111 *** [0.0077]	−0.007 [0.0112]	0.112 *** [0.0077]
GDP	0.003 * [0.0019]	−0.043 *** [0.0031]	0.007 *** [0.0019]	0.003 * [0.0019]	0.005 [0.0071]	0.003 [0.0019]
个体	控制	控制	控制	控制	控制	控制
年度	控制	控制	控制	控制	控制	控制
_cons	−0.205 *** [0.0359]	0.799 *** [0.0550]	−0.269 *** [0.0365]	−0.205 *** [0.0359]	0.424 *** [0.1360]	−0.211 *** [0.0360]
N	6337	6337	6337	6337	6337	6337
adj. R−sq	0.4172	0.1405	0.4287	0.4172	0.1456	0.4181

注：括号内为标准误，＊＊＊、＊＊和＊分别表示在1%、5%和10%的水平显著。

资料来源：根据 Stata 软件输出结果绘制。

二、纵向维度下生产网络对企业经营绩效影响的实证分析

(一) 理论分析与研究假设

在生产供应链中越靠近上游的企业，资源采掘和原材料制造等工作决定了企业具有较强的专有投资属性，企业维系已建立的交易关系的动机越强，稳定的生产销售环境和供应链关系越有利于提高企业经营绩效。同时上游供应商具备信息获取优势、客户控制优势和财产挽回等多方面优势（方红星和楚有为，2019)[10]，在产品市场交易中往往处于垄断地位，拥有更强的议价能力，企业可以通过价格歧视等手段赚取市场上的垄断利润。另外，稳定的生产销售环境和供应链关系可能带来"不思进取"的企业环境，以及上游供应商满足于生产现状、长时间依靠资源和原材料的采掘制造工作、缺乏创新与竞争活力的市场环境可能会对企业经营绩效造成负面影响。同时，债务融资的结构对公司经营表现方面具有重要的影响作用。在商业信用融资供给端，根据经营性动机理论，对外提供商业信用具有市场竞争手段的功能，商业信用合同的达成可以提前销售商品，提高产品销售额和市场份额，加速自身产品销售的周转，提升总资产的周转率，减少产品剩余库存（张杰和刘东，2006)[170]。但是由于所提供的商业信用合同中可能包含折扣促销、附加的竞争性条款等内容，对企业产品本身的净利润造成打击，降低了企业产品的净利率（Summers 和 Wilson，2010)[184]，企业获得银行信用融资额的增加则直接提高了企业的权益乘数，提升企业对外投资的能力，对企业净资产收益率带来正向的促进作用。基于以上分析，提出研究假设如下：

H6-4：企业所处供应链上游度越高，企业的资产周转效率越高；企业所处供应链上游度越低，企业的资产周转效率越低。

H6-5：企业所处供应链上游度越高，企业的产品净利率越小；企业所处供应链上游度越低，企业的产品净利率越大。

H6-6a：企业所处供应链上游度越高，企业的净资产收益率越高；企业所处供应链上游度越低，企业的净资产收益率越低。

H6-6b：企业所处供应链上游度越高，企业的净资产收益率越低；企业所处供应链上游度越低，企业的净资产收益率越高。

（二）变量选取、样本选择与模型设定

1. 变量选取

企业经营绩效，主要包括总资产周转率（AT）、营业净利率（NP）及净资产收益率（ROE）三方面。总资产周转率（AT）计算方式采用"营业收入/总资产"，营业净利率（NP）计算方式采用"净利润/营业收入"，净资产收益率（ROE）计算方式采用"净利润/股东权益"。

供应链上游度。参考 Gofman 和 Wu（2022）[159] 的研究，以行业生产网络为基础构建上游度指标（UPSTREAM），具体构建过程同第五章。首先，将全球行业分类标准（GICS）中的日常消费品行业、非日常生活消费品行业进行对应调整，将其定义为最终消费品行业。然后，以投入产出表中部门之间生产贸易流量为基础，构建贸易流矩阵进而形成生产网络。最后，将生产网络中最终消费品行业的上游度定义为 0，其上游一级供应商的上游度则为 1，依次进行类推，直至对生产网络的所有供应链中行业上游度进行刻画。

控制变量包括：资产规模（SIZE）衡量企业的规模状况；资产负债率（DEBT）衡量企业的杠杆水平；营业利润率（PROFIT）衡量产品盈利情况；账面市值比（MB）衡量企业的增长机会；企业发行股份获得的资金（ISSUE）衡量企业的股权融资规模；GDP 增长率（GDP）衡量宏观经济周期，具体变量定义如表 6-8 所示。

表 6-8　纵向维度下生产网络的影响变量表示及定义

变量	简写	定义
总资产周转率	AT	营业收入/总资产
营业净利率	NP	净利润/营业收入
净资产收益率	ROE	净利润/股东权益
供应链上游度	UPSTREAM	企业在生产网络的供应链中与最终消费端之间的纵向距离
资产规模	SIZE	总资产的对数值
资产负债率	DEBT	总负债/总资产
营业利润率	PROFIT	营业利润/营业收入
账面市值比	MB	股东权益/公司市值
企业发行股份获得的资金	ISSUE	吸收权益性投资收到的资金/总资产，其中包括增发和配股
宏观经济环境	GDP	GDP 增长率，即当期的 GDP 除以上年同期 GDP 再减去 100%

2. 样本选取与数据来源

本书以 2002~2021 年中国沪深 A 股上市公司为研究对象，以 2002 年、2007 年、2012 年、2017 年投入产出表为基础构建生产网络。首先，以 2017 年版《国民经济行业分类》为标准，对各年度的投入产出表进行统一调整，将行业分类名称逐一匹配，使其与企业所属行业名称完全对应。其次，为保证数据的适用性，剔除了金融类和房地产类上市公司、ST 和 ST* 上市公司以及企业经营绩效等数据缺失严重的样本公司，最终样本包括 7536 个观测值。最后，为减少极端值的影响，对所有连续变量的取值进行了上下 1% 的 Winsorize 缩尾处理。数据来源于 CSMAR 数据库、国家统计局。

3. 模型构建

为了验证 H6-1 至 H6-5 及 H6-6a 和 H6-6b，即检验供应链上游度是否对企业的资产周转效率、产品净利率及净资产收益率有显著影响，设计回归模型如下：

$$AT_{i,t+1} = \alpha + \beta_1 UPSTREAM_{i,t} + \beta_2 AT_{i,t} + \beta_3 CONTROL_{i,t} + \mu_i + \lambda_t + \epsilon_{i,t} \qquad (6-12)$$

$$\Delta AT_{i,t+1} = \alpha + \beta_1 UPSTREAM_{i,t} + \beta_2 CONTROL_{i,t} + \mu_i + \lambda_t + \epsilon_{i,t} \qquad (6\text{-}13)$$

$$NP_{i,t+1} = \alpha + \beta_1 UPSTREAM_{i,t} + \beta_2 NP_{i,t} + \beta_3 CONTROL_{i,t} + \mu_i + \lambda_t + \epsilon_{i,t} \qquad (6\text{-}14)$$

$$\Delta NP_{i,t+1} = \alpha + \beta_1 UPSTREAM_{i,t} + \beta_2 CONTROL_{i,t} + \mu_i + \lambda_t + \epsilon_{i,t} \qquad (6\text{-}15)$$

$$ROE_{i,t+1} = \alpha + \beta_1 UPSTREAM_{i,t} + \beta_2 ROE_{i,t} + \beta_3 CONTROL_{i,t} + \mu_i + \lambda_t + \epsilon_{i,t} \qquad (6\text{-}16)$$

$$\Delta ROE_{i,t+1} = \alpha + \beta_1 UPSTREAM_{i,t} + \beta_2 CONTROL_{i,t} + \mu_i + \lambda_t + \epsilon_{i,t} \qquad (6\text{-}17)$$

其中，模型中下标 i、t 分别表示企业 i 和年度 t。参考饶品贵和姜国华 (2013)[182] 的研究，考虑到企业绩效可能存在延迟表现的特征，本书考察在 t 年度的供应链上游度对下一期 $t+1$ 年度企业经营绩效的影响作用。同时由于企业经营表现具有持续性特征，因此对总资产周转率、营业净利率、净资产收益率绝对量的回归中分别控制了当期指标。回归模型（6-12）的变量 $AT_{i,t+1}$ 是被解释变量，表示企业在 $t+1$ 年度的总资产周转率水平；$UPSTREAM_{i,t}$ 是解释变量，表示企业在 t 年度的供应链上游度；模型中加入了 t 年度的总资产周转率指标。回归模型（6-13）的变量 $\Delta AT_{i,t+1}$ 是被解释变量，表示企业在 $t+1$ 年度的总资产周转率变化情况，考察当期供应链上游度对下一期总资产周转率增长情况的影响。如果 H6-4 成立，回归模型（6-12）和回归模型（6-13）中 $UPSTREAM_{i,t}$ 的回归系数应显著为正。回归模型（6-14）的变量 $NP_{i,t+1}$ 是被解释变量，表示企业在 $t+1$ 年度的营业净利率水平，$UPSTREAM_{i,t}$ 是解释变量，模型中加入了 t 年度的营业净利率指标。回归模型（6-15）的变量 $\Delta NP_{i,t+1}$ 是被解释变量，表示企业在 $t+1$ 年度的营业净利率变化情况，考察当期供应链上游度对下一期营业净利率增长情况的影响。如果 H6-5 成立，回归模型（6-14）和回归模型（6-15）中 $UPSTREAM_{i,t}$ 的回归系数应显著为负。回归模型（6-16）的变量 $ROE_{i,t+1}$ 是被解释变量，表示企业在 $t+1$ 年度的净资产收益率水平，$UPSTREAM_{i,t}$ 是解释变量，模型中加入了 t 年度的净资产收益率指标。回归模型（6-17）的变量 $\Delta ROE_{i,t+1}$ 是被解释变量，表示企业在 $t+1$ 年度的净资产收益率变化情况，考察当期供应链上游度对下一期净资产收益率增长情况的影响。如果 H6-6a 成立，回归模型（6-16）和回归模型（6-17）中 $UPSTREAM_{i,t}$ 的回归系数应显著为正。如果 H6-6b

成立，回归模型（6-16）和回归模型（6-17）中 $UPSTREAM_{i,t}$ 的回归系数应显著为负。本书加入了年度和个体固定效应加以控制。

（三）回归分析

1. 描述性统计

本书对所涉及的变量进行了描述性统计，统计结果如表6-9所示。主要被解释变量 AT、NP、ROE 的平均值分别为0.661、0.080、0.078，标准差分别为0.548、0.183、0.117，企业经营绩效的数量级较为一致，标准差均在1以下，表明数据值的波动幅度较小，核心解释变量 $UPSTREAM$ 的平均值为1.872，标准差为1.502，变化范围在0~5，表明生产网络中供应链的长度基本在0~5。控制变量 $SIZE$、$DEBT$、$PROFIT$、MB、$ISSUE$、GDP 的平均值分别为21.778、0.433、0.086、0.334、0.047、8.734，标准差均在3以下，表明各变量经过 Winsorize 缩尾处理后，已经剔除了样本极端值。

表6-9　纵向维度下生产网络的影响变量描述性统计

变量	平均值	标准差	最小值	25%	中值	75%	最大值
AT	0.661	0.548	0.000	0.360	0.540	0.806	11.274
NP	0.080	0.183	−1.121	0.028	0.070	0.138	0.600
ROE	0.078	0.117	−0.573	0.035	0.078	0.129	0.369
$UPSTREAM$	1.872	1.502	0.000	0.000	2.000	3.000	5.000
$SIZE$	21.778	1.322	19.063	20.842	21.613	22.514	26.796
$DEBT$	0.433	0.211	0.056	0.268	0.426	0.583	0.998
$PROFIT$	0.086	0.203	−1.183	0.029	0.079	0.155	0.640
MB	0.334	0.172	0.000	0.218	0.325	0.445	0.771
$ISSUE$	0.047	0.113	0.000	0.000	0.000	0.012	0.584
GDP	8.734	2.608	6.900	6.900	7.900	9.100	14.200

资料来源：根据 Stata 软件输出结果绘制。

2. 供应链上游度与企业经营绩效

对回归模型（6-12）至回归模型（6-17）的估计结果如表6-10所示。第（1）列以总资产周转率 $AT_{i,t+1}$ 为被解释变量的结果显示：供应链上游度 $UPSTREAM_{i,t}$ 的回归系数为 0.009，在 5% 的水平显著为正，$AT_{i,t}$ 的回归系数为 0.812，在 1% 的水平也显著为正，在其他变量不变的情况下，供应链上游度每增加 1 个单位，总资产周转率将增加 0.9%，表明供应链上游度的变化导致企业总资产周转率的同方向变化，资产周转效率具有连续性变化的特征。第（2）列以总资产周转率变化量 $\Delta AT_{i,t+1}$ 为被解释变量的结果显示：供应链上游度 $UPSTREAM_{i,t}$ 的回归系数为 0.010，在 5% 的水平显著为正，在其他变量不变的情况下，供应链上游度每增加 1 个单位，总资产周转率变化量将增加 1.0%，同样表明了供应链上游度的变化导致企业总资产周转率的同方向变化。第（3）列以营业净利率 $NP_{i,t+1}$ 为被解释变量的结果显示：供应链上游度 $UPSTREAM_{i,t}$ 的回归系数为 -0.009，在 5% 的水平显著为负，$NP_{i,t}$ 的回归系数为 0.069，在 1% 的水平显著为正，在其他变量不变的情况下，供应链上游度每增加 1 个单位，营业净利率将减少 0.9%，表明供应链上游度的变化导致企业营业净利率的反方向变化，营业净利率具有连续性变化的特征。第（4）列以营业净利率变化量 $\Delta NP_{i,t+1}$ 为被解释变量的结果显示：供应链上游度 $UPSTREAM_{i,t}$ 的回归系数为 -0.003，在 10% 的水平显著为负，在其他变量不变的情况下，供应链上游度每增加 1 个单位，营业净利率变化量将减少 0.3%，表明供应链上游度的变化导致企业营业净利率的反方向变化。第（5）列以净资产收益率 $ROE_{i,t+1}$ 为被解释变量的结果显示：供应链上游度 $UPSTREAM_{i,t}$ 的回归系数为 -0.007，在 1% 的水平显著为负，$ROE_{i,t}$ 的回归系数为 0.323，在 1% 的水平显著为正，在其他变量不变的情况下，供应链上游度每增加 1 个单位，净资产收益率将减少 0.7%，表明供应链上游度的变化导致企业净资产收益率的反方向变化，净资产收益率具有连续性变化的特征。第（6）列以净资产收益率变化量 $\Delta ROE_{i,t+1}$ 为被解释变量的结果显示：供应链上游度 $UPSTREAM_{i,t}$ 的回归系数为 -0.006，在 5% 的水平显著为负，在其他变量不变的情况下，供应链上游度每增加 1 个单位，净资产收益率变化量将减少 0.6%，同样表明了供应链上游度的变化导致企业净资产收益率的反方向变化。整体结果显示，供应链上游度是影响企业资产周转效率、产品净利率及净资产收益率的重要因素，企业越靠近供应链上游，显著提高了企业的资产周转效率，显著降低了产品净利率以及净资产收益率，验证了 H6-4、H6-5 和 H6-6b。

表 6-10　供应链上游度对企业经营绩效的影响

变量	（1）$AT_{i,t+1}$	（2）$\Delta AT_{i,t+1}$	（3）$NP_{i,t+1}$	（4）$\Delta NP_{i,t+1}$	（5）$ROE_{i,t+1}$	（6）$\Delta ROE_{i,t+1}$
$UPSTREAM_{i,t}$	0.009 ** [0.0036]	0.010 ** [0.0039]	−0.009 ** [0.0036]	−0.003 * [0.0016]	−0.007 *** [0.0021]	−0.006 ** [0.0024]
$AT_{i,t}$	0.812 *** [0.0440]					
$NP_{i,t}$			0.069 *** [0.0439]			
$ROE_{i,t}$					0.323 *** [0.0341]	
$SIZE_{i,t}$	−0.002 [0.0095]	0.007 [0.0095]	−0.033 *** [0.0072]	0.011 *** [0.0030]	−0.021 *** [0.0045]	−0.019 *** [0.0049]
$DEBT_{i,t}$	0.133 ** [0.0532]	0.136 ** [0.0570]	−0.005 [0.0437]	−0.105 *** [0.0287]	0.008 [0.0238]	0.025 [0.0281]
$PROFIT_{i,t}$	−0.004 [0.0281]	−0.028 [0.0285]	0.286 *** [0.0803]	−0.404 *** [0.0390]	0.046 ** [0.0212]	−0.215 *** [0.0220]
$MB_{i,t}$	0.042 [0.0363]	0.092 ** [0.0413]	−0.086 ** [0.0346]	−0.088 *** [0.0223]	−0.092 *** [0.0192]	−0.026 [0.0201]
$ISSUE_{i,t}$	−0.009 [0.0279]	0.005 [0.0270]	0.110 *** [0.0330]	0.093 *** [0.0169]	0.039 ** [0.0181]	−0.029 [0.0193]
$GDP_{i,t}$	0.004 [0.0094]	0.017 * [0.0093]	−0.009 [0.0072]	0.024 *** [0.0041]	−0.003 [0.0045]	−0.001 [0.0053]
个体	控制	控制	控制	控制	控制	控制
年度	控制	控制	控制	控制	控制	控制

变量	（1）	（2）	（3）	（4）	（5）	（6）
	$AT_{i,t+1}$	$\Delta AT_{i,t+1}$	$NP_{i,t+1}$	$\Delta NP_{i,t+1}$	$ROE_{i,t+1}$	$\Delta ROE_{i,t+1}$
_cons	0.061 [0.2744]	−0.363 [0.2637]	0.848*** [0.1939]	−0.337*** [0.0720]	0.549*** [0.1209]	0.432*** [0.1357]
N	7536	7536	7536	7536	7536	7536
adj. R−sq	0.5767	0.0179	0.1214	0.1214	0.1275	0.1207

注：括号内为标准误，***、**和*分别表示在1%、5%和10%的水平显著。

资料来源：根据 Stata 软件输出结果绘制。

（四）稳健性检验

1. 采用不同的企业经营绩效的代理变量

为了消除可能存在的企业经营绩效指标的度量方式偏误和不合理问题，进一步将基础回归中的被解释变量替换为企业总资产净利润率（ROA）和息税前利润（EBIT），通过不同的企业利润代理指标衡量企业经营绩效。具体地，总资产净利润率（ROA）采用"净利润/总资产"、息税前利润（EBIT），"（净利润+所得税费用+财务费用)/总资产"，控制变量的定义同回归模型（6-12）和回归模型（6-13）。在替换了企业经营绩效的不同衡量方式后，供应链上游度对企业经营绩效仍有显著的负向影响。

估计结果如表6-11所示。第（1）列以总资产净利润率 $ROA_{i,t+1}$ 为被解释变量的结果显示：供应链上游度 $UPSTREAM_{i,t}$ 的回归系数在10%的水平显著为负。第（2）列中供应链上游度对总资产净利润率变化量的回归系数尽管不显著，但仍然是负的，表明供应链上游度导致企业总资产净利润率的反方向变化，总资产净利润率具有连续性变化的特征。第（3）列和第（4）列以息税前利润 $EBIT_{i,t+1}$ 和变化量 $\Delta EBIT_{i,t+1}$ 为被解释变量的结果显示：供应链上游度 $UPSTREAM_{i,t}$ 的回归系数分别在1%和10%的水平显著为负，表明供应链上游度导致企业息税前利润的反方向变化，息税前利润也具有连续性变化的特征。整体回归结果显示，供应链上游度对以企业总资产净利润率和息税前利润变量为代表的企业经营绩效仍有显著的负向影响，回归结果与前文的分析保持一致，表明供应链上游度是影响企业经营绩效的重要因素。

表 6-11　采用不同的企业经营绩效代理变量的稳健性估计结果

变量	（1） $ROA_{i,t+1}$	（2） $\Delta ROA_{i,t+1}$	（3） $EBIT_{i,t+1}$	（4） $\Delta EBIT_{i,t+1}$
$UPSTREAM_{i,t}$	−0.002 * [0.0011]	−0.001 [0.0014]	−0.003 *** [0.0011]	−0.002 * [0.0014]
$ROA_{i,t}$	0.299 *** [0.0586]			
$EBIT_{i,t}$			0.331 *** [0.0479]	
Controls	控制	控制	控制	控制
_cons	0.365 *** [0.0629]	0.299 *** [0.0736]	0.354 *** [0.0645]	0.286 *** [0.0758]
N	7785	7785	7785	7785
adj. R-sq	0.1476	0.1131	0.1536	0.1111

注：括号内为标准误，*** 、** 和 * 分别表示在 1%、5%和 10%的水平显著。

资料来源：根据 Stata 软件输出结果绘制。

2. 采用工具变量法对回归重新估计

本书在基础回归中已经验证了供应链上游度对企业经营绩效具有显著负向的影响，同时，市场业绩较好的企业可能会更加倾向于面向产品市场，在越靠近供应链下游的环境中进行品牌营销、扩大产品市场份额等，利用自身的营业利润进行薄利多销等竞争性行为，可能引致企业在供应链中的纵向位置越靠近下游。因此，针对研究中可能存在的反向因果问题，采用工具变量法（IV 法）对回归进行重新估计。具体地，使用供应链上游度 UPSTREAM 的滞后变量作为工具变量，采用两阶段最小二乘法（2SLS）对回归进行重新估计。

估计结果如表 6-12 所示。第（1）列和第（2）列以总资产周转率

$AT_{i,t+1}$ 和变化量 $\Delta AT_{i,t+1}$ 为被解释变量的结果显示：供应链上游度 $UPSTREAM_{i,t}$ 的回归系数分别在 5% 和 10% 的水平显著为正，表明供应链上游度的变化导致企业总资产周转率的同方向变化。第（3）列和第（4）列以营业净利率 $NP_{i,t+1}$ 和变化量 $\Delta NP_{i,t+1}$ 为被解释变量的结果显示：供应链上游度 $UPSTREAM_{i,t}$ 的回归系数均在 10% 的水平显著为负，表明供应链上游度的变化导致企业营业净利率的反方向变化。第（5）列和第（6）列以净资产收益率 $ROE_{i,t+1}$ 和变化量 $\Delta ROE_{i,t+1}$ 为被解释变量的结果显示：供应链上游度 $UPSTREAM_{i,t}$ 的回归系数均在 5% 的水平显著为负，表明供应链上游度的变化导致企业净资产收益率的反方向变化。整体回归结果显示，在采用了两阶段最小二乘法回归后，供应链上游度对总资产周转率仍有显著正向的影响，供应链上游度对营业净利率、净资产收益率仍有显著的负向影响，回归结果与前文的分析保持一致，表明供应链上游度是影响企业经营绩效的重要因素。

表 6-12　采用两阶段最小二乘法重新估计的稳健性估计结果

变量	（1）$AT_{i,t+1}$	（2）$\Delta AT_{i,t+1}$	（3）$NP_{i,t+1}$	（4）$\Delta NP_{i,t+1}$	（5）$ROE_{i,t+1}$	（6）$\Delta ROE_{i,t+1}$
$UPSTREAM_{i,t}$	0.008 ** [0.0035]	0.008 * [0.0018]	-0.008 * [0.0016]	-0.003 * [0.0015]	-0.006 ** [0.0019]	-0.005 ** [0.0020]
$AT_{i,t}$	0.864 *** [0.0516]					
$NP_{i,t}$			0.114 *** [0.0545]			
$ROE_{i,t}$					0.265 *** [0.0325]	
Controls	控制	控制	控制	控制	控制	控制
_cons	-0.026 [0.1198]	-0.018 [0.1274]	-0.181 ** [0.0740]	-0.268 *** [0.0824]	-0.216 *** [0.0459]	-0.038 [0.0575]
N	4407	4407	4407	4407	4407	4407

注：括号内为标准误，***、** 和 * 分别表示在 1%、5% 和 10% 的水平显著。

资料来源：根据 Stata 软件输出结果绘制。

3. 新增企业破产风险作为控制变量

第五章已经证明了供应链上游度的增加可以提高企业的债务融资额，增加企业提供的商业信用与获得银行信用方面的财务杠杆，但是，根据现代债务融资理论，过高的债务杠杆可能导致企业缺乏财务柔性，出现资不抵债等方面问题，当出现极端情况时容易引致企业破产，对企业经营绩效造成沉重打击。因此，针对可能存在的企业破产风险对回归估计的干扰问题，本书将企业破产风险变量纳入控制变量组中，对回归进行重新估计。具体地，参考 Altman（1968）[180]、王鲁昱和李科（2022）[104] 的研究，采用 Z 值度量企业的破产风险（$Z\text{-}SCORE$），Z 值可以从企业的变现能力、累计利润、资产盈利能力、偿债能力、资产效率五个方面全面衡量企业的财务状况，通常作为企业破产风险的代理指标。Z 值越大，表示企业财务状况良好，发生破产的可能性较小。

估计结果如表 6-13 所示。第（1）列和第（2）列以总资产周转率 $AT_{i,t+1}$ 和变化量 $\Delta AT_{i,t+1}$ 为被解释变量的结果显示：供应链上游度 $UPSTREAM_{i,t}$ 的回归系数均在 5% 的水平显著为正，表明供应链上游度的变化导致企业总资产周转率的同方向变化。第（3）列以营业净利率 $NP_{i,t+1}$ 为被解释变量的结果显示：供应链上游度 $UPSTREAM_{i,t}$ 的回归系数在 5% 的水平显著为负。第（4）列供应链上游度 $UPSTREAM_{i,t}$ 对营业净利率变化量 $\Delta NP_{i,t+1}$ 的回归系数尽管不显著，但是系数仍然为负，表明供应链上游度的变化导致企业营业净利率的反方向变化。第（5）列和第（6）列以净资产收益率 $ROE_{i,t+1}$ 和变化量 $\Delta ROE_{i,t+1}$ 为被解释变量的结果显示：供应链上游度 $UPSTREAM_{i,t}$ 的回归系数分别在 1% 和 5% 的水平显著为负，表明供应链上游度的变化导致企业净资产收益率的反方向变化。整体回归结果显示，在新增企业破产风险作为控制变量后，供应链上游度对总资产周转率仍有显著正向影响，供应链上游度对营业净利率和净资产收益率仍有显著负向影响，表明供应链上游度是影响企业经营绩效的重要因素，整体回归结果与前文的分析保持一致。

表 6-13 新增企业破产风险作为控制变量的稳健性估计结果

变量	(1) $AT_{i,t+1}$	(2) $\Delta AT_{i,t+1}$	(3) $NP_{i,t+1}$	(4) $\Delta NP_{i,t+1}$	(5) $ROE_{i,t+1}$	(6) $\Delta ROE_{i,t+1}$
$UPSTREAM_{i,t}$	0.009 ** [0.0036]	0.010 ** [0.0039]	−0.008 ** [0.0036]	−0.002 [0.0017]	−0.007 *** [0.0021]	−0.006 ** [0.0025]
$AT_{i,t}$	0.805 *** [0.0429]					
$NP_{i,t}$			0.301 *** [0.0449]			
$ROE_{i,t}$					0.359 *** [0.0291]	
$Z\text{-}SCORE_{i,t}$	0.007 ** [0.0035]	0.004 [0.0036]	−0.001 [0.0018]	0.0001 [0.0011]	0.0002 [0.0009]	−0.001 [0.0010]
Controls	控制	控制	控制	控制	控制	控制
_cons	−0.109 [0.2773]	−0.420 [0.2696]	0.669 *** [0.2001]	0.043 [0.0766]	0.515 *** [0.1117]	0.820 *** [0.1371]
N	7699	7699	7699	7699	7699	7699
adj. R−sq	0.5790	0.0189	0.1022	0.0225	0.1237	0.0632

注：括号内为标准误，***、** 和 * 分别表示在 1%、5% 和 10% 的水平显著。

资料来源：根据 Stata 软件输出结果绘制。

（五）机制检验：商业信用与银行信用债务融资

商业信用和银行信用是企业债务融资的重要渠道，债务融资的结构变化最终会作用于企业的经营表现，反映在企业财务报表中。在商业信用融资的供给端，企业为下游客户提供的商业信用融资为对手方注入了资金流动性，同时可能给自身造成管理成本和资金压力的提升。具体地，在为对手方企业提供商业信用融资后，企业需要对客户方进行持续的监督管理，定期对客户的资金状况进行评价，增加了企业的管理成本，为对手方提供的流动性支持也会侵占自身的投资机会，提高企业资金的机会成本，对企业经营绩效造成负面影响。如果客户企业出现违约风险，还可能通过上下游商业信用融资链条引致自身财务困境，出现破产风险等一系列问题（何威风和刘巍，2018）[9]。同时，提供商业信用融资合同的一方在交易过程中处于弱势地位，为了与对手方达成销售协议扩大产品市场份额，在所提供的融资合同中可能包含折扣促销、附加的竞争性条款等内容，对企业利润余额造成负面影响（Summers 和 Wilson，2010）[184]。在银行贷款方面，金融机构对企业放贷额度的增加可以提高企业的财务杠杆，缓解现金流短缺等问题，通过提高企业权益乘数的形式直接提升企业的净资产收益率。因此，对外提供的商业信用融资可能对公司经营绩效造成负面影响，而企业获得的银行信用债务融资形式则有助于提升企业经营绩效。本节采用三段式的标准计量方程，从实证分析的角度验证供应链上游度对企业经营绩效影响的债务融资渠道，包括企业提供的商业信用与获得的银行信用债务融资方式。

在变量选择方面，供应链上游度、提供的商业信用、获得的银行信用、净资产收益率以及控制变量的衡量方式同前。本书以"应收账款/总资产"衡量企业对外提供的商业信用融资（TA）；以"短期借款/总资产"衡量企业获得的银行信用融资（BA）；以"净利润/股东权益"衡量净资产收益率（ROE）。控制变量包括：资产规模（$SIZE$）、资产负债率（$DEBT$）、营业利润率（$PROFIT$）、账面市值比（MB）、企业发行股份获得的资金（$ISSUE$）、GDP 增长率（GDP）。本书使用三段式的机制检验方程，设计回归模型如下：

$$ROE_{i,t} = \alpha + \beta_1 UPSTREAM_{i,t} + \beta_2 CONTROL_{i,t} + \mu_i + \lambda_t + \epsilon_{i,t} \qquad (6-18)$$

$$TA_{i,t} = \alpha + \beta_1 UPSTREAM_{i,t} + \beta_2 CONTROL_{i,t} + \mu_i + \lambda_t + \epsilon_{i,t} \qquad (6-19)$$

$$ROE_{i,t} = \alpha + \beta_1 UPSTREAM_{i,t} + \beta_2 TA_{i,t} + \beta_3 CONTROL_{i,t} + \mu_i + \lambda_t + \epsilon_{i,t} \qquad (6-20)$$

$$BA_{i,t} = \alpha + \beta_1 UPSTREAM_{i,t} + \beta_2 CONTROL_{i,t} + \mu_i + \lambda_t + \epsilon_{i,t} \qquad (6-21)$$

$$ROE_{i,t} = \alpha + \beta_1 UPSTREAM_{i,t} + \beta_2 BA_{i,t} + \beta_3 CONTROL_{i,t} + \mu_i + \lambda_t + \epsilon_{i,t} \qquad (6-22)$$

回归估计结果如表6-14所示。第（1）列和第（4）列是对回归模型（6-18）的估计结果，以净资产收益率 ROE 为被解释变量的结果显示：供

应链上游度 *UPSTREAM* 的回归系数为 -0.004，在 10% 的水平显著为负，表明供应链上游度的变化导致企业净资产收益率的反方向变化。第（2）列是对回归模型（6-19）的估计结果，以提供的商业信用融资 *TA* 为被解释变量的结果显示：供应链上游度 *UPSTREAM* 的回归系数为 0.004，在 1% 的水平显著为正，表明供应链上游度的变化导致企业商业信用融资的同方向变化，即供应链上游度对中介变量 *TA* 具有显著正向的影响。第（3）列是对回归模型（6-20）的估计结果，以净资产收益率 *ROE* 为被解释变量的结果显示：供应链上游度 *UPSTREAM* 和提供的商业信用融资 *TA* 的回归系数分别为 -0.004、-0.142，分别在 10% 和 1% 的水平显著为负，表明供应链上游度和商业信用融资的变化导致企业净资产收益率的反方向变化，即商业信用债务融资是供应链上游度对企业经营绩效影响的中介机制。为了对结果有更清晰的理解，第（4）列的回归估计同第（1）列。第（5）列是对回归模型（6-21）的估计结果，以获得的银行信用融资 *BA* 为被解释变量的结果显示：供应链上游度 *UPSTREAM* 的回归系数为 0.004，在 1% 的水平显著为正，表明供应链上游度的变化导致企业银行信用融资的同方向变化，即供应链上游度对中介变量 *BA* 具有显著正向的影响。第（6）列是对回归模型（6-22）的估计结果，以净资产收益率 *ROE* 为被解释变量的结果显示：供应链上游度 *UPSTREAM* 和获得的银行信用融资 *BA* 的回归系数分别为 -0.004、-0.005，仅供应链上游度对净资产收益率的回归系数在 10% 的水平显著为负，表明纵向维度下银行信用的债务融资机制并不存在，这也证实了尽管企业越靠近供应链上游带来了更多的银行信用融资额，但是银行贷款余额并不能在实证回归中显著提升企业经营绩效，因此综合来看，供应链上游度对企业经营绩效的影响主要是提供的商业信用融资发挥的负向影响。整体结果显示，企业对外提供的商业信用债务融资是供应链上游度影响企业经营绩效的中介机制，而获得的银行信用融资在此过程中不发挥中介机制的作用。

表 6-14　机制检验：提供的商业信用和获得的银行信用债务融资的估计结果

变量	商业信用融资的机制检验			银行信用融资的机制检验		
	（1）	（2）	（3）	（4）	（5）	（6）
	ROE	TA	ROE	ROE	BA	ROE
UPSTREAM	-0.004* [0.0021]	0.004*** [0.0008]	-0.004* [0.0022]	-0.004* [0.0021]	0.004*** [0.0014]	-0.004* [0.0021]
TA			-0.142*** [0.0497]			
BA						-0.005 [0.0093]
SIZE	0.018*** [0.0044]	-0.022*** [0.0011]	0.018*** [0.0044]	0.018*** [0.0044]	-0.035*** [0.0073]	0.018*** [0.0044]
DEBT	-0.232*** [0.0227]	0.082*** [0.0087]	-0.228*** [0.0228]	-0.232*** [0.0227]	0.511*** [0.0555]	-0.229*** [0.0238]
MB	-0.129*** [0.0169]	0.013 [0.0094]	-0.130*** [0.0168]	-0.129*** [0.0169]	0.093*** [0.0266]	-0.128*** [0.0170]
ISSUE	0.064*** [0.0126]	0.026*** [0.0095]	0.060*** [0.0127]	0.064*** [0.0126]	-0.046*** [0.0097]	0.063*** [0.0126]
GDP	0.0002 [0.0050]	-0.021*** [0.0018]	0.002 [0.0049]	0.0002 [0.0050]	0.009 [0.0059]	0.0002 [0.0050]
个体	控制	控制	控制	控制	控制	控制
年度	控制	控制	控制	控制	控制	控制
_cons	-0.187 [0.1231]	0.720*** [0.0291]	-0.189 [0.1223]	-0.187 [0.1231]	0.551*** [0.1715]	-0.184 [0.1236]
N	7785	7785	7785	7785	7785	7785
adj. R-sq	0.0722	0.0907	0.0769	0.0722	0.1571	0.0723

注：括号内为标准误，***、**和*分别表示在1%、5%和10%的水平显著。

资料来源：根据 Stata 软件输出结果绘制。

三、本章小结

本章聚焦于有关企业债务融资问题的经济绩效后果，分别基于横向维度与纵向维度检验了生产网络对企业经营绩效的影响，并通过采用三段式的标准计量方程，从实证检验的角度验证了生产网络对企业经营绩效影响的债务融资渠道，揭示了企业经营利润在横向与纵向维度下生产网络中具有分配效应。本章通过对债务融资行为的绩效分析发现，在横向维度下，网络中心度越高的核心企业，资产周转效率越高，产品净利率越高，总体上企业经营绩效越好；在纵向维度下，越靠近供应链上游的企业，资产周转效率越高，产品净利率越低，总体上企业经营绩效越差。此结论在一系列的稳健性检验中均具有稳定性。企业获得的商业信用与银行信用融资是横向维度下生产网络影响企业经营绩效的中介机制，而纵向维度下影响渠道主要通过企业提供的商业信用融资形式。结果表明，基于横向维度下生产网络中，获得的商业信用和银行信用融资资源向中心度高的核心企业聚集，企业净利润也向核心企业进行分配；基于纵向维度下生产网络中，提供的商业信用和获得的银行信用融资资源向供应链上游的企业聚集，而企业净利润则向供应链下游的企业进行分配。

第七章
研究结论与政策启示

一、研究结论

　　面对现阶段外部环境存在的诸多不确定性，企业经营活动受到严重影响，基于物流的生产链产品交付延期，商业信用信贷中断风险加剧，银行信用也面临着断贷、信用风险加大的趋势。在此背景下，企业融资难、融资贵问题越发突出，实体经济活力大幅下滑，企业面临的生存环境更为严峻。党中央明确以经济建设为中心，将发展经济的着力点放在实体经济上，加快形成以国内大循环为主体、国内国际双循环相互促进的新发展格局。因此，商业信用和银行信用作为企业债务融资的重要渠道，在当前环境下是金融有效支持实体经济发展的重要抓手。本书以 2002 年、2007 年、2012 年、2017 年投入产出表为基础，使用 2002～2021 年中国沪深 A 股上市公司微观数据，运用社会网络分析法构建生产网络，对生产网络的位置特征进行横向与纵向双维度的解构分析，从生产网络的视角系统探讨企业商业信用与银行信用债务融资问题。

　　本书基于生产网络的研究视角对企业债务融资问题的研究结论如下：

第一，对横向维度和纵向维度的生产网络与企业债务融资的属性特征进行分析发现，投入产出生产网络可以划分为横向维度与纵向维度，横向维度的生产网络主要关注核心企业与周围生产贸易企业之间的投入产出勾稽关系，即星形结构，纵向维度的生产网络主要关注企业在完整的供应链中与上下游企业之间的投入产出勾稽关系，即"链形"结构。本书分别基于横向维度与纵向维度构建了网络中心度和供应链上游度指标，较好地衡量了企业在双维度下生产网络的位置特征。在企业债务融资特征方面，商业信用与银行信用债务融资的规模在我国上市公司中占有显著比重，整体呈现逐年上升的趋势，在融资期限与成本方面的变化趋势不明显，在国有企业与大型企业中，商业信用与银行信用债务融资整体上具有明显优势。

第二，基于横向维度下生产网络对企业债务融资影响的研究发现，随着网络中心度的提高，企业获得的商业信用和银行信用债务融资规模显著增大，融资期限显著延长，融资成本显著降低，即获得的商业信用和银行信用融资资源向生产网络中的核心企业进行聚集，并且随着网络中心度的提高，二者规模之间的关系由替代性转变为互补性，即网络中心度越高的企业可以同时获得较大的商业信用和银行信用融资规模。此结论在排除可能的干扰因素、改用不同的估计方法、替换变量的度量方式等稳健性检验中具有稳定性。在异质性分析方面，国有企业和大型企业均呈现出随着网络中心度的提高，获得的商业信用融资规模会增加、银行信用融资规模会减少，二者之间呈现替代性关系。在调节效应检验方面，外部融资约束程度较大的企业随着网络中心度的提高，企业获得的商业信用与银行信用融资规模均越大；企业所处的宏观经济环境越好，随着网络中心度的提高，企业获得的商业信用融资规模越大，获得的银行信用融资规模越小。结果表明，对民营企业和小型企业提高网络中心度，可以有效提升总体融资水平，并且利用商业信用与银行信用规模之间的互补关系，充分促进民营企业和小型企业的发展；对于融资约束程度较高和所处宏观经济较差的企业，可以通过提高网络中心度，有效提升总体融资水平，充分利用债务融资促进企业发展。

第三，基于纵向维度下生产网络对企业债务融资影响的研究发现，企业越靠近供应链上游，企业提供的商业信用融资规模越大、融资期限越长、融资成本越高，同时企业获得的银行信用融资规模越大、融资期限越长、融资成本越低，即提供的商业信用和获得的银行信用融资资源向供应链上游的企业聚集，二者规模之间呈现互补性关系。此结论在剔除干扰因素、更换估计方法、替换度量方式等稳健性检验中具有稳定性。在异质性分析方面，国有企业和大型企业均呈现出随着供应链上游度的提高，提供的商业信用融资规模会减小、获得的银行信用融资规模会增大，二者之间呈现替代性关系。调节效应检验方面，在财务风险较大、经济政策不确定性越高的企业中，随着供应链上游度的提高将同时增大提供的商业信用与获得的银行信用融资规模。结果表明，对民营企业和小型企业降低供应链上游度，可以有效增大企业获得的银行信用规模，减小对外提供的商业信用规模，并且利用二者之间的替代关系，促进民营企业和小型企业的发展；对于财务风险较大和所处经济政策不确定性越高的企业，可以通过提高供应链上游度，增大获得的银行信用规模，同时利用提供商业信用的市场功能，促进企业稳定发展。

第四，在企业债务融资的绩效分析方面，分别基于横向维度与纵向维度下生产网络对企业经营绩效影响的研究发现，在横向维度下，越靠近生产网络中心的核心企业，资产周转效率越高，产品净利率越高，总体上企业经营绩效越好；在纵向维度下，越靠近供应链上游的企业，资产周转效率越高，产品净利率越低，总体上企业经营绩效越差。此结论在采用不同的企业经营绩效代理变量、使用工具变量法对回归重新估计、新增企业破产风险作为控制变量等稳健性检验中具有稳定性。企业获得的商业信用与银行信用债务融资是横向维度下生产网络影响企业经营绩效的中介机制，而纵向维度下影响渠道主要通过企业提供的商业信用债务融资形式。结果表明，在横向维度的生产网络中，获得的商业信用和银行信用融资资源向中心度高的核心企业聚集，企业净利润也向核心企业进行分配；在纵向维度的生产网络中，提供的商业信用和获得的银行信用融资资源向供应

191

链上游的企业聚集，而企业净利润则向供应链下游的企业进行分配。

二、政策启示

（一）充分利用生产网络因素，增强企业债务融资能力

提高生产网络嵌入能力，激发核心企业融资带动作用。在横向维度生产网络中，商业信用和银行信用融资资源均向网络中的核心企业进行聚集，核心企业可以利用二者的互补性同时获得较多的商业信用和银行信用融资。因此，企业应积极提升自身资信水平，努力拓宽生产合作渠道嵌入生产网络中，通过与核心企业建立长期稳定的合作关系，寻求多维度的合作机会，重视企业自身的生产关系管理。此外，企业可以参与行业协会、商会等组织，通过多种渠道建立更广泛的网络连接，提高与外部组织的关系整合能力，努力提升在生产网络中的核心程度。针对民营企业和小型企业而言，应更加积极地发展与生产网络中其他参与主体的网络连接，通过嵌入以核心企业为主导的生产网络结构，丰富与核心企业的连接。此外，核心企业应全面加强内部治理机制，规避管理层短视的现象，积极推进企业间信息共享机制建设，建立良好的信用融资生态网络，发挥核心企业的带动作用，增强金融对实体经济的支持力度。

建立上下游主体间合作，加强供应链关系管理。企业在供应链上下游中的纵向位置是商业信用与银行信用融资资源的重要影响因素，企业应充分利用供应链上下游关系带来的债务融资优势，提升自身市场竞争地位。通过与上下游企业建立稳固的合作关系，提高供应链整体的风险防范水平，预防财务风险恶化和宏观经济政策不确定性对企业产生不利影响。相对民营企业和小型企业而言，适当降低供应链上游度可以增大企业获得的

银行信用规模，降低对外提供的商业信用。企业应根据自身特征与发展情况，合理利用二者之间的替代关系，以及纵向维度下经营利润向供应链下游分配效应，促进民营企业和小型企业的发展。此外，个体在财务风险和经济政策不确定性等方面存在差异，企业管理者应综合考虑个体差异性和实际情况，充分利用信用间互补替代关系，作出合理的债务融资决策，增强企业债务融资能力，促进实体经济长期稳定发展。

提升企业内部管理和风险控制能力，增强企业债务融资能力。首先，建立和完善企业内部控制体系至关重要。政府可以通过制定相关指导原则和标准，帮助企业建立起一套完整的内部管理机制，包括财务管理、运营管理、合规管理等多个方面，确保企业能够高效、规范地运作。政府可提供必要的培训服务，帮助企业理解和实施针对性的控制体系。同时，鼓励企业采纳国际认证的管理体系和管理标准，提升企业在国际市场上的信誉和竞争力。其次，加强财务透明度和会计标准的执行是另一关键环节。政府应鼓励企业遵循财务报告准则，确保财务报告的真实性、准确性和透明度。这不仅有助于企业自身的健康发展，也能增加潜在投资者和债权人的信心。对于中小企业，政府可以通过提供财务补助、税收减免等措施，帮助企业提高会计和财务管理水平。同时，鼓励企业建立完善的风险评估机制，制定有效的风险预警措施，定期进行风险评估操作。通过这种方式，企业能够及时发现并应对可能的风险，保障企业运营的稳定性。最后，强化法律和监管框架，建立健全企业文化和伦理道德。通过完善相关法律法规，加大对违规行为的监管和惩处力度，促进企业合规经营。同时，鼓励企业树立以诚信为核心的企业文化，提高员工的职业道德和责任感，为企业的长远发展打下坚实的基础。

因此，提高企业债务融资能力的关键之一在于充分利用生产网络嵌入能力，强化企业内部管理和风险控制。在生产网络的横向和纵向维度方面，企业应通过提升资信水平和拓宽生产合作渠道，有效地聚集商业信用和银行信用资源。这不仅依赖于企业与核心企业建立稳定的合作关系，还需通过参与行业协会、商会等组织，加强与外部组织的连接，提升其在生产网络中的核心地位。同时,企业需加强内部管理,确保企业高效和规范运作。政府可以通过提供培训、制定指导原则等方式,帮助企业建立起一套完善的内部控制体系。此外,加强财务透明度和会计标准执行,建立风险评估机制,强化法律和监管框架,以及培养健全的企业文化和伦理道德,均是增强企业债务融资能力的重要措施。

(二) 深化供应链金融业务,加强重点企业监测水平

支持核心企业,因企施策满足企业债务融资需求。金融机构应将核心企业视为供应链金融发展的重要合作伙伴,根据供应链中的物流、信息流和资金流,设计相应的供应链金融产品,扩大金融产品的有效供给。通过对核心企业的信贷支持,发挥其龙头引领作用,有效增强对链上企业的金融支持力度。金融机构可以根据核心企业的经营方式特点,创新金融产品,优化操作流程和信贷模式,提供有针对性的融资方案,增强对核心企业上下游整体的融资支持力度。另外,金融机构应基于真实生产贸易背景,有效整合物流、信息流和资金流,开发场景化的供应链金融产品,深入挖掘核心企业的场景化融资需求,充分结合商业信用与银行信用之间的互补替代关系,统筹解决供应链资金融通问题,进一步深化供应链金融业务。这样可以缓解民营企业和小型企业的资金压力,改善供应链资金状况,提升企业债务融资效率,因企施策满足企业债务融资需求。

促进供应链金融市场的开放与合作,提升供应链金融服务质量。跨行业合作机制的建立是促进供应链金融市场开放与合作的基础。首先,通过鼓励金融机构与制造业、零售业、物流行业等不同领域的企业建立合作关系,可以实现信息共享、风险共担、利益共享的合作模式,提高供应链金融服务的效率和质量。此外,成立行业联盟或协会,定期举办交流活动,促进知识共享和技术交流,加速供应链金融创新应用的推广。其次,推动跨地区、跨境的供应链金融合作对于打破地域限制、实现资源优化配置具有重要意义。通过签订区域合作协议和搭建跨境服务平台,可以帮助金融机构和企业更好地拓展国际市场,降低跨境交易的成本与风险。

同时，区块链、大数据、人工智能等前沿技术的应用，可以提高供应链金融服务的透明度、效率和安全性，研发更加贴合市场需求的供应链金融产品，以技术创新推动行业进步。政府应完善相关法律法规，提供税收优惠、财政补贴等政策激励，降低企业参与供应链金融合作的门槛和成本。最后，培养供应链金融领域的专业人才是支持市场开放与合作的基础保障。通过加大对供应链金融专业知识和技能的培训，提升从业人员的专业水平，可以为供应链金融的发展提供强有力的人才支持。

加强风险防范，强化对重点核心企业的监测。横向维度下生产网络影响企业债务融资的理论基础中，研究表明生产网络是引起宏观经济波动的微观来源，核心企业是冲击扩大与传播的主要根源。考虑到民营企业和小型企业存在一定的不稳定性，金融机构应建立风险预警制度，对供应链的各个环节进行实时监控和流程审核。金融机构应实施银企动态关系的常态化监测，识别脆弱性高、关联性强的核心企业，特别是与金融机构存在较强关联性的上下游企业，以防范系统性风险在不同行业和市场间的传染。金融机构应稳健实施银行业系统性风险审慎监管，加强对生产网络相关联动风险的监测和评估，防范外部风险传导和内部风险交织的叠加效应，减小金融系统面临的潜在风险。同时，金融机构应持续加强金融系统的信用环境建设，严格规范供应链金融的准入规则，确保供应链金融有序健康发展，为生产网络中的企业提供公开、传递、共享的环境保障。

因此，核心企业在供应链金融中扮演着至关重要的角色，金融机构通过因企施策，以核心企业为合作伙伴，设计与供应链的物流、信息流和资金流相匹配的金融产品，有效扩大金融产品供给。这样不仅加大了对核心及链上企业的金融支持力度，还促进了供应链金融服务的创新发展。通过实时监控和风险预警制度，金融机构能够有针对性地解决供应链中的资金融通问题，同时减轻民营企业和小型企业的资金压力，优化整个供应链的资金状况。进一步地，供应链金融市场的开放与合作通过跨行业、跨地区甚至跨境的合作机制，打破了传统的地域和行业限制，利用科技手段提高金融服务的效率和质量。政府的政策激励和专业人才的培养为供应链金融的健康发展奠定了坚实的基础。

（三）优化债务融资体制机制，完善供应链金融配套政策

建立生产关系网络引导方式方法，促进上下游企业间的合作紧密化。政府部门应加强对生产网络中企业的引导和协调，解决供应链结构松散等问题，提升上下游企业之间的协作水平，增强核心企业的融资带动作用。政府应在融资机制中赋予上下游企业更多的自主权，让双方在协商一致且能按时偿还的条件下自主商议，激发供应链上下游融资活力。此外，政府部门还应建立企业融资与经营状况的线上信息共享平台，定期发布小型企业和民营企业的信息，同时为上下游企业提供包括企业信用信息、供应链动态和金融产品信息在内的必要支持，核心企业在满足一定条件的情况下可以申请查阅企业信息，从而准确评估合作企业的经营状况，促成相关企业与核心企业之间的融资和合作，为企业信用融资创造更好的外部条件，提高供应链整体竞争力，增强供应链韧性。同时，政府应鼓励核心企业总结生产合作中的成功经验，通过学习和推广成功案例，提升上下游企业之间的合作效率，推动核心企业发挥主观能动性和龙头引领作用，进而改善实体经济的融资和绩效状况，实现经济高质量发展。

细化相关制度，完善供应链金融支持实体经济的配套政策。应建立针对供应链金融的专业法律框架，明确定义供应链金融的运作模式、参与主体的权利与责任以及融资流程等，为实体经济的融资活动提供坚实的法律保障。此外，建立和完善商业信用市场的制度体系，对于促进供应链金融的健康发展至关重要。包括但不限于推动信用信息共享机制，保障数据安全和个人隐私，明确金融机构在供应链金融服务中的责任和义务。金融机构在供应链金融服务中的角色不可或缺，因此，要深化金融机构的供应链金融业务，创新金融产品和服务，针对不同企业尤其是中小企业的需求，提供更加多样化、个性化的融资解决方案。通过加强风险管理能力，利用大数据、区块链等现代科技手段，可以有效提高金融服务的精确度和风险控制水平。同时，出台更为优惠的税收政策，降低供应链金融服

务的成本，激励更多企业参与到供应链金融体系中。具体而言，针对中小企业提供更大力度的税收优惠，实施增值税退税或减免政策，对相关研发投入给予所得税抵扣，鼓励金融机构和企业投入更多资源用于供应链金融服务创新。简化税收政策执行过程，通过数字化手段提高税务管理效率，降低企业的税务合规成本。

培育供应链金融专业人才，建立高效专业的供应链金融人才培养体系。首先，加强教育体系对供应链金融专业人才的培养。高等教育机构应与行业紧密合作，开发与供应链金融相关的课程和专业，注重理论与实践的结合，提供实习实训机会，增强学生的实际操作能力。同时，职业教育和成人教育也应响应市场需求，开设供应链金融相关课程，为在职人员提供继续教育和技能提升的机会。其次，政府和行业协会应共同推动供应链金融专业人才的认证制度，通过设立标准化的考核程序，认定个人的专业水平和技能。这不仅有助于提升从业人员的职业素养，还能为企业选拔人才提供参考标准，进一步规范和提升行业水平。此外，通过设立奖学金、研究基金等形式，鼓励学生和研究人员投身供应链金融领域的学习与研究。对于表现突出的个人和团队，可以给予财政补贴、税收优惠等激励。积极推动国际交流与合作，通过留学、访学、国际会议等方式，帮助人才拓宽视野，学习国际先进的理念和技术，促进国内供应链金融领域的技术进步。最后，鼓励企业与高校合作，建立校企联合培养机制，为学生提供更多的实习实训机会，帮助学生更好地理解和掌握供应链金融的核心技术，缩短学校教育与行业需求之间的距离，提高毕业生的就业竞争力。

因此，优化债务融资体制机制，完善供应链金融配套政策，促进实体经济高质量发展，具体涵盖加强企业间合作的引导与协调、完善供应链金融配套政策，以及培育专业人才三个方面。政府通过建立生产网络、提升融资活力和增强核心企业的引领作用，解决供应链结构松散问题，提升生产协作水平。同时，制定专业法律框架、优化信用市场制度、创新金融服务产品，并通过税收优惠政策降低企业成本，激励更广泛的企业参与供应链金融。此外，加强教育体系与行业的合作，提供实用的职业培训，建立校企联合培养机制，从而提升供应链金融领域的人才质量。通过这些综合措施，目标在于构建一个更加稳健、高效、创新的供应链金融生态系统，为实体经济的持续健康发展提供有力支撑。

三、研究展望

企业的生产贸易关系是影响企业债务融资的重要因素。已有文献主要针对企业的直接生产贸易环境与竞争关系对债务融资进行探讨，缺乏多维度的投入产出生产网络视角的学理支撑，运用社会学方法构建的生产网络既衡量了企业与企业间直接的贸易链接关系，又涵盖了企业作为生产单元在投入产出系统中的整体性关联，本书将多维度网络解构分析方法纳入企业债务融资问题的分析框架。在当前外部环境存在诸多不确定性的背景下，通过改善横向与纵向双维度下生产网络因素，可以着力解决企业融资难、融资贵问题，为金融有效支持实体经济提供政策建议，进而将发展经济的着力点放在实体经济上，加快形成以国内大循环为主体、国内国际双循环相互促进的新发展格局。

本书的研究内容虽较为系统，但针对现有研究也具有一定的创新性，受篇幅所限仍然有一些内容未涉及，以后需要进一步深入研究。主要包括：第一，基于对投入产出数据完整性与可用性的考虑，本书选取我国部门间的投入产出表构建生产网络，使用中观行业的生产网络衡量企业间投入产出的生产关系，尽管采用这样的方法能够保证覆盖我国所有的上市公司，但是可能存在企业个体异质性因素的遗漏，因此，在未来的研究中可以采用实地调研、公司财报文本挖掘等方法对企业的生产网络进行刻画。第二，商业信用和银行信用作为企业债务融资的重要渠道，本书重点选取商业信用和银行信用为研究对象，分析了融资规模、期限、成本变化特征以及二者规模之间的互补替代关系，在现实中，上市公司的股权融资也是资金融通的实现方式之一，在未来可进一步将股权融资行为纳入生产网络影响效应的分析框架中，探寻多维度下生产网络因素对上市公司股权融资的作用机理。第三，商业信用债务融资是非正规的金融方式（高明和胡聪慧，2022）[98]，鉴于此债务融资形式更加分散、隐蔽，县域级小公司可能在商业信用的债务融资活动中更加活跃，因此，在未来的研究中针对非上市公司和区县级企业的商业信用融资研究也需要深入探讨。

附 录

一、特征向量中心度计算代码

```c
#include<stdlib. h>

void eigenvector_ centrality( ALGraph * G )
{
    float * e = ( float * ) malloc( G->vexnum * sizeof( float ) ) ;
    float * e1 = ( float * ) malloc( G->vexnum * sizeof( float ) ) ;
    float max = 0 ;
    float max1 = 0 ;
    int flag = 0 ;
    int i ;

    for( i = 0 ; i<G->vexnum ; i++ )
    {
        e[ i ] = 1 ;
```

```
        e1[i]=0;
}


EdgeNode*p;


while(flag==0)
{
    max1=max;
    max=0;

    for(i=0; i<G->vexnum; i++)
    {
        e1[i]=0;
        p=G->adjlist[i].firstedge;

        while(p ! =NULL)
        {
            e1[i]+=e[p->adjvex];
            p=p->next;
        }

        if(e1[i]>max)
            max=e1[i];
    }

    for(i=0; i<G->vexnum; i++)
    {
        if(e[i]! =e1[i])
```

```
            break;

        if(i==G->vexnum-1)
            flag=1;
    }

    if((1.0/max1-1.0/max)<0.01 &&(1.0/max1-1.0/max)>-0.01)
        flag=1;

    for(i=0; i<G->vexnum; i++)
    {
        e[i]=e1[i];
        e1[i]=0;
    }
}

for(i=0; i<G->vexnum; i++)
{
    e[i]=e[i]/max;
    G->adjlist[i].ec=e[i];
}

free(e);
free(e1);
}
```

二、Bellman-Ford算法代码

```python
def bellman_ford( src, target):
    dist = [ 0 if i = = src else INF for i in range( N) ]
    last_update = [ src if i ! = INF else-1 for i in dist]

    for i in range( N-1):
        change = False
        for j in range( N):
            for k in range( N):
                if dist[ j] >dist[ k] +weight[ j] [ k]:
                    dist[ j] = dist[ k] +weight[ j] [ k]
                    last_update[ j] = k
                    change = True
        if not change:
            break

    for i in range( N):
        for j in range( N):
            if dist[ j] >dist[ i] +weight[ j] [ i]:
                raise ValueError

    tmp = target
    path = [ ]
```

```
while tmp ! =src:
    path. append(tmp)
    tmp=last_update[tmp]
path. append(src)
print("->". join([str(i) for i in reversed(path)]))


return dist[target]
```

参考文献

［1］刘民权，徐忠，赵英涛．商业信用研究综述［J］．世界经济，2004（1）：66-77+80.

［2］Fabbri D，Klapper L F. Bargaining power and trade credit［J］. Journal of Corporate Finance，2016（41）：66-80.

［3］修宗峰，刘然，殷敬伟．财务舞弊、供应链集中度与企业商业信用融资［J］．会计研究，2021（1）：82-99.

［4］Petersen M A，Rajan R G. Trade credit：Theories and evidence［J］. The Review of Financial Studies，1997，10（3）：661-691.

［5］杨松令，赵西卜．中小企业信用管理实证研究［J］．数量经济技术经济研究，2003（12）：130-132.

［6］余明桂，潘红波．所有权性质、商业信用与信贷资源配置效率［J］．经济管理，2010，32（8）：106-117.

［7］张新民，王珏，祝继高．市场地位、商业信用与企业经营性融资［J］．会计研究，2012（8）：58-65+97.

［8］陈正林．客户集中、行业竞争与商业信用［J］．会计研究，2017（11）：79-85+97.

［9］何威风，刘巍．商业信用中的管理者效应：基于管理者能力的视角［J］．会计研究，2018（2）：48-54.

［10］方红星，楚有为．公司战略与商业信用融资［J］．南开管理评论，2019，22（5）：142-154.

［11］ Fisman R, Love I. Trade credit, financial intermediary development, and industry growth ［J］. The Journal of Finance, 2003, 58（1）: 353-374.

［12］余明桂，潘红波．金融发展、商业信用与产品市场竞争 ［J］. 管理世界，2010（8）: 117-129.

［13］王明虎，魏良张．区域金融、企业生命周期与商业信用融资 ［J］. 南京审计大学学报，2017，14（1）: 1-9.

［14］石晓军，张顺明，李杰．商业信用对信贷政策的抵消作用是反周期的吗？来自中国的证据 ［J］. 经济学（季刊），2010，9（1）: 213-236.

［15］赵胜民，张博超．商业信用与银行信贷能相互替代吗——基于 2000-2018 年中国上市公司数据的实证分析 ［J］. 上海金融，2019（1）: 16-23.

［16］ Love I, Preve L A, Sarria-Allende V. Trade credit and bank credit: Evidence from recent financial crises ［J］. Journal of Financial Economics, 2007, 83（2）: 453-469.

［17］余明桂，潘红波．政治关系、制度环境与民营企业银行贷款 ［J］. 管理世界，2008（8）: 9-21+39+187.

［18］ Granovetter M. Economic action and social structure: The problem of embeddedness ［J］. The American Journal of Sociology, 1985（91）: 481-510.

［19］ Dicken P. Multinational enterprises and the local economy: Some further observations ［J］. Area, 1986（1）: 215-221.

［20］ Francois P. Investigating social capital: Comparative perspectives on civil society, participation and governance ［J］. Pacific Affairs, 2005, 78（1）: 155-157.

［21］ Sonis M, Hewings G J D. Economic complexity as network complication: Multiregional input-output structural path analysis ［J］. The Annals of Regional Science, 1998, 32（3）: 407-436.

［22］ Acemoglu D, Carvalho V M, Ozdaglar A, et al. The network origins of aggregate fluctuations ［J］. Econometrica, 2012, 80（5）: 1977-2016.

［23］ Acemoglu D，Bimpikis K，Ozdaglar A. Dynamics of information exchange in endogenous social networks ［J］. Theoretical Economics，2014，9（1）：41-97.

［24］ Grilli R，Tedeschi G，Gallegati M. Markets connectivity and financial contagion ［J］. Journal of Economic Interaction and Coordination，2015，10（2）：287-304.

［25］ Acemoglu D，Ozdaglar A，Tahbaz-Salehi A. Systemic risk and stability in financial networks ［J］. American Economic Review，2015，105（2）：564-608.

［26］相雪梅，赵炳新，殷瑞瑞. 产业网络结构对总产出波动的影响研究——基于中国投入产出数据 ［J］. 山东大学学报（哲学社会科学版），2016（2）：19-25.

［27］ Carvalho V M，Tahbaz－Salehi A. Production networks：A primer ［J］. Annual Review of Economics，2019（11）：635-663.

［28］叶初升，任兆柯，生产网络视角下宏观波动的微观来源研究进展 ［J］. 经济学动态，2019（5）：104-118.

［29］李金玮，韦倩，货币政策与上市公司市场价值：基于投入产出网络视角 ［J］. 金融经济学研究，2021，36（1）：64-76.

［30］杨先明，侯威. 基于投入产出网络视角的产业结构特征研究 ［J］. 统计与决策，2021，37（16）：130-133.

［31］曾庆辉，王国顺. 基于产业网络的企业网络能力与创新绩效关系实证研究 ［J］. 经济地理，2014，34（10）：111-118.

［32］ McConnell J J，Wang J，Wang L. Trade credit in the product market network ［J］. Available at SSRN，2019（1）.

［33］董志勇，雷阳，李成明. 生产网络与企业并购：一个行业关联度的研究视角 ［J］. 宏观质量研究，2019，7（4）：1-17.

［34］张龑，王竹泉，程六兵. 生产网络信息溢出效应研究：分析师视角 ［J］. 财经研究，2021，47（9）：63-77.

［35］文嫮，陈诗语．生产网络结构差异对国有和民营电影制片企业票房的影响［J］．经济经纬，2021，38（6）：73-83.

［36］陈胜蓝，刘晓玲．生产网络中的创新溢出效应——基于国家级高新区的准自然实验研究［J］．经济学（季刊），2021，21（5）：1839-1858.

［37］Grant E，Yung J. Upstream，downstream & common firm shocks［A］. FDIC Center for Financial Research Paper，2022.

［38］Gatti D D，Gallegati M，Greenwald B，et al. Business fluctuations in a credit-network economy［J］. Physica A：Statistical Mechanics and its Applications，2006，370（1）：68-74.

［39］Masi G D，Gallegati M. Debt-credit economic networks of banks and firms：The Italian case［M］. Econophysics of Markets and Business Networks，Springer，Milano，2007：159-171.

［40］Lux T. Network effects and systemic risk in the banking sector［M］. Monetary Policy，Financial Crises，and the Macroeconomy，Springer，Cham，2017：59-78.

［41］Poledna S，Hinteregger A，Thurner S. Identifying systemically important companies by using the credit network of an entire nation［J］. Entropy，2018，20（10）：792.

［42］利果，王铮．基于投入产出表对上海市宏观经济的分析［J］．地理与地理信息科学，2008（2）：48-52.

［43］史贞，许佛平．山西省产业转型升级机理探析——基于投入产出分析［J］．经济问题，2018（10）：72-77.

［44］胡剑波，闫烁，韩君．中国产业部门隐含碳排放效率研究——基于三阶段 DEA 模型与非竞争型 I-O 模型的实证分析［J］．统计研究，2021，38（6）：30-43.

［45］倪红福．生产网络结构、减税降费与福利效应［J］．世界经济，2021，44（1）：25-53.

［46］袁强，张自力，陈姝，赵学军．我国行业投入产出网络结构与资

产收益率关系研究［J］. 工业技术经济，2022，41（10）：77-84.

［47］Meltzer A H. Mercantile credit, monetary policy, and size of firms ［J］. The Review of Economics and Statistics，1960（1）：429-437.

［48］Stiglitz J E，Weiss A. Credit rationing in markets with imperfect information ［J］. The American Economic Review，1981，71（3）：393-410.

［49］Ferris J S. A transactions theory of trade credit use ［J］. The Quarterly Journal of Economics，1981，96（2）：243-270.

［50］Fabbri D，Menichini A M C. Trade credit, collateral liquidation, and borrowing constraints ［J］. Journal of Financial Economics，2010，96（3）：413-432.

［51］Smith J K. Trade credit and informational asymmetry ［J］. The Journal of Finance，1987，42（4）：863-872.

［52］Deloof M，Jegers M. Trade credit, corporate groups, and the financing of Belgian firms ［J］. Journal of Business Finance & Accounting，1999，26（7-8）：945-966.

［53］Burkart M，Ellingsen T. In-kind finance：A theory of trade credit ［J］. American Economic Review，2004，94（3）：569-590.

［54］袁卫秋. 金融市场发展、产权性质与商业信用供给——基于竞争性动机的实证研究［J］. 华东经济管理，2015，29（6）：74-79.

［55］Costello A M，Moerman R W. The impact of financial reporting quality on debt contracting：Evidence from internal control weakness reports ［J］. Journal of Accounting Research，2011，49（1）：97-136.

［56］Attig N，El Ghoul S，Guedhami O，et al. Corporate social responsibility and credit ratings ［J］. Journal of Business Ethics，2013，117（4）：679-694.

［57］张勇. 信任、审计意见与商业信用融资［J］. 审计研究，2013（5）：72-79.

［58］胡泽，夏新平，余明桂. 金融发展、流动性与商业信用：基于全

球金融危机的实证研究 [J]. 南开管理评论, 2013, 16 (3): 4-15+68.

[59] 王营, 曹廷求. 董事网络增进企业债务融资的作用机理研究 [J]. 金融研究, 2014 (7): 189-206.

[60] 唐松, 王俊杰, 马杨, 孙铮. 可抵押资产、社会网络与商业信用 [J]. 南开管理评论, 2017, 20 (3): 53-64+89.

[61] 王竹泉, 王贞洁, 李静. 经营风险与营运资金融资决策 [J]. 会计研究, 2017 (5): 60-67+97.

[62] 张会丽, 邹至伟. 大股东股权质押与企业商业信用供给 [J]. 宏观经济研究, 2020 (11): 135-146+161.

[63] 楚有为. 公司战略与商业信用供给决策 [J]. 会计与经济研究, 2021, 35 (6): 73-89.

[64] 胡悦, 吴文锋. 商业信用融资和我国企业债务的结构性问题 [J]. 经济学 (季刊), 2022, 22 (1): 257-280.

[65] 陆正飞, 杨德明. 商业信用: 替代性融资, 还是买方市场? [J]. 管理世界, 2011 (4): 6-14+45.

[66] 黄兴孪, 邓路, 曲悠. 货币政策、商业信用与公司投资行为 [J]. 会计研究, 2016 (2): 58-65+96.

[67] 陈胜蓝, 刘晓玲. 经济政策不确定性与公司商业信用供给 [J]. 金融研究, 2018 (5): 172-190.

[68] Jory S R, Khieu H D, Ngo T N, et al. The influence of economic policy uncertainty on corporate trade credit and firm value [J]. Journal of Corporate Finance, 2020 (1): 64.

[69] 陈胜蓝, 刘晓玲. 中国城际高铁与商业信用供给——基于准自然实验的研究 [J]. 金融研究, 2019 (10): 117-134.

[70] 白俊, 邱善运, 刘园园. 银行业竞争与企业超额商业信用供给 [J]. 经济经纬, 2020, 37 (5): 151-160.

[71] Wan P, Chen X, Ke Y. Does corporate integrity culture matter to corporate social responsibility? Evidence from China [J]. Journal of Cleaner Produc-

tion，2020（1）：259.

［72］Aktas N，De Bodt E，Lobez F，et al. The information content of trade credit ［J］. Journal of Banking & Finance，2012，36（5）：1402-1413.

［73］Jacobson T，Von Schedvin E. Trade credit and the propagation of corporate failure：An empirical analysis ［J］. Econometrica，2015，83（4）：1315-1371.

［74］Abuhommous A A A. The impact of offering trade credit on firms' profitability ［J］. Journal of Corporate Accounting & Finance，2017，28（6）：29-40.

［75］杨勇，黄曼丽，宋敏. 银行贷款、商业信用融资及我国上市公司的公司治理 ［J］. 南开管理评论，2009，12（5）：28-37.

［76］石晓军，张顺明. 商业信用、融资约束及效率影响 ［J］. 经济研究，2010，45（1）：102-114.

［77］Agostino M，Trivieri F. Who benefits from longer lending relationships？An analysis on European SMEs ［J］. Journal of Small Business Management，2018，56（2）：274-293.

［78］唐炳南，刘东皇，樊士德. 中国银行借款与商业信用融资的治理效应：过度投资视角 ［J］. 财经理论与实践，2018，39（2）：22-27.

［79］马述忠，张洪胜. 集群商业信用与企业出口——对中国出口扩张奇迹的一种解释 ［J］. 经济研究，2017，52（1）：13-27.

［80］梅丹，程明. 商业信用融资、客户集中度与企业研发投入 ［J］. 经济与管理评论，2021，37（5）：139-149.

［81］王京滨，李扬，张紫荆，侯可欣. 商业信用融资对缓解企业风险的作用机制研究 ［J］. 管理学报，2022，19（1）：129-138.

［82］王彦超，林斌. 金融中介、非正规金融与现金价值 ［J］. 金融研究，2008（3）：177-199.

［83］Barclay M J，Smith Jr C W. On financial architecture：leverage，maturity，and priority ［J］. Journal of Applied Corporate Finance，1996，8

（4）：4-17.

[84] Bharath S T, Sunder J, Sunder S V. Accounting quality and debt contracting [J]. The Accounting Review, 2008, 83 (1)：1-28.

[85] 张金鑫, 王逸. 会计稳健性与公司融资约束——基于两类稳健性视角的研究 [J]. 会计研究, 2013 (9)：44-50+96.

[86] 肖作平, 廖理. 公司治理影响债务期限水平吗？——来自中国上市公司的经验证据 [J]. 管理世界, 2008 (11)：143-156+188.

[87] Ge W, Kim J B, Song B Y. Internal governance, legal institutions and bank loan contracting around the world [J]. Journal of Corporate Finance, 2012, 18 (3)：413-432.

[88] Francis B B, Hasan I, Sun X. Political connections and the process of going public：Evidence from China [J]. Journal of International Money and Finance, 2009, 28 (4)：696-719.

[89] Fields L P, Fraser D R, Subrahmanyam A. Board quality and the cost of debt capital：The case of bank loans [J]. Journal of Banking & Finance, 2012, 36 (5)：1536-1547.

[90] Lin C Y, Chen Y S, Yen J F. On the determinant of bank loan contracts：The roles of borrowers' ownership and board structures [J]. The Quarterly Review of Economics and Finance, 2014, 54 (4)：500-512.

[91] 江伟, 底璐璐, 彭晨. 客户集中度影响银行长期贷款吗——来自中国上市公司的经验证据 [J]. 南开管理评论, 2017, 20 (2)：71-80.

[92] 江伟, 李斌. 制度环境、国有产权与银行差别贷款 [J]. 金融研究, 2006 (11)：116-126.

[93] Qian J, Strahan P E. How laws and institutions shape financial contracts：The case of bank loans [J]. The Journal of Finance, 2007, 62 (6)：2803-2834.

[94] Fan J P H, Rui O M, Zhao M. Public governance and corporate finance：Evidence from corruption cases [J]. Journal of Comparative Economics,

2008, 36 (3): 343-364.

[95] 朱凯, 陈信元. 金融发展、审计意见与上市公司融资约束 [J]. 金融研究, 2009 (7): 66-80.

[96] 马文超, 胡思玥. 货币政策、信贷渠道与资本结构 [J]. 会计研究, 2012 (11): 39-48+94-95.

[97] Casolaro L, Gambacorta L, Guiso L. Regulation, formal and informal enforcement and the development of the household loan market: Lessons from Italy [J]. The Economics of Consumer Credit, 2006 (1): 93-134.

[98] 高明, 胡聪慧. 正规金融与非正规金融: 机制、效率与实证挑战 [J]. 金融研究, 2022 (5): 189-206.

[99] 李维安, 李勇建, 石丹. 供应链治理理论研究: 概念、内涵与规范性分析框架 [J]. 南开管理评论, 2016, 19 (1): 4-15+42.

[100] 宋华, 卢强, 喻开. 供应链金融与银行借贷影响中小企业融资绩效的对比研究 [J]. 管理学报, 2017, 14 (6): 897-907.

[101] 宋华, 杨璇. 供应链金融如何助力中小企业融资——供应链网络嵌入性视角 [J]. 研究与发展管理, 2018, 30 (3): 22-33.

[102] 孙昌玲, 王化成, 王芃芃. 企业核心竞争力对供应链融资的影响: 资金支持还是占用? [J]. 中国软科学, 2021 (6): 120-134.

[103] 孙辉, 张仁寿. 供应链纵向协同创新: 来自商业信用融资的证据 [J]. 深圳大学学报 (人文社会科学版), 2021, 38 (1): 79-88.

[104] 王鲁昱, 李科. 供应链金融与企业商业信用融资——基于资产专用性的分析视角 [J]. 财经研究, 2022, 48 (3): 154-168.

[105] 于辉, 王霜. 核心企业参与供应链金融意愿及融资模式取向 [J]. 中国流通经济, 2022, 36 (3): 22-34.

[106] 王迪, 刘祖基, 赵泽朋. 供应链关系与银行借款——基于供应商/客户集中度的分析 [J]. 会计研究, 2016 (10): 42-49+96.

[107] 李任斯, 刘红霞. 供应链关系与商业信用融资——竞争抑或合作 [J]. 当代财经, 2016 (4): 115-127.

［108］李欢，李丹，王丹．客户效应与上市公司债务融资能力——来自我国供应链客户关系的证据［J］．金融研究，2018（6）：138-154.

［109］卞泽阳，李志远，徐铭遥．开发区政策、供应链参与和企业融资约束［J］．经济研究，2021，56（10）：88-104.

［110］修宗峰，刘然．企业财务重述、供应链关系与商业信用融资［J］．管理工程学报，2022，36（4）：86-107.

［111］Shahrur H. Industry structure and horizontal takeovers：Analysis of wealth effects on rivals，suppliers，and corporate customers［J］. Journal of Financial Economics，2005，76（1）：61-98.

［112］Patatoukas P N. Customer-base concentration：Implications for firm performance and capital markets：2011 American accounting association competitive manuscript award winner［J］. The Accounting Review，2012，87（2）：363-392.

［113］Dass N，Kini O，Nanda V，et al. Board expertise：Do directors from related industries help bridge the information gap?［J］. The Review of Financial Studies，2014，27（5）：1533-1592.

［114］陈正林，王彧．供应链集成影响上市公司财务绩效的实证研究［J］．会计研究，2014（2）：49-56+95.

［115］李艳平．企业地位、供应链关系型交易与商业信用融资［J］．财经论丛，2017（4）：47-54.

［116］Chang W，Ellinger A E，Blackhurst J. A contextual approach to supply chain risk mitigation［J］. The International Journal of Logistics Management，2015，26（3）：642-656.

［117］贾军，魏雅青．产品市场竞争、客户关系治理与企业创新关系研究——基于行业竞争程度与企业市场地位的双重考量［J］．软科学，2019，33（12）：66-71.

［118］李健，张金林．供应链金融的信用风险识别及预警模型研究［J］．经济管理，2019，41（8）：178-196.

［119］Baqaee D R，Farhi E. Macroeconomics with heterogeneous agents and input-output networks ［R］. National Bureau of Economic Research，2018.

［120］余典范，王超，龙睿. 生产网络的理论与应用研究进展［J］. 产经评论，2022，13（4）：5-18.

［121］Cortes G H，Rocha S. The downstream channel of financial constraints and the amplification of aggregate downturns ［J］. Available at SSRN，2021.

［122］Grassi B，Sauvagnat J. Production networks and economic policy ［J］. Oxford Review of Economic Policy，2019，35（4）：638-677.

［123］郭晓玲，李凯. 供应链集中度、市场地位与企业研发投入：横向与纵向的二维视角［J］. 产经评论，2019，10（2）：6-19.

［124］步晓宁，赵丽华，刘磊. 产业政策与企业资产金融化［J］. 财经研究，2020，46（11）：78-92.

［125］Wu W，Firth M，Rui O M. Trust and the provision of trade credit ［J］. Journal of Banking & Finance，2014（39）：146-159.

［126］刘凤委，李琳，薛云奎. 信任、交易成本与商业信用模式［J］. 经济研究，2009，44（8）：60-72.

［127］刘仁伍，盛文军. 商业信用是否补充了银行信用体系［J］. 世界经济，2011（11）：103-120.

［128］赖黎，巩亚林，马永强. 管理者从军经历、融资偏好与经营业绩［J］. 管理世界，2016（8）：126-136.

［129］Carvalho V M. From micro to macro via production networks ［J］. Journal of Economic Perspectives，2014，28（4）：23-48.

［130］Gao J. Managing liquidity in production networks：The role of central firms ［J］. Review of Finance，2021，25（3）：819-861.

［131］Kilduff M，Tsai W. Social networks and organizations ［M］. Sage，2003.

［132］McEvily B，Zaheer A. Bridging ties：A source of firm heterogeneity in competitive capabilities ［J］. Strategic Management Journal，1999，20

（12）：1133-1156.

［133］Granovetter M. The impact of social structure on economic outcomes ［M］. The Sociology of Economic Life, Routledge, 2018：46-61.

［134］庄贵军，席酉民. 关系营销在中国的文化基础 ［J］. 管理世界，2003（10）：98-109+156.

［135］Dahl M S, Pedersen C ф. R. Social networks in the R&D process：the case of the wireless communication industry around Aalborg, Denmark ［J］. Journal of Engineering and Technology Management, 2005, 22（1-2）：75-92.

［136］刘冰，符正平，邱兵. 冗余资源、企业网络位置与多元化战略 ［J］. 管理学报，2011，8（12）：1792-1801.

［137］Ansoff H I. Corporate strategy：An analytic approach to business policy for growth and expansion ［M］. McGraw-Hill Companies, 1965.

［138］Cochran P L, Wartick S L. Corporate governance：A review of the literature ［M］. Financial Executives Research Foundation, 1988.

［139］Metcalfe C E. The stakeholder corporation ［J］. Business Ethics：A European Review, 1998, 7（1）：30-36.

［140］方平. 流动性冲击的传导机制 ［J］. 金融论坛，2010，15（6）：17-21.

［141］Ahern K R, Harford J. The importance of industry links in merger waves ［J］. The Journal of Finance, 2014, 69（2）：527-576.

［142］Farndale E, Paauwe J, Boselie P. An exploratory study of governance in the intra-firm human resources supply chain ［J］. Human Resource Management, 2010, 49（5）：849-868.

［143］Kinney M R, Wempe W F. Further evidence on the extent and origins of JIT's profitability effects ［J］. The Accounting Review, 2002, 77（1）：203-225.

［144］Boissay F, Collard F, Smets F. Booms and systemic banking crises ［J］. Social Science Electronic Publishing, 2013, 42（4）：551-574.

［145］Kim S J, Shin H S. Sustaining production chains through financial linkages ［J］. American Economic Review, 2012, 102 （3）: 402-406.

［146］Longhofer S D, Santos J A C. The paradox of priority ［J］. Financial Management, 2003 （1）: 69-81.

［147］Emery G W. A pure financial explanation for trade credit ［J］. Journal of Financial and Quantitative Analysis, 1984, 19 （3）: 271-285.

［148］Murfin J, Njoroge K. The implicit costs of trade credit borrowing by large firms ［J］. The Review of Financial Studies, 2015, 28 （1）: 112-145.

［149］Niskanen J, Niskanen M. Accounts receivable and accounts payable in large finnish firms' balance sheets: What determines their levels ［R］. LTA, 2000.

［150］Bougheas S, Mateut S, Mizen P. Corporate trade credit and inventories: New evidence of a trade-off from accounts payable and receivable ［J］. Journal of Banking & Finance, 2009, 33 （2）: 300-307.

［151］Uchida H, Udell G F, Watanabe W. Are trade creditors relationship lenders? ［J］. Japan and the World Economy, 2013 （25）: 24-38.

［152］江伟, 曾业勤. 金融发展、产权性质与商业信用的信号传递作用 ［J］. 金融研究, 2013 （6）: 89-103.

［153］Hermes N, Kihanga E, Lensink R, et al. The determinants of trade credit use: The case of the Tanzanian rice market ［J］. Applied Economics, 2015, 47 （30）: 3164-3174.

［154］Carbo-Valverde S, Rodriguez-Fernandez F, Udell G F. Trade credit, the financial crisis, and SME access to finance ［J］. Journal of Money, Credit and Banking, 2016, 48 （1）: 113-143.

［155］Giannetti M, Burkart M, Ellingsen T. What you sell is what you lend? Explaining trade credit contracts ［J］. The Review of Financial Studies, 2011, 24 （4）: 1261-1298.

［156］Gereffi G, Humphrey J, Sturgeon T. The governance of global value chains［J］. Review of International Political Economy, 2005, 12（1）: 78–104.

［157］ Richey Jr R G, Roath A S, Whipple J M, et al. Exploring a governance theory of supply chain management: Barriers and facilitators to integration ［J］. Journal of Business Logistics, 2010, 31（1）: 237–256.

［158］ Herskovic B. Networks in production: Asset pricing implications ［J］. The Journal of Finance, 2018, 73（4）: 1785–1818.

［159］ Gofman M, Wu Y. Trade credit and profitability in production networks ［J］. Journal of Financial Economics, 2022, 143（1）: 593–618.

［160］ Gosman M L, Kohlbeck M J. Effects of the existence and identity of major customers on supplier profitability: Is Wal–Mart different? ［J］. Journal of Management Accounting Research, 2009, 21（1）: 179–201.

［161］李振东, 马超. 供应商集中度与企业外部融资约束 ［J］. 经济问题, 2019（8）: 27–35.

［162］ Marotta G. Is trade credit more expensive than bank loans? Evidence from Italian firm–level data ［J］. Social Science Electronic Publishing, 2001（1）.

［163］ Borgatti S P. Centrality and network flow ［J］. Social Networks, 2005, 27（1）: 55–71.

［164］陆正飞, 祝继高, 樊铮. 银根紧缩、信贷歧视与民营上市公司投资者利益损失 ［J］. 金融研究, 2009（8）: 124–136.

［165］张会丽, 王开颜. 行业竞争影响企业商业信用提供吗?——来自中国A股资本市场的经验证据 ［J］. 中央财经大学学报, 2019（2）: 64–73.

［166］朱世香, 张顺明. 商业信用对银行信用的替代研究 ［J］. 经济经纬, 2017, 34（5）: 147–152.

［167］余明桂, 李文贵, 潘红波. 民营化、产权保护与企业风险承担 ［J］. 经济研究, 2013, 48（9）: 112–124.

［168］张敏, 童丽静, 许浩然. 社会网络与企业风险承担——基于我国上市公司的经验证据 ［J］. 管理世界, 2015（11）: 161–175.

［169］赵陆亮, 马赞甫. 中国互联网企业运营效率测评与影响因素

［J］. 统计学报，2020，1（6）：1-12.

［170］张杰，刘东. 商业信贷、融资约束与我国中小企业融资行为——基于江苏省制造业企业的问卷观测和实证分析［J］. 金融论坛，2006（10）：3-9.

［171］Byoun S. Financial flexibility and capital structure decision［J］. Available at SSRN，2011（1）.

［172］Hadlock C J，Pierce J R. New evidence on measuring financial constraints：Moving beyond the KZ index［J］. The Review of Financial Studies，2010，23（5）：1909-1940.

［173］鞠晓生，卢荻，虞义华. 融资约束、营运资本管理与企业创新可持续性［J］. 经济研究，2013，48（1）：4-16.

［174］刘莉亚，何彦林，王照飞，程天笑. 融资约束会影响中国企业对外直接投资吗？——基于微观视角的理论和实证分析［J］. 金融研究，2015（8）：124-140.

［175］Yang S A，Birge J R. Trade credit，risk sharing，and inventory financing portfolios［J］. Management Science，2018，64（8）：3667-3689.

［176］Park S. Understanding public sector debt：Financial vicious circle under the soft budget constraint［J］. Public Organization Review，2018，18（1）：71-92.

［177］钱水土，吴卫华. 信用环境、定向降准与小微企业信贷融资——基于合成控制法的经验研究［J］. 财贸经济，2020，41（2）：99-114.

［178］Han S，Qiu J. Corporate precautionary cash holdings［J］. Journal of Corporate Finance，2007，13（1）：43-57.

［179］Gulen H，Ion M. Policy uncertainty and corporate investment［J］. The Review of Financial Studies，2016，29（3）：523-564.

［180］Altman E I. Financial ratios，discriminant analysis and the prediction of corporate bankruptcy［J］. The Journal of Finance，1968，23（4）：589-609.

［181］Baker S R，Bloom N，Davis S J. Measuring economic policy uncertainty [J]. The Quarterly Journal of Economics, 2016, 131 (4): 1593-1636.

[182] 饶品贵, 姜国华. 货币政策、信贷资源配置与企业业绩 [J]. 管理世界, 2013 (3): 12-22+47+187.

[183] 张良, 马永强. 商业信用能提升企业绩效吗? ——基于非效率投资中介效应与组织冗余调节效应的实证 [J]. 投资研究, 2016, 35 (2): 59-77.

[184] Summers B, Wilson N. Trade credit and customer relationships [J]. Managerial & Decision Economics, 2010, 24 (6-7): 439-455.